- 国家社会科学基金项目(14CSH071)阶段性研究成果
- 浙江省自然科学基金项目(LQ12G03003)研究成果
- 浙江工业大学中国中小企业研究院重点资助研究成果
- 浙江省中小为企业转型升级协同创新中心重点资助研究成果
- 浙江省哲学社会科学重点研究基地
  —— 技术创新与企业国际化研究中心重点资助研究成果
- 浙江省"之江青年社科学者"计划重点资助研究成果

地方融资圈及其风险问题研究
理论机制与浙江实证

吴　宝　郭元源　陈利华◎著

中国社会科学出版社

图书在版编目（CIP）数据

地方融资圈及其风险问题研究：理论机制与浙江实证/吴宝，郭元源，陈利华著. —北京：中国社会科学出版社，2016.12
ISBN 978 - 7 - 5161 - 9606 - 9

Ⅰ.①地… Ⅱ.①吴… ②郭… ③陈… Ⅲ.①地方财政—投融资体制—风险管理—研究—浙江 Ⅳ.①F812.755

中国版本图书馆 CIP 数据核字（2016）第 321898 号

出 版 人	赵剑英
责任编辑	卢小生
责任校对	周晓东
责任印制	王 超

出 版	中国社会科学出版社
社 址	北京鼓楼西大街甲 158 号
邮 编	100720
网 址	http：//www. csspw. cn
发 行 部	010 - 84083685
门 市 部	010 - 84029450
经 销	新华书店及其他书店

印刷装订	北京君升印刷有限公司
版 次	2016 年 12 月第 1 版
印 次	2016 年 12 月第 1 次印刷

开 本	710×1000 1/16
印 张	24
插 页	2
字 数	398 千字
定 价	98.00 元

凡购买中国社会科学出版社图书，如有质量问题请与本社营销中心联系调换
电话：010 - 84083683

前　言

　　长期以来，企业家积极运用社会资本开展人格化融资合作，抱团解决融资困难，形成担保、股权关系错综复杂的地方融资圈，是我国各地的普遍现象。一旦圈内某家企业破产，债务风险往往沿着关系链蔓延，进而酿成大规模风险传染。近年来，这类债务风险在各地频频爆发。仅浙江省就发生了绍兴连环破产潮（2008 年）、温州逃贷风潮（2011年）、杭州担保圈危机（2012 年）等十余起影响重大的风险事件，类似事件在江苏、内蒙古、河南、陕西等地也是层出不穷，严重威胁到区域经济发展及社会稳定。以融资关系网络为媒介的企业间风险传染问题已然成为区域性金融风险的重要来源，成为各级政府维护稳定与发展面临的重大现实难题。以往研究往往将这类风险传染现象视为"偶发性"的个案，缺少严肃的学理分析，鲜见对这一现象的系统性研究和适应中国本土特色的理论解释架构，更无法为解决这一社会重大问题提供有效方案。本书困扰各地经济社会发展的重大社会现象为题材，选题具有强烈的问题导向和重要的现实意义，是一项紧密联系重大现实问题的人文社会科学类基础研究。在中央严防区域性金融风险背景下，本书瞄准现实重大问题，深入剖析风险传染现象的社会机理，提出"社会资本→融资网络结构→传染效应"的理论架构，为各地防范和治理企业间债务风险传染提供理论支撑。本书建构的解释架构有别于西方国家近年来兴起的以复杂网络建模为主要方法、建构于成熟金融环境下的风险传染研究范式，更加契合我国社会文化背景，有助于更深入理解我国企业间风险传染的机理和社会成因，对解决当前影响各地经济社会发展的企业债务风险问题具有较强的指导意义。

　　本书以融资圈网络结构为切入点，应用社会资本理论解释中国本土情景下的企业间风险传染问题，从新颖的研究视角，阐释我国人情社会背景下的企业间风险传染现象，建构了"社会资本→融资网络结构→

传染效应"理论解释架构；借助社会网络分析技术，对浙江杭州、宁波、绍兴、台州、湖州、嘉兴和金华七个地区的融资网络结构进行实证测度，考察地方融资圈的内部结构与生存形态，探讨其融资结网模式与风险传染效应之间的内在关联；建立地方融资圈风险传染的动态理论模型与仿真评价模型，科学测度与评价浙江七个地区的地方融资圈潜在的风险传染效应。地方融资圈是我国实体经济发展过程中形成的具有特定功能的企业间关系网络，对中小企业发展的许多方面都起到了重要的作用。与其有关的风险传染问题本质症结依然在于各国中小企业普遍存在的融资难、融资贵问题。从长远看，解决风险传染的有效途径依然在于加快转型升级，提振实体经济。因此，本书从融资转贷、区域品牌、县域治理、转型升级等多个方面探讨了地方融资圈的风险防范和实体经济的转型突破，并引介了 OECD 中小企业融资评价体系和中小企业融资国际政策协调的进展成果。

本书由五篇二十九章内容组成。第一篇是地方融资圈及其风险传染理论研究，包括地方融资圈及其风险传染缘起、企业间融资结网的社会机制研究、企业间融资结网的浙江实证考察、大规模风险传染的社会形成机制以及绍兴、台州风险传染比较案例研究。第二篇是浙江地方融资圈实证考察报告，包括浙江地方融资圈实证考察方案、杭州地方融资圈实证考察报告、宁波地方融资圈实证考察报告、绍兴地方融资圈实证考察报告、台州地方融资圈实证考察报告、嘉兴地方融资圈实证考察报告、湖州地方融资圈实证考察报告、金华地方融资圈实证考察报告和地方融资派系的结网模式考察。第三篇是地方融资圈风险传染效应仿真实验研究，包括个体风险、风险传染与系统性风险；风险传染的动态理论模型研究；风险传染的仿真模型研究；浙江融资圈风险传染效应评价以及网络结构与风险传染效应考察。第四篇是地方融资圈风险防范与转型突破对策研究，包括防范三类债务风险集中爆发的应对建议；杭州破解"转贷难、转贷贵"的探索实践；新常态下县域治理模式转型研究；提升区域品牌，助推转型突破的对策研究；推动块状经济向现代集群网络转型的对策研究；加快"小升规"，促进市场主体升级的对策研究；多措并举，加快提振浙江实体经济的对策研究。第五篇是经济合作与发展组织中小企业融资评价与国际政策协调研究，包括经济合作与发展组织中小企业融资国际评价体系、2014 年经济合作与发展组织对中国中小企业融资评价、2015 年经济合作与发展组织对中国中小企业融资评价、2016 年经济合作与发展组织对中国中小企业融资评价、二十国集团/经济合作与发展组织中小企业融资高级原则及政策启示。

　　本书是国家社会科学基金项目（14CSH071）、浙江省自然科学基金项目（LQ12G03003）、浙江省哲学社会科学重点研究基地——技术创新与企业国际化研究中心重点研究课题、浙江省中小微企业转型升级协同创新中心重点研究课题、浙江工业大学中国中小企业研究院重点研究课题的研究成果。本书由吴宝负责全书的设计、组织与统撰工作，郭元源和陈利华参与了部分章节撰写。具体写作分工为：前言由吴宝撰写；第一篇即第一章至第五章由吴宝撰写；第二篇即第六章至第十四章由吴宝撰写；第三篇即第十五章至第十九章由吴宝撰写；第四篇第二十章至第二十二章由吴宝撰写，第二十三章由郭元源和吴宝撰写，第二十四章和第二十五章由陈利华和郭元源撰写，第二十六章由郭之源和吴宝撰写；第五篇即第二十七章至第三十一章由吴宝撰写。从博士选题到本书撰写成稿，本书主要作者吴宝博士历时十余年，始终致力于地方融资圈的跟踪调查和理论研究。目前，相关研究依然在持续开展中，本书体现了主要作者对前期研究成果的阶段性总结。

　　尽管参加撰写本书的作者都对自己撰写的内容进行了专门的调查研究，但基于研究问题的复杂性、研究角度及研究能力的局限，加之时间紧，水平有限，因此，本书中难免存在不妥之处，敬请各位读者批评指正。

吴　宝

2016 年 10 月

目　录

第一篇　地方融资圈及其风险传染理论研究

第二篇　浙江地方融资圈实证考察报告

第三篇　地方融资圈风险传染效应
仿真实验研究

第五篇　经济合作与发展组织中小企业融资评价与国际政策协调研究

第一篇

地方融资圈及其
风险传染理论研究

第一章　地方融资圈及其风险传染缘起

第一节　地方融资圈及其风险事件

企业家积极运用社会资本开展人格化融资合作，形成担保、股权关系错综复杂的地方融资圈，是各地的普遍现象。大量经验证据表明，社会资本的积极运用有助于改善企业融资（Wassmer and Dussauge, 2012；郭毅等，2013；戴亦一等，2014；徐业坤、李维安，2016）。华人企业的融资行为更深地嵌入于社会关系网络之中，形成了"情感与利益加权关系"的行为模式（陈介玄和高承恕，1991）。以社会资本为载体促成企业间融资合作的现象历来有之，且较为普遍。例如，近代著名的"江浙财团"就是以在上海经商的宁波籍商人及钱庄老板为核心的同乡商业团体（姚会元、邹进文，1997）。

地方融资圈在抱团解决融资困难的同时也极易使债务风险沿关系链蔓延。一旦其中某家企业破产，风险往往沿担保链、股权链蔓延，造成风险传染（Allen and Gale, 2001），进而酿成区域系统性风险（Aguais et al., 2000；Battiston et al., 2007；Gatti et al., 2006）。近年来，各地融资圈频频爆发债务危机，仅浙江就发生了富阳纸业担保风波（2005）、绍兴连环破产潮（2008）、温州逃贷风潮（2011）、杭州担保圈危机（2012）等十余起影响重大的风险事件，类似事件在江苏、内蒙古、河南、陕西等地也层出不穷，严重威胁区域经济发展及社会稳定。这些事件无一不是实体经济以社会资本为信用载体构建了过于密集的融资关系网络后酿成区域性风险传染，威胁区域经济安全和社会稳定的案例。实体经济以社会资本为信用载体编织融资关系网络的现象日益突出，成为影响我国区域经济安全与稳定的重要变量。之前，中小企业普遍存在的融资结网现象并未受到理论界的充分重视，屡屡发生的风险传染问题也往往被视为偶发性的孤立事件。本章研究有助于加深人们对企业间融资结网及风险传染问题形成机理的认识，对于区域风险防范具有重要的现实意义，可为地方政府构建相应的风险预警和防范机制提供智力支持。

第二节　地方融资圈结构与风险传染效应

我国金融体系在资源配置上具有明显的城市化和国有部门化倾向（Mckinnon，1986；Park and Sehrt，2001；钱水土和翁磊，2009），对中小企业存在着较为典型的金融抑制。因此，中小企业往往需要借助于企业间融资合作来获取资金，相互间形成复杂的关系链。例如，分布于浙江各地产业集群中的中小企业在创业和发展过程中就十分依赖相互担保、股权集资和非正规金融等形式获取资金（陈勇江和柴友兰，2007）。社会资本是促成企业间融资结网的重要因素。企业通过积极运用社会资本可以获得更多的融资合作信息，缓解双方的信息不对称，为融资合作提供信任基础。正是在这样的背景下，我国中小企业以社会资本为载体借助相互担保、股权集资和非正规金融等形式获取资金，长期以来，企业间形成了复杂的融资关系网络。

社会资本是我国地方融资圈结构形成的重要变量，其作用结果是企业之间或企业家之间抱团结网（池仁勇，2004；朱华晟，2003），在各个地区形成结构各异的融资网络。社会资本的参与对企业融资结网行为产生了重要影响，虽然有助于企业获得更多的融资合作机会，提高企业在融资网络内的平均中心度，但是，限制了企业对融资结网对象的选择。由于社会资本依存于既有的各类社会关系网络和基于关系网络的规范内容及特殊信任，因此，社会资本的参与将影响企业融资结网对象的选择。

基于社会资本的互助规范的长期运转也可能限制企业的商业自主性（Portes，1996；1998；李桢业，2008），从而使企业接受过多的融资互助安排。企业家和企业组织在长期社会交往中都会相互欠下各种形式的"人情债"，无论是出于互惠性规范还是出于集体强制信任，都难以回绝其他成员的求助（李路路，1995；王珺，2004；徐延辉，2002）。既然无法摆脱融资互助规范，而且融资互助行为的确为企业创造了融资便利，受到金融抑制的民营企业大多会主动编织融资网络，而较少顾忌由此产生的风险。最终产生社会资本"向下沉沦压力"的负面效应，使企业过于依赖成员间融资合作，从而导致融资风险网络形成过于紧致、密集的结构范式。

　　企业的融资结网行为不单单是企业间的融资合作，解决共同的融资难和投资难问题，也在合作双方之间构建了实质性的风险依赖关系，融资结网对象呈现"共损共荣"的特征。融资关系链客观上成为风险传染的主路径。风险传染是指企业间财务困境的传递，最为典型的就是单家企业破产引发的多米诺骨牌式的破产连锁反应。为何个体社会资本的积极运用最终却促成了区域系统性风险集聚？吴宝等（2011）前期研究认为，社会资本参与是影响融资网络系统性风险集聚的关键因素。钱水土、翁磊（2009）也认为，中小企业群中较为普遍的人格化的融资结网行为是以社会资本为载体发生的。各地诸多实例表明，网络结构是决定债务风险传染演进的关键要素，个体风险在某些结构的融资圈中更易演进为系统性风险。社会资本的积极运用有助于增强融资网络内的抱团凝聚程度，提高融资派系的平均中心度，扩大主要派系的规模占比，从而降低网络破碎程度，为大规模风险传染提供条件。同时，社会资本的参与将提高派系内部的凝聚系数，增加风险加速效应和多米诺骨牌效应，进而加剧派系内部的风险传染。凝聚系数是决定派系内个体风险传染效应的更为关键的变量。高凝聚系数的派系结网模式更具有风险性，个体风险在这类派系内更容易演进为系统性风险。从风险角度看，社会资本的运用表现出了负面效应。大规模风险传染的发生机制就是社会资本负面效应在融资结网情景下的形成机制即区域风险传染形成机制的概念模型（见图1-1）。

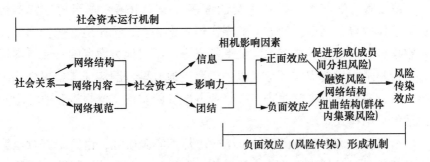

图1-1　区域风险传染形成机制的概念模型

第三节　研究内容及章节安排

长期以来，理论界对企业以社会资本为载体寻求融资合作，彼此间编织复杂融资关系网络，形成结构各异的地方融资圈，并屡屡发生大规模传染的现象未给予足够重视。一直以来，我们对融资网络的形成、结网方式及其影响效应都知之甚少，也从未对大规模风险传染现象的发生机制做出理论解释。这一现象涉及了社会资本负面效应、产业网络稳定性、风险传染和区域系统性风险等诸多理论问题。本章旨在从社会资本视角对该现象进行理论和实证研究。这不仅可以从一个全新的角度解析企业间融资结网现象，诠释大规模风险传染的发生机制，并通过仿真实验初步测算现实浙江地方融资圈潜在的风险传染效应。地方融资圈及其风险传染问题有着复杂的社会背景，融资难、融资贵是中小企业发展的世界性难题，本书也试图对防范和处置地方融资圈的风险传染问题展开专题对策研究，并引介了经济合作与发展组织（OECD）中小企业融资评价体系和二十国集团/经济合作与发展组织中小企业融资高级原则，以及经济合作与发展组织中国中小企业融资评价报告，以期加强国际中小企业融资的政策协调。

第一篇为地方融资圈及其风险传染理论研究，由第一章至第五章构成。具体内容包括地方融资圈及其风险传染缘起、企业间融资结网的社会机制研究、企业间融资结网的浙江实证考察、大规模风险传染的社会形成机制和绍兴、台州风险传染比较案例研究。

第二篇为浙江地方融资圈实证考察报告，由第六章至第十四章构成。具体内容包括浙江地方融资圈实证考察方案、杭州地方融资圈实证考察报告、宁波地方融资圈实证考察报告、绍兴地方融资圈实证考察报告、台州地方融资圈实证考察报告、嘉兴地方融资圈实证考察报告、湖州地方融资圈实证考察报告、金华地方融资圈实证考察报告和地方融资派系的结网模式考察。

第三篇为地方融资圈风险传染效应仿真实验研究，由第十五章至第十九章构成。具体内容包括个体风险、风险传染与系统性风险；风险传染的动态理论模式研究；风险传染的仿真模型研究；浙江融资圈风险传染效应评价以及网络结构与风险传染效应考察。

第四篇为地方融资圈风险防范与转型突破对策研究,由第二十章至第二十四章构成。具体内容包括防范三类债务风险集中爆发的应对建议;杭州破解"转贷难、转贷贵"的探索实践;新常态下县域治理模式转型研究;提升区域品牌,助推转型突破的对策研究;推动块状经济向现代集群网络转型的对策研究。

第五篇为经济合作与发展组织中小企业融资评价与国际政策协调研究,由第二十五章至第二十九章构成。具体内容包括经济合作与发展组织中小企业融资国际评价体系、2014 年经济合作与发展组织对中国中小企业融资评价、2015 年经济合作与发展组织对中国中小企业融资评价、2016 年经济合作与发展组织对中国中小企业融资评价、二十国集团/经济合作与发展组织中小企业融资高级原则及政策启示。

第二章 企业间融资结网的社会机制研究

本章首先回顾了社会资本与企业融资的相关研究文献，从社会资本的视角阐述了企业间融资结网现象的由来。企业的社会资本来源于多层关系网络，既可能来源于以往的融资网络，也可能来源于其他层面关系网络内的"人情债"积淀。在社会资本运行的视野下，企业融资结网行为是社会资本对融资关系网络（或简称融资网络）的动态结构重塑。基于理论分析，本章提出社会资本参与融资结网的概念模型，用以分析社会资本参与对企业融资结网造成的影响效应，并提出相应的理论假说。

第一节 社会资本与企业融资的理论回顾

中小企业对我国国民经济和区域经济均至关重要，发挥着比大企业更为重要的作用（林毅夫和李永军，2001；王霄，2005）。然而，中小企业在融资和投资两个方面普遍受到歧视和抑制（Park and Sehrt，2001），这既有中小企业自身的问题，更有金融体制、投资市场准入等诸多外部因素的问题（Fazzari and Athey，1988）。中小企业的融资难和投资难是世界性的难题，早在 20 世纪 30 年代英国国会的麦克米伦报告就指出，中小企业融资普遍面临着"金融缺口"。大量的实证证据也表明，中小企业实际上同时面临着资本缺口和债务缺口，其股权融资和债权融资需求都受到抑制。受到金融抑制和金融约束的中小企业普遍会偏好于借助社会资本寻找投融资机会。社会资本是广大中小企业赖以生存的社会土壤（王霄，2005），规范了企业和企业家的社会行为和社会交往，也为企业之间的草根金融模式提供了条件。一个不争的事实是，中小企业不仅依赖银行等金融机构和金融市场的资金支持，更依赖各种形式的企业间金融合作和非正规金融获取资金。而且，为了获取银行信贷，中小企业普遍被要求提供各种抵押品或担保。这也往往需要企业之间相互提供便利，充当保证人或提供其他融资支持。中小企业的融资模式往往渗透着社会资本的运作。社会资本的参与为这类草根金融模式提供了信用基础和关系网络。虽然融资行为本身更多地属于市场交易行为，但在不规范、不成熟和充满信息不对称的草根金融模式中（Stiglitz and Weiss，1981），融资交易行为实际上是嵌入于社会关系网络中，融资结网机会的获取很大程度上取决于交易双方的社会资本运用。

许多学者以信任和关系网络为切入视角考察了社会资本与企业融资之间的关系。科尔曼（Coleman，1990）和斯帕格诺洛（Spagnolo，1999）的研究提出，社会资本会强化普遍信任的水平，社会资本对融资和经济均会产生正面影响。他们的研究都认为在高社会资本社区，社会规范及其处罚机制会强化人们之间的相互信任，使人们更愿意相互遵守承诺（Banfield，1958）。索洛（Solow，1995）和普特曼（Putnam，1993）也在不同程度上认可了社会资本与经济增长之间的联系。Luigi Guiso 等（2001）对意大利南北差异的研究表明，在社会资本高度发达的地区，社会普遍信任水平较高，居民更偏好股票投资而非现金投资，而在社会资本水平较为一般的地区，居民更多地依赖小群体内的交易，更依赖社会关系网络进行筹资。沃尔科克（Woolcock，1998；2001）研究了社会资本和小额信贷问题，他指出，社会资本对于中小企业获取资源十分重要。在资源相当有限的不发达地区，社会资本的资源摄取功能更为突出。他认为，中小企业的资金获取和财富积累都少不了社会资本的运作。伯克（Burke，2002）也从演化金融角度验证了网络关系对信贷交易的达成有着决定性的意义。

同时，许多学者还从社会资本有利于解决信贷市场中信息不对称的角度诠释了社会资本与企业融资行为的关系，并提出了关系性融资的相关理论。解决信贷双方信息不对称问题的通常做法是以抵押品和担保金等方式提取风险保证金。但这种融资模式对中小企业融资有着诸多的条件约束，使中小企业处于融资交易的劣势（Ang，1991；Berger and Udell，1998）。金融研究文献将贷款方式划分为交易型贷款和关系型贷款，这两类贷款类型依据的信息信号是不同的，前者放贷决策取决于财务报表等释放出的"硬信息"，而后者则更取决于银企社会交往中释放出的"软信息"。因此，中小企业可以通过社会资本的积极运作强化银企关系来获得关系型贷款（Berger and Udell，1998），提高贷款的可得性。彼得森和拉简（Peterson and Rajan，1994）对关系型贷款问题进行了较为系统的实证分析，支持了银企关系对中小企业信贷可获得性有显著影响的观点。同时该实证也表明，银行信贷资金渠道如果受到阻塞，企业将会寻找其他社会资本参与程度较高的替代渠道（如企业间各类融资方式）。还有许多学者从社会关系网络视角考察了关系融资问题（Chakravarty et. al.，1999；Impavido，1998），并提出社会关系网络和相关的社会惩罚机制可以在一定程度上替代抵押品的作用。另外，在比斯利（Besley，1993）和格哈塔克（Ghatak，1999）等的非正规金融问题研究中也反复提及了社会资本及其运行机制在团体贷款等方面所起的作用。上述研究都对社会资本与融资行为之间的关系做出了很好的观察。不足的是，以上研究基于西方金融环境，将社会关系的重点放在银企关系上，着重社会资本在银行信贷获取过程中替代抵押品的类抵押功能，但对企业间的非正式金融模式关注不够。

国内学者也关注到了我国中小企业行为嵌入于社会关系结构的特点，提出了"情感与利益加权关系"的行为模式（陈介玄，1990；陈介玄和高承恕，1991）。在华人中小企业中以社会资本为中介载体的企业间融资合作较为频繁（陈东升，2001），根植于社会关系结构的民间金融与现代金融二元并存（罗家德，2001），不同的社会关系特征对民间融资合作起到了重要作用（王霄，2005）。吉尔茨（Geertz，1962）基于对东亚国家民间金融组织的观察，提出民间金融组织兼具经济功能和社会功能，社会资本对于民间金融组织发展起着重要作用。他提出以社会资本为中介载体的民间金融组织形式是一种过渡现象。罗家德（2001）的研究提出了不同的意见。罗家德（2001）基于中国台湾民间金融的发展历史指出，民间融资是中小企业融资的重要方式，会在相当长期间内存在，并发挥着不可替代的作用。李路路（1995）提出，企业家社会资本越高，社会关系越好，就越容易获得金融机构的贷款。戴建中（2001）分析了私营企业主拥有的社会资本对其资源获取能力的影响，认为私营企业主在集资、银行信贷等融资活动中都动用了社会网络。王霄（2005）提出，在中小企业受限于信贷配给时，社会资本充当着融资过程的权变因素。地方性金融机构与中小企业之间往往通过广泛的关系网络释放"软信息"，缓解信息不对称程度，从而提高了中小企业的贷款可得性。万俊毅和欧晓明（2005）分析了农村中小企业贷款难的问题，提出还贷信任缺乏是其难以从正规金融机构获取充足贷款的重要原因。梁向东（2007）讨论了信贷人格化特征和社会关系网络对降低信贷风险的作用，提出处于差序格局中的人相互间较高的信息透明程度可以有效解决信息不对称问题，提高中小企业贷款可得性。

　　国内学者也注意到，企业家社会资本是中小企业融资的关键决定因素。企业家的社会关系、社会声誉、风险态度等个体因素都会对中小企业融资方式和融资可得性产生重大影响（杨其静，2003）。企业家及其家族财产信息具有"担保"功能（杨其静，2003）。信息不对称在中小企业融资过程中显得更为突出，族群内外对中小企业的财务和信用评价差异巨大（林毅夫和孙希芳，2005）。因此，以基于血缘、亲缘和地缘等特殊信任关系的族群内或地域内关系融资为主的草根融资合作模式比正规金融方式更为低廉和便捷，其中，企业主的社会资本和企业的社会资本发挥着重要作用。王宣喻和储小平（2002）的实证研究检验了企业家社会关系在民间借贷和正规金融借贷中的作用。民间借贷以个人信誉和承诺作为担保，正式的文书和财产抵押作用十分有限，企业家的社会声誉将决定贷款可得性和利率高低。同时，高社会资本的企业家能方便地找到担保方，提高正规金融贷款的可得性。以社会资本为中介载体的企业间互助担保是我国中小企业融资实践中十分重要的模式（陈柳钦等，2003；王晓杰，2005）。

　　上述研究文献均指明了社会资本对中小企业融资活动的重要意义。国外研究更多地从信任、关系网络、信息不对称等角度考察中小企业与金融机构之间的合作，强调社会资本对关系融资的重要性。这些研究的论述虽然是在西方中小企业更多地依赖正式金融制度的情景中做出的，但相关结论对于社会资本与我国中小企业融资行为之间关系的研究依然很有意义。由于金融体制中诸多因素的制约，我国中小企业面临着更大的金融约束，社会资本在企业谋求正规金融支持和草根模式的金融合作方面均发挥着更为重要的作用。社会资本的充分参与有利于中小企业的融资活动，为中小企业带来更多的融资机会，也会促使企业间相互形成结构复杂的融资关系网络。

第二节　社会资本参与企业融资结网机理

现有文献已经表明，社会资本与中小企业融资行为存在重要联系。我国企业的大量实践证据表明，中小企业不仅会运用社会资本获取金融机构的关系融资，还注重以社会资本为中介载体寻求企业间的融资合作。企业间融资结网、抱团合作形成有凝聚力的融资关系网络既是草根金融模式得以运行的重要一环，也是社会资本参与企业间融资结网的运行机制，也就成为备受关注的议题。社会资本理论认为，社会资本来源于社会交往活动，是附着于社会关系网络中的生产性资源。融资关系网络既是企业社会关系网络的一种，也是社会资本形成和演进的依托之一。社会资本对企业融资行为的影响必然导致社会资本对原有关系网络的重构和深化。社会资本与融资关系网络之间的作用关系，既涉及理论界以往关注不多的多层次关系网络与社会资本形成之间的关系，也涉及社会资本对社会关系网络的反馈作用机制。本章首先讨论了多层次关系网络与社会资本形成机理之间的逻辑关系和社会资本对社会关系网络的重塑问题。然后，提出社会资本参与企业间融资结网的概念模型以及相关理论假说。

一　多层关系网络与社会资本积淀

社会资本源于社会关系，这是社会资本理论研究的基本观点（Bourdieu，1985；Coleman，1998；Portes，1998）。那么，能够产生社会资本的社会关系到底是指什么？现有文献没有正面回答。一个行动者其实同时置身于多个社会关系网络之中。例如，企业家的社会活动空间就包括其亲缘关系网络、同学关系网络、业务关系网络、社区关系网络等不同类型的关系网络。多层关系网络大多存在部分重叠。社会资本的形成涉及个体的社会关系投资，个体通过不断的交往确认彼此间的联系和价值。只有信任、共识和愿望达成后，社会资本才得以产生和维护。日常的社会关系网络并不必然会形成社会资本（耿敬和李琰珺，2007）。社会资本形成的关键并不在于所依附的社会关系的内容和性质，而在于这一社会关系的形成和维持过程中"人情债"的累计是否顺利得以实现（Portes，1998）。这些形式和内容各异的社会关系网络都可能成为行动者的社会资本来源，这也是社会资本理论研究往往忽略多层关系网络与社会资本形成关系的重要原因。然而，认识到多层关系网络的社会交往均有可能形成社会资本的积淀，对于厘清关系网络和社会资本之间的互动关系则是至关重要的，这有助于更清晰地界定社会资本的运行机制。

社会资本是按互惠规范形成的人情债的累计（Portes，1998），行动者能否通过社会交往形成社会资本，关键在于行动者在交互式的社会往来中有没有欠下人情债。日常的社会交往并不必然导致人情债的形成，但人情债的累计则必然会改变社会资本的积淀。人情债往来越频繁，社会关系愈加稳固，社会资本水平也随之提高。波特斯（Portes，1998）在详细地辨析了社会资本的理论起源和概念内涵后，提出社会资本的形成机制包括价值内化、互惠交换、有限团结和强制信任。价值内化机制和有限团结机制，既强化了人情债潜在放贷者正面回应群体成员请托诉求的动机，也增强了请托人必要时偿还人情债的义务感，促成人情债的放贷与偿还。而互惠交换机制和强制信任机制除影响双方的动机之外，还有效地维持了社会资本的运行机制。翟学伟（2004）、耿敬和李琰珺（2007）等深入地讨论了中国式人情关系社会中人情债放贷和偿还的社会规范，也验证和支持了波特斯（1998）的基本观点。

以人情债流转为核心的社会资本微观运行机制增强了多层关系网络之间的互动。而关系网络间的互动载体就是重叠行动者的社会资本积淀。在我国的人情关系社会中经常可以观察到大量的实例。耿敬和李琰珺（2007）详细描述了 S 厂选拔新厂长的案例。案例主人公陈少华作为新厂长候选人为了谋求获选，需要获得平时并无私交的老厂长王福全的公开提名。为此，陈少华在自己的亲缘关系网络中找到了自己的表妹于健作为中介人。于健与王福全的大儿媳孙玲以前是同事关系，而且在历史交往中孙玲欠了于健一个极大的人情。这样，于健就成为两层关系网络中的重叠行动者，他有能力动用自己多年的社会资本积淀使陈少华请托关系链顺利延伸至王福全周围。孙玲在关系链中也起到了这样的作用，她也有能力动用自己的社会资本积淀进一步将请托关系链关联到王福全本人。整个案例中涉及了多层关系网络，相互之间的网络互动均是动用了以人情债流转为微观基础的社会资本运行机制。这里面重要的一点是，人情债的放贷和偿还与纯经济交换有着很大的不同（Portes，

1998）。首先，人情债清偿形式很可能与当初人情债的放贷形式不相同，而且清偿形式大多是无形的。其次，人情债的清偿时间也并不是确定的，人情债的债主可以在他需要的任何时间提出清偿要求。按照这样的逻辑，行动者置身于多层关系网络之中，发生于各个层面的社会关系网络的人情债的累计都会对行动者的社会资本积淀造成影响。社会资本形成的微观基础在于各层关系网络的人情债循环。人情债在社会资本运行体系中充当着类似于货币的角色，其流转特性决定了无论是在哪一层关系网络内形成的人情债都可以有效地转化为社会资本的积淀，并以社会资本的形式储存和运用。

多层关系网络与社会资本积淀之间的关联可以帮助我们更好地理解企业和企业家各类社会交往活动对企业融资行为的影响。按照这样的观点，各类社会活动中欠下的人情债如果需要的话都可能以融资合作机会或融资支持的形式加以偿还。这一点我们将在下面进行详细分析。

二 社会资本对融资关系网络结构的影响

理论界较多地关注社会关系的规范、内容和结构如何形成社会资本，较少提及另一个方面，即社会资本对社会关系结构的反馈影响（Adler and Kwon，2002）。社会资本运作的价值实现最终会以这样或那样的形式影响社会结构，实现社会资本对社会关系结构的反馈（Adler and Kwon，2002），从而影响下一个时期行动者本身和相关行动者的社会资本（Leenders and Gabbay，1999）。社会资本不仅是社会结构的产物，也是社会结构重构的驱动力。企业可以雇用一些知名的律师、会计师和高层管理人员，借助他们已有的社会资本改善企业的社会关系网络。企业家和企业也可以利用自身的人情债积累强化伙伴关系，将原先的业务伙伴提升为融资伙伴，或建立新的社会联系。企业所处的社会结构和社会资本总是存在一种共生和共同演化的关系（Leenders and Gabbay，1999）。Ahuja（2000）研究了企业关系网络的形成，指出社会资本和技术资本、商业资本将同时影响企业发展关系联结的诱致因素和机会因素，强调了社会资本对社会关系网络的反馈作用。虽然现有文献更多地强调社会关系网络作为社会资本来源的重要性，从共生和共同演化的视角来阐述社会关系网络和社会资本之间的互动关系其实更加具有理论张力，也更符合社会现实。社会关系网络本身在这一互动演化过程中也处于持续的动态演变之中。

　　社会资本来源于多层关系网络的人情债累计，这些人情债以社会资本的形式储存并加以运用，最终也将反馈作用于各层次的社会关系网络。本章研究的企业融资结网行为将在企业间构建融资关系网络，该关系网络只是企业间众多关系网络中的一类或一个维度。无论是企业家还是企业在各类社会交往中累计的人情债或者说社会资本的积淀都有可能被转而运用于寻求融资合作或融资支持。中小企业普遍面临着融资难和投资难的问题，如何解决经营资金缺口和如何获得高收益的投资机会成为企业最为关心的问题。因此，这也成为广大中小企业社会资本运用最为频繁的领域。在某种程度上，谁能为我提供融资支持，谁能提供稀缺的投资机会已然成为企业衡量彼此关系亲疏程度的重要指标。

　　在我国各地区，尤其是在草根金融特别发达的浙江省，中小企业社会资本运用的价值产出形式之一就是为企业提供更多的融资合作机会。这不仅包括维护银企关系、提高银行贷款可得性，更包括企业间彼此提供银行贷款担保，分享一些优质的参股投资机会。这都将动态地重塑融资关系网络结构。银行贷款是企业经营资金筹措的重要渠道，可以分为信用贷款、抵押贷款、质押贷款和保证贷款等多种类型。保证贷款是其中主要的贷款形式之一，是指按《中华人民共和国担保法》规定的保证方式以第三人承诺在借款人不能偿还贷款时，按约定承担一般保证责任或者连带责任而发放的贷款。保证形式又分为一般保证和连带责任保证。一般保证是指当事人在保证合同中约定，债务人不能履行债务时，由保证人承担保证责任。连带责任保证的债务人在主合同规定的债务履行期届满没有履行债务的，债权人既可以要求债务人履行债务，也可以要求保证人在其保证范围内承担保证责任。根据《中华人民共和国担保法》及其他法律规定，无论采用哪种保证形式，保证人都可能会面临承担替被保证人偿还债务的风险。从这种意义上说，保证贷款的保证人实质上是为被保证人提供了财务援助，可以视为一种道义上的救助行为。这种救助行为，既可能是人情债的主动放贷，也可能是其他类型人情债的偿还。无论出于何种情况，社会资本都是这类融资结网行为的重要参与因素。

　　社会资本的另一项功能是为企业提供参与稀缺投资项目的机会。受到现行经济体制的约束，民营中小企业的投资渠道十分狭窄。众多的股权投资机会并不是完全通过市场化方式完成配置的，其投资信息往往通过社会关系网络传递和扩散。参股投资机会的获得取决于企业的社会声望、社会关系和某个小群体的成员身份。社会资本的运用成为企业接触和获取这类投资机会的关键。某些更为稀缺的地方投资项目的参股机会则更是如此。以小额贷款公司为例。根据 2008 年颁布的《浙江省小额贷款公司试点暂行管理办法》，县级政府负责小额贷款公司试点的具体实施工作，确定试点对象，承担小额贷款公司监督管理和风险处置责任。试点期间，县域小额贷款公司试点的数量严格按照省政府的统一部署执行。同时，该管理办法更明确规定县级政府是小额贷款公司风险防范处置的第一责任人，并承担各地小额贷款公司的日常监管职能。要获取这样的稀缺投资机会，单凭企业实力是不够的。企业和企业家的社会地位、社会声誉和社会声望等因素均会成为左右政府选择试点单位的因素，社会关系更是不可避免地渗透到了这类投资机会的分配过程之中。其他金融机构和地方重大基建项目的投资机会也存在类似的情况。此类稀缺投资机会往往会在地方精英群体内部分食。是否归属于这一精英群体，或者说这一群体的成员身份成为企业或企业家能否触及该类投资机会的关键因素。

综上所述，广大中小企业对社会资本的积极运用成为企业间融资结网的重要参与因素。社会资本的运用不仅为企业获取更多的融资结网机会，也在无形中规范了企业融资结网的行为模式，从而成为区域融资网络结构的决定因素。基于上述考虑，本章进一步提出社会资本参与融资结网的概念模型和相关的理论假说。

第三节　社会资本参与融资结网的概念模型

基于上述讨论，本章提出了如图 2 - 1 所示的社会资本参与企业融资结网的概念模型。本概念模型描述了社会资本在企业融资结网情景中的运行机制，包括社会资本的形成、运用和反馈三个部分。

行动者同时置身于多层社会关系网络之中，与其他行动者保持着内容和性质各异的各种社会联系。各类社会交往会持续产生人情债的积累。群体内部的社会规范和社会认识共同规制了人情债的放贷—偿还的

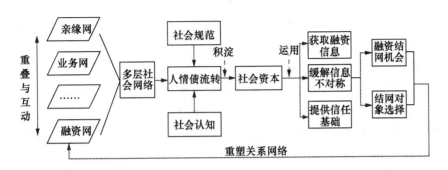

图 2 – 1　社会资本参与融资结网的概念模型

微观流转机制。人情债的累计最终积淀为行动者的社会资本。无论是企业家还是企业的社会交往都会通过上述以人情债流转为微观机制实现企业家社会资本和企业社会资本的积淀。前者根植于人际社会网络，是以礼物、面子等形式为载体的人际互惠交换体系运行的产出物，往往表现为长期人际交往的人情债积淀。后者对应的关系网络是企业间的正式关系网络，其节点是企业等机构，其关系链条的表现形式是较为正式的经济往来关系。其互惠交换体系的参与者、交换内容和具体的交换规则也与前者存在较为明显的区别。但它们都会应用于企业融资合作，并且实际上通过企业家这个代理人机制，企业家社会资本和企业社会资本具有相互转化和促进的可能。

如前所述，人情债放贷形式并不一定与偿还形式相同。在其他各层社会关系网络中积淀下的社会资本均可以被企业用于融资结网。

社会资本参与企业融资结网至少会给企业带来三个方面的利益。首先，高社会资本对应的丰富的社会关系网络有助于企业捕获有价值的融资和投资信息。许多敏感的投融资信息的流动大多是受到一定的限制，只是沿着社会关系链条传播的。稀缺的投资机会往往会在小群体内部进行配置，缺少对应社会资本的群体外企业很少有机会能及时获取充足的关于这类投资机会的信息。

其次，社会资本的参与有助于缓解交易双方信息不对称状况。中小企业缺少有效和权威的信息披露机制，无法向金融机构和其他融资合作对象释放有关自身财务和发展状况的有效的"硬信息"（Ang，1991；Berger and Udell，1998）。外部投资者往往会因为严重的信息不对称状况放弃与中小企业的融资合作。社会资本的充分运用允许企业对融资合作伙伴抵近观察，充分解读融资合作伙伴在各类社会关系网络中释放出来的"软信息"，并借此弥补"硬信息"获取的不足。因此，社会资本的运用可以帮助企业更公允地评价周围伙伴的融资合作提议。

最后，基于人情债往来维持的社会关系往往与特殊信任相联系，社会资本参与融资结网可以为双方提供以特殊信任为基础的且经过长期检验的信任基础。这可以有效地促进行动者与其小群体成员之间的融资合作。

社会资本运用的最终产出是为企业提供融资结网机会。这些机会包括企业间资金借贷、提供银行担保和参股投资。融资结网机会的获取和实现将会改变原先的融资关系网络，从而实现社会资本对融资关系网络的重塑。社会资本是企业融资结网行为的参与因素之一，但并不是唯一的决定因素。经济因素往往扮演了更为重要的角色，融资合作关系达成也将以合同或协议的形式进行固化。社会资本的参与影响了机会的获取，从而也参与了重塑融资关系网络。此外，社会资本的参与对融资结网对象的选择也做出了限制。社会资本参与带来的利益，包括获取融资信息、缓解信息不对称和提供信任基础，都只有在融资合作双方存在直接或间接社会联系的前提下才能产生。社会资本的参与限定了融资合作伙伴寻找的半径。这也会从另一个方面重塑融资关系网络。

第四节　社会资本影响企业融资结网的理论假说

本节将在概念模型的指引下进一步讨论社会资本参与企业融资结网的影响效应。根据概念模型和之前的讨论，社会资本参与企业融资结网将会给企业间融资合作带来更多的机会。无论是帮助企业捕捉更多的融资信息，缓解双方信息不对称状况，帮助企业更公允地评估融资结网机会，还是以社会资本为载体营造双方合作的信用基础，都有助于企业最终获得更多的投资机会。与社会资本相关的社会规范和社会认识也会润滑双方之间的融资合作。因此，基于之前的讨论，本章提出以下理论假说：

理论假说 1：社会资本参与将有效地促进企业间的融资合作，个体社会资本越高，企业所能获得的融资结网机会也就越多。表现到网络结构上，个体社会资本与节点的平均中心度正相关。

社会资本参与企业融资结网的主要产出形式是增加融资机会。社会资本是企业融资结网行为的重要参与因素。但作为经济因素考量可能会在另一个角度很大程度上决定企业的融资结网决策。因此，本章认为社会资本参与企业融资结网将更多地影响企业间融资网络的结构，对融资关系链的强度并不起决定作用。对此，本章提出以下理论假说：

理论假说 2：社会资本是企业融资结网的重要参与因素，社会资本的参与将对融资网络结构产生重要影响，但对融资关系强度影响不大。从结构角度解析社会资本参与融资结网的影响效应更为有效。社会资本与融资结网强度并不存在显著的相关性。

社会资本是社会关系和社会交往的有机沉淀，是"人情债"的长期积累。某家企业的融资结网行为可能是该企业积极运用社会资本的结果。反过来，融资结网也可能通过"人情债"交换体系促进该企业社会资本的有机增长。两者之间存在循环交互的作用过程。假设某家企业的确是通过社会资本的积极运用寻找融资结网的机会。那么，该企业既有的社会关系网络必定会限制结网机会的搜寻范围。其自我中心网络的拓展边界也就成为该企业寻找融资合作伙伴的客观边界。作为一种典型的强关系，企业间的融资结网必然需要双方存在合作的信用基础。而社会资本提供的信用基础往往源自双方在某一群体内的长期交往。这也强化了社会资本对结网机会搜寻半径的限制。社会资本参与某家企业融资结网过程的程度越高，那么其融资结网对象就越可能来自该企业热衷参与的某个小群体。至此，我们可以得出一个合理且可验证的推论。如果社会资本的确是浙江企业融资结网行为的重要参与因素，那么这些企业的融资结网对象就应当表现出一定的地缘、业缘等小群体特征。因此，本章提出以下理论假说：

理论假说 3：社会资本参与企业融资结网将在一定程度上限制企业对融资结网对象的选择，使中小企业的融资结网行为具有关系黏性，即企业更倾向于在小群体内部寻求融资合作，融资对象选择具有一定的小群体特征。在网络节点层面，个体社会资本将与融资网络对应节点的凝聚系数正相关。

作为转型期的经济体，我国社会资本也处于由传统形式的关系式社会资本向社团式社会资本转变的过程之中（王华，2004）。传统的关系型社会资本依附于以血缘和地缘为纽带，以家庭、宗族和乡土为基本单元的封闭型社会关系网络，小群体成员之间基于天然的社会关联建立特殊信任关系。这类社会资本在小群体内部较为强势，但社会关系网络具有较为清晰的天然边界。而西方的社团型社会资本以群体参与为基础，对应于群体内部的普遍信任，群体身份成为拥有该类社会资本的关键。现阶段，我国企业社会资本依然带有浓厚的特殊信任气息。以社会资本为载体的融资对象选择具有一定的限制，往往具有小群体特征，表现出小群体抱团合作的特征。在融资关系网络的结构上，这就表现为派系化特征。而融资网络内派系的大量存在必然导致整个融资网络表现为破碎化结构。因此，本章进一步提出以下理论假说：

理论假说 4：社会资本参与企业融资结网将促进企业间相互抱团合作，导致区域内企业间融资关系网络呈现强烈的派系化特征，并使整个融资网络出现明显的破碎化网络结构。

第三章　企业间融资结网的浙江实证考察

本章以浙江省 213 家上市企业为研究样本，从企业微观层面实证研究了社会资本对企业融资结网行为的影响效果。在此，本章借鉴了情报内容分析方法对 213 家上市企业的公司背景和财务状况进行了编码化分析，定量测量了每家企业的企业家社会资本和企业社会资本，以及各类融资结网行为指标。最后，通过统计回归分析了社会资本对企业融资结网行为的影响。

第一节　实证检验命题

考虑到企业家个人关系资源和企业社会关系资源往往会交替地运用于企业融资过程中，本章将个体社会资本划分为企业家社会资本和企业社会资本，具体考察这两类个体社会资本对企业融资行为的影响效应。同时，实证研究主要考察了担保融资结网和参股融资结网两类企业融资结网行为。这两类融资结网形式在中小企业中较为普遍，而且是社会资本渗透程度比较高的融资合作形式。同时，与更为隐匿的非正规金融借贷相比，研究人员可以获得有关这两类融资结网行为的准确数据。数据可得性也是实证研究必须加以考虑的因素。具体来说，本章通过融资结网机会、融资结网强度和网络结网对象选择三个维度来考察社会资本对企业融资结网行为的影响。本章对三个理论假说的检验思路如图 3–1 所示。

本章以 213 家浙江省上市企业为实证对象，采用情报内容分析方法编码化测量企业家社会资本、企业社会资本、担保融资结网数量、参股融资结网数量、担保融资结网强度、参股融资结网强度和对象选择的关系黏性等变量指标。变量指标的具体含义和测度方法在之后会进行详细解释。最后，回归分析社会资本对融资结网行为的影响效应。

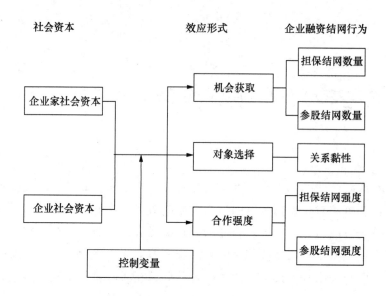

图3-1　微观实证命题检验思路

具体来说，本节在理论假说1、理论假说2和理论假说3的基础上结合实证研究背景，进一步提出以下五个具体的相关性检验命题，分别考察了企业家社会资本和企业社会资本对担保结网数量、参股结网数量、担保结网强度、参股结网强度和关系黏性的影响效果。

检验命题1：企业家社会资本和企业社会资本与企业的担保结网数量显著正相关；

检验命题2：企业家社会资本和企业社会资本与企业的参股结网数量显著正相关；

检验命题3：企业家社会资本和企业社会资本与企业的担保结网强度不存在显著相关性；

检验命题4：企业家社会资本和企业社会资本与企业的参股结网强度不存在显著相关性；

检验命题5：企业家社会资本和企业社会资本与企业融资结网对象选择的关系黏性显著正相关。

第二节　样本与数据

一　样本范围与数据来源

本章实证研究的样本企业为 2010 年 12 月 31 日前在上海、深圳和香港上市的 213 家浙江上市公司。企业样本类型的选择主要是考虑到上市公司在浙江企业中具有良好的代表性，而且上市公司在年报、公告等各类公开信息披露中会报告关于担保、长期股权投资等敏感数据和其他企业背景资料，为实证研究的开展提供了准确且充分的数据资料。这 213 家浙江上市公司在行业和资产规模上分布较为均匀，在地区分布上也与浙江省区域经济的发展布局较为吻合。考察样本的分布情况统计如表 3 - 1 所示。

表 3 - 1　　　　　　　　浙江实证研究样本分布情况统计

地区	样本地区分布		样本板块分布		
	样本数	比例（%）	板块	样本数	比例（%）
杭州	71	33.33	主板（含 B 股）	78	36.62
宁波	40	18.78	中小板	92	43.19
绍兴	32	15.02	创业板	17	7.98
台州	23	10.80	港股	26	12.21
嘉兴	16	7.51	国有企业	38	17.84
湖州	11	5.16	非国有企业	175	82.16
金华	11	5.16	样本总数	213	
其他	9	4.23			

本章实证研究的数据主要来源于这 213 家上市公司的年报和其他公开信息披露数据。实证数据的时间截面选择为 2008 年，原因是在 2008 年国际金融危机的影响下，浙江经济受到了较为严重的冲击（见图 3 - 2），浙江企业在此期间普遍存在资金紧张，相互担保和融资合作在企业中较为普遍，为我们观察企业的融资结网行为提供了良好的时间窗口。由于企业间的股权投资和相互担保关系具有一定的延续性，实证数据采集过

程中除了收集 2008 年的数据资料外，也对 213 家上市公司 2007 年和 2009 年的情况进行了验证性比对，以期获得较为真实、可靠的研究数据。

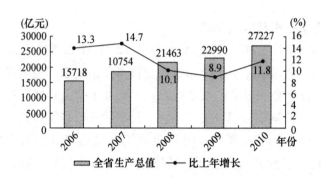

图 3 - 2 2006—2010 年浙江省生产总值及其增长速度

资料来源：《2010 年浙江省国民经济和社会发展统计公报》，浙江省统计局网站，http：// www. zj. stats. gov. cn。

二 数据采集与处理过程

借鉴国内外类似研究的建议，本章主要采用编码方法和情报学的内容分析法对样本企业背景、企业家简历信息和其他数据信息进行了采集和处理。情报内容分析法是一种以研究对象的内容进行分析的研究方法，作为一种较高层次的情报分析方法已应用于社会科学情报、传播研究和其他各种研究领域中（邱均平和邹菲，2004；郑文晖，2006）。在情报内容分析的具体过程中，本章主要采用了人工编码的方式进行资料内容的采集、转换和处理。具体的数据处理步骤包括：

第一，通过中国证监会指定信息披露网站——巨潮资讯网和香港交易及结算所有限公司官方网址的"披露易"功能检索和收集所涉及的213 家浙江上市公司的年报或招股说明书。

第二，由研究人员事先明确信息收集方案、定性评判标准以及编码规则，随后由研究人员根据既定规则对需要采集的数据信息进行收集、评判和编码。

第三，由两位其他研究人员对编码结果进行核对，并交叉验证编码结果，对于有争议的编码结果，通过其他补充信息进行核实，并由参与编码的所有研究人员共同决定最终编码结果。

上述编码过程保证了研究数据的真实可靠，减少人工编码过程中的疏漏，提高研究结果的可靠性和可重复性。实证研究中涉及的"企业家社会资本""企业社会资本""关系黏性"（变量定义请参见下文）等变量指标的测量主要是应用了情报内容分析法。根据类似实证研究的建议（Yan and Gray，1994；刘雪锋，2009），本章对样本企业背景和企业家简历信息逐个进行编码，将公开信息中的文字描述转换为量化的分值。编码方案请参见本章第三节。按照一般的编码规则，若企业情况符合选项标准则编码为1，反之则为0；然后逐项相加，编码分值越高说明企业家个体社会资本或企业集体社会资本越高（吴宝等，2011）。

第三节　变量选择及编码方案

一　变量选取

（一）自变量

由于本章实证主要是个体层面的考察，因此研究中涉及的社会资本也主要是个体社会资本。就企业管理实践中涉及的个体社会资本而言，也存在根植于人际社会网络中的企业家社会资本和根植于企业间网络中的企业社会资本两种不同形式。根据理论分析，企业家社会资本和企业社会资本都会渗透到企业的融资过程中，成为寻求融资合作的中介载体。因此，社会资本研究变量细分为以下两个变量指标：

（1）企业家社会资本：是指企业家在社会关系网络的长期交往中获得的个体社会资本，其来源主要是企业家在各种形式的社会参与和社会交往中积淀下来的人情债和特殊信任关系。

（2）企业社会资本：是指企业机构在区域经济网络的长期交往中获得的个体社会资本，其来源是企业机构在社会参与和社会交往中积淀下来的关系资源和特殊声誉。

（二）因变量

本章实证主要考察企业间担保和长期股权投资两种融资结网行为，根据实证需要，选取了以下几个因变量：

（1）担保结网数量：是指与上市公司存在担保关系的企业数量。

这包括上市公司对外担保企业数量与替上市公司担保的企业数量，但不重复计算。担保关系包括关联企业担保和独立第三方担保，但不包括上市公司内部控股子公司之间以及上市公司与控股子公司之间的担保合作。

（2）参股结网数量：是指上市公司拥有的参股企业数量。参股企业是指上市公司仅拥有部分股权，而并未实现控股的合资企业。也就是说，不包括上市公司的控股子公司。

（3）担保结网强度：是指上市公司对外担保总额与净资产的比值。变量指标与上市公司对担保结网对象的风险依赖程度成正比。

（4）参股结网强度：是指上市公司对参股企业的长期股权投资总额与净资产的比值。变量指标与上市公司对参股结网对象的风险依赖程度成正比。

（5）关系黏性：是指企业选择担保和参股结网对象时的关系局限性，即企业在既有的"小圈子"内选择合作对象的小群体倾向。理论预期，社会资本参与程度越高，企业越倾向于在小群体内部寻找既有的圈内人作为融资结网的对象。

（三）控制变量

另外，本章还选择了以下控制变量：

（1）企业规模：主要用于控制企业规模差异对企业融资结网行为的影响，实证中采用"总资产"数据来测度企业规模。

（2）企业负债率：主要用于控制企业负债程度差异对企业融资结网行为的影响。测算中采用了净资产负债率指标。

（3）区域布局：主要用于控制本地化企业和跨区域布局企业由于经营地域多样化差异对企业融资结网行为的影响。设计虚拟变量，本地化企业为1，否则为0。

（4）国有企业：划分为国有企业和非国有企业两项指标。由于国有企业会占据更多的体制内的关系资源，需要在实证中加以区别考察。设计虚拟变量，国有企业为1，否则为0。

（5）上市类型：主要用于控制不同上市板块对企业融资行为的规制约束差异。上市类型分为主板上市、中小企业板上市、创业板上市和香港上市。

二　编码方案

现有文献中对于社会资本的测度还存在较大的争议（张宏文，2003）。个体社会资本的测度方法主要可以归纳为两大类：一类是通过测度行动者个体在关系网络中所占据的位置和网络地位来确定个体拥有的社会资本；另一类主要是从个体在社会交往中所占据的网络资源或者声望来推测个体社会资本的大小（尉建文和赵延东，2011）。本章主要采用后一类方法。社会资本的测量数据，既可以来自对观察个体的访谈和问卷，也可以来自其他客观资料。本章主要采用编码化方法对企业家的人际关系资源和企业的社会地位进行指标测度。这种编码化可以保证研究数据的可得性和真实性，从而确保变量测度的精确性。本章沿用了作者前期研究所采用的编码化测度方法（吴宝等，2011）。

（一）企业家社会资本的编码测度方案

具体来说，本书从以下五个方面测量企业家社会资本：

（1）政治参与：编码问项为"实际控制人或法人代表是否为人大代表或政协委员？"，是则编码为1，否则编码为0。该项指标反映出企业家的政治参与度、社会地位。

（2）社会荣誉：编码问项为"实际控制人或法人代表是否获得过重大荣誉？"，是则编码为1，否则编码为0。其中，重大荣誉限定为省市级劳模、先进个人、优秀企业家、三八红旗手等。该项指标主要反映企业家的社会声望。

（3）社会兼职：编码问项为"实际控制人或法人代表是否担任地方或行业组织的领导职务？"，是则编码为1，否则编码为0。该指标主要考察企业在地方和行业内的声望、地位和影响力。

（4）董事本地化：编码问项为"是否有超过2/3以上的董事来自本地？"，是则编码为1，否则编码为0。本地是指企业注册地或主要经营场所所在的城市。本地化的董事往往能与企业家形成很好的互动，本地化关系资源是企业家可以借助的重要关系资源。

（5）连锁董事：编码问项为"董事会成员中是否有人同时兼任其他公司的董事？"，是则编码为1，否则编码为0。任兵等（2004）指出，连锁董事网可以增强企业家与外部机构的联系与合作，具有资源获取、应对环境不确定性、协调与控制和学习等功能，也是企业家社会资本的重要组成部分。

（二）企业社会资本的编码测度方案

具体来说，本书从以下五个方面来测度企业社会资本：

（1）区域地位：编码问项为"企业是否为市级百强企业？"，是则编码为1，否则编码为0。该指标主要用于考察企业在区域经济体系内的社会地位与社会声望。

（2）集聚地位：编码问项为"企业是不是当地产业集群中的核心企业？"，是则编码为1，否则编码为0。产业集群在浙江区域经济中发挥着重要作用，集群内的核心企业往往拥有更为丰富的关系资源。该指标主要用于考察企业在当地集聚经济体内的社会地位与社会声望。

（3）公司历史：编码问项为"企业是否在2000年以前成立？"，是则编码为1，否则编码为0。该指标用于测度企业参与社会交往的历史。一般社会交往历史越久，社会资本的拥有量也越大。

（4）业务依赖：编码问项为"前五大供应商的采购金额或前五大客户的销售金额占比是否超过了15%？"，是则编码为1，否则编码为0。该指标考察企业上下游间的关系强度。稳定的供应链也是企业重要的关系资源。

（5）业务领域：编码问项为"企业从事的主营业务领域是否超过3种？"，是则编码为1，否则编码为0。一般来说，企业涉及的业务领域越多，拥有的社会关系也就越丰富。

（三）关系黏性的编码测度方案

具体来说，本书从地缘、业缘、人缘、关系重叠、关系闭合等小群体特征来测量企业选择融资结网对象时的关系黏性。

（1）地理邻近：编码问项为"担保对象或合资伙伴是否与上市公司来自同一县市？"，是则编码为1，否则编码为0。该指标用于考察企业在当地选择融资结网对象的倾向。

（2）业务相似：编码问项为"担保对象或合资伙伴是否与上市公司从事相近的主营业务？"，是则编码为1，否则编码为0。该指标用于考察企业在同行中选择融资结网对象的倾向。

（3）董事连锁：编码问项为"合作双方之间是否拥有共同的董事或股东？"，是则编码为1，否则编码为0。该指标用于考察股东和董事的社会关系网络对融资结网对象选择的影响。

（4）关系重叠：编码问项为"合作双方是否同时存在担保关系、

股权关联、资金占用和业务往来等两种以上的重叠关系?",是则编码为1,否则编码为0。该指标用于考察融资关系的重叠程度。

(5)关系闭合:编码问项为"上市公司的融资结网对象之间是否存在融资关系链?",是则编码为1,否则编码为0。该指标用于考察企业融资结网伙伴之间的抱团特征。

第四节 社会资本对企业融资结网影响效应分析

一 变量的信度与效度检验

表3-2列出了企业家社会资本这一编码化变量测度指标的内部相关性。结果显示,五个编码化分项指标内部具有良好的相关性,且大多在0.05水平上显著相关。这一结果表明企业家社会资本的编码化测度方案存在较好的内部逻辑相关性。

表3-2　　　　企业家社会资本测度指标的内部相关性

	企业家社会资本	政治参与	社会荣誉	社会兼职	董事本地化	连锁董事
企业家社会资本	1.000	0.716 **	0.668 **	0.499 **	0.363 **	0.274 **
政治参与	0.716 **	1.000	0.471 **	0.187 **	0.056 *	0.080 *
社会荣誉	0.668 **	0.471 **	1.000	0.170 *	0.023 *	0.039 *
社会兼职	0.499 **	0.187 **	0.170 *	1.000	0.032	-0.111
董事本地化	0.363 **	0.056 *	0.023 *	0.032	1.000	0.207 **
连锁董事	0.274 **	0.080 *	0.039 *	-0.111	0.207 **	1.000

注:** 表示在0.01的水平下显著相关,* 表示在0.05的水平下显著相关。

同时,企业社会资本测度指标的内部相关性分析也较为满意(见表3-3)。各分项指标测度结果大多呈显著正相关,且显著性水平也大多在0.05水平以上。这表明,企业社会资本的编码化测量方案存在较好的逻辑相关性。各分项指标之间并不存在相互排斥的现象。

表 3 - 3　　　　　　　　　企业社会资本测度指标的内部相关性

	企业社会资本	区域地位	集聚地位	公司历史	业务依赖	业务领域
企业社会资本	1.000	0.679 **	0.496 **	0.649 **	0.145 **	0.536 **
区域地位	0.679 **	1.000	0.104 *	0.354 **	0.010 *	0.186 **
集聚地位	0.496 **	0.104 *	1.000	0.135 *	-0.061	0.039 *
公司历史	0.649 **	0.354 **	0.135 *	1.000	0.206 **	0.274 **
业务依赖	0.145 **	0.010 *	-0.061	0.206 **	1.000	0.175 **
业务领域	0.536 **	0.186 **	0.039 *	0.274 **	0.175 **	1.000

注：** 表示在 0.01 的水平下显著相关，* 表示在 0.05 的水平下显著相关。

最后，表 3 - 4 罗列了关系黏性测度指标的内部相关性。各分项指标大多在 0.05 显著性水平上正相关，表明该指标编码化测度方案具有较好的内部逻辑性，分项指标测度具有一致的变动方向。

表 3 - 4　　　　　　　　　关系黏性测度指标的内部相关性

	关系黏性	地理邻近	业务相似	董事连锁	关系重叠	关系闭合
关系黏性	1.000	0.550 **	0.404 **	0.652 **	0.583 *	0.743 **
地理邻近	0.550 **	1.000	0.061 *	0.259 **	0.113 *	0.238 **
业务相似	0.404 **	0.061 *	1.000	-0.022	0.008 *	0.111 *
董事连锁	0.652 **	0.259 **	-0.022	1.000	0.255 **	0.420 **
关系重叠	0.743 **	0.113 *	0.008 *	0.255 **	1.000	0.376 **
关系闭合	0.743 **	0.238 **	0.111 *	0.420 **	0.376 **	1.000

注：** 表示在 0.01 的水平下显著相关，* 表示在 0.05 的水平下显著相关。

使用 SPSS 软件进行信度检验发现，企业家社会资本测度指标、企业社会资本测度指标和关系黏性测度指标的 Cronbach α 系数分别为 0.669、0.675 和 0.726，均大于 0.5，满足信度要求。同样，对企业家社会资本测度指标、企业社会资本测度指标和关系黏性测度指标进行 KMO 和 Bartlett 球形检验发现，上述三类测度指标的 KMO 值分别为 0.529、0.593、0.645，Bartlett 球形检验的近似卡方值分别为 77.899（自由度为 10）、66.221（自由度为 10）、99.326（自由度为 10），均达到显著性水平（均为 p = 0.000）。上述三个编码化测度变量的测度结果符合信度和效度的要求。

二　关键变量的统计描述

（一）社会资本测度结果

213 家浙江上市企业的企业家社会资本的测度均值为 3.12，标准差为 1.209。显示了该企业家群体普遍拥有大量的社会关系资源，占据了优势的社会地位。具体来说，该企业家群体政治参与程度较高，61.0%的上市公司的实际控制人或法人代表担任过市级以上的人大代表或政协委员，社会地位较为优越。同时，53.5%的企业家曾获得省市级劳模、先进个人、优秀企业家和三八红旗手等重大社会荣誉，具有良好的社会声望。此外，他们在行业和地方的社会活动中也较为活跃，70.9%的企业家担任了行业或地方组织的领导职务，在行业内或地方上拥有丰富的社会关系资源。76.5%的上市企业与其他企业拥有共同的连锁董事，这可以有效地增强企业高层间的交流与学习，提高企业间的战略协调能力。49.3%的上市企业的董事会至少有 2/3 的本地成员。上市公司规范化的治理架构本身需要董事会成员多元化，该指标测度结果偏低但符合预期。这表明浙江上市企业依然具有较强的本地化特征，有利于企业充分调动诸多本地化的社会资源。

表 3-5　　企业家社会资本各分项指标测度结果统计

分项指标	频数	均值	标准差
企业家社会资本	—	3.12	1.209
政治参与	130	0.610	0.489
社会荣誉	114	0.535	0.500
社会兼职	151	0.709	0.455
董事本地化	105	0.493	0.501
连锁董事	163	0.765	0.425

注：频数为编码得分为 1 的样本数量。

企业社会资本的测度均值为 2.89，标准差为 1.198。在 213 家上市企业中，49.8%的企业位列地市级百强企业，具有较强的经济实力和较高的社会地位。63.8%的企业属于当地块状经济集聚体的核心企业，在当地产业体系内影响力较大。

表3-6 企业社会资本各分项指标测度结果统计

分项指标	频数	均值	标准差
企业社会资本	—	2.890	1.198
区域地位	106	0.498	0.501
集聚地位	136	0.638	0.482
公司历史	132	0.620	0.487
业务依赖	176	0.826	0.380
业务领域	66	0.310	0.464

注：频数为编码得分为1的样本数量。

此外，62.0%的企业成立于2000年之前，具有长期的社会交往历史，"人情债"累计也较为丰富。82.6%的上市企业表现出一定程度的业务依赖，其前五大供应商的采购金额或前五大客户的销售金额占比超过15%。较高的供应链关系强度，可以有效提升前后端企业间的战略协调，增强企业对前后端合作伙伴的社会影响力。另外，31.0%的上市企业的多元化程度较高，主营业务领域超过3个。这部分企业预期将拥有更为多元化的社会关系资源。

总体来说，213家浙江上市企业大多拥有较高的企业家社会资本和企业社会资本，两项指标的测度结果符合正态分布规律（见表3-7）。理论预期，较高的社会资本将会有助于企业间的融资合作，为企业提供更多的融资结网机会。

表3-7 两类个体社会资本变量指标得分分布

测度分值	企业家社会资本		企业社会资本	
	频数	百分比（%）	频数	百分比（%）
0分	3	1.41	0	0.00
1分	19	8.92	33	15.49
2分	44	20.66	49	23.00
3分	56	26.29	56	26.29
4分	66	30.99	58	27.23
5分	25	11.74	17	7.98
样本合计	213	100.00	213	100.00

（二）融资结网行为的测度结果

测度结果显示，213 家浙江上市企业中担保结网数量最多的是浙江广厦集团股份有限公司，与 18 家企业存在担保关系。担保结网数量的测度均值为 2.73，标准差为 2.885，表明担保活动较为活跃，是浙江企业间融资合作的主要形式。担保强度的均值为 0.156，标准差为 0.329。213 家企业对外担保总额占净资产总值的比例平均为 15.6%，最大值为242.8%，对外担保的潜在风险不容小视。

社会资本参与融资结网的其中一项功能是为企业获取银行贷款的担保提供便利。企业间担保行为可以分为两类：一类是发生于股权关联小群体内部的担保行为，尤其是控股企业及其子公司与上市企业之间。这类担保行为大多是单向的、非互惠的，往往表现为核心企业对周边企业的单方向救助，而且担保人与被担保人之间还存在参股投资等多重融资关系。这一类担保行为很大程度上与控股股东决策安排有着直接关联，社会资本的参与程度不高。另一类社会资本参与程度较高的担保行为往往具有互惠特征，时常以两家集团公司签订相互担保协议，约定为彼此及彼此的子公司的银行贷款提供保证义务。这类互保协议的保证人和被保证人之间并不存在股权关系，甚至也很少存在业务往来。协议双方往往来自同一县市或从事着类似的业务领域，企业和企业家之间有着较长的社会交往历史。这类无关联担保行为往往与社会资本的微妙运用密不可分，可以视为社会资本参与企业融资结网的重要信号。

根据编码化梳理结果，杭州地区 71 家上市企业共发生 50 次无关联担保行为，占企业担保行为发生总数的 30.6%。宁波地区 40 家上市企业仅有 3 次无关联担保行为，占担保行为发生总数的 5.5%。绍兴地区32 家上市企业共有 64 次无关联担保行为，占该地区担保行为发生总数的 58.2%。台州 23 家企业共发生 24 次无关联担保行为，占担保行为发生总数的 47.1%。嘉兴地区 16 家企业无关联担保行为次数为 21 次，占担保行为发生总数的 42.8%。湖州地区 11 家企业的无关联担保发生次数为 10 次，占担保行为发生总数的 47.6%。金华地区 11 家上市企业共发生 14 次，占担保行为发生总数的 37.8%。上述数据从一个侧面反映了社会资本在不同程度上均参与了各地上市企业融资结网活动。

213 家浙江上市企业中，对外参股合资最多的是浙江浙大网新科技股份有限公司，一共参股合资了 29 家企业。参股合资关系数量的均值为3.20，标准差为4.925，表明浙江上市企业对参股投资较为热衷。参股结网强度均值为0.095，标准差为0.216。213家上市企业对外参股合资金额占公司净资产总值的9.5%，参股投资强度最高的企业为杭州解百股份有限公司，参股合资金额约占公司净资产的194.1%。参股投资对企业经济状况影响较大。

　　社会资本参与融资结网的另一项功能是为企业获取地方稀缺投资机会提供便利。很多这类机会并不是市场化配置的，其投资信息和投资机会的获取往往与企业的社会声望、社会关系和某个小群体的成员身份密不可分。社会资本的运用是获取此类投资机会的关键。这类投资机会中最为典型的就是地方商业银行、农村信用社、村镇银行、小额贷款公司等地方金融机构的参股投资机会和地方重大基建项目。浙江上市企业共参股投资了41家地方金融机构，40家参股企业并不都是当地经济实力最强的企业，而是当地经营历史较长的知名企业。部分企业，如浙大网新、稽山控股、新湖中宝、广厦股份等，借助于自身较强的社会资本参股了数家地方金融机构。各地也都存在多家上市公司共享这类稀缺投资机会的例子。百大集团股份公司与杭州汽轮机股份有限公司共同参股杭州银行，雅戈尔集团和杉杉股份共同参股宁波银行，雅戈尔集团、杉杉股份和宁波富达股份又共同参与了宁波跨海大桥项目的投资，稽山控股、永利经编共同参股绍兴农村合作银行，山下湖珍珠集团和海越股份共同参股诸暨农村合作银行，广厦股份和中国轻纺城共同分享了浙商银行的投资机会。这些并非完全市场化的投资机会获取和分配过程在不同程度上均有社会资本参与。

　　关系黏性的测度均值为2.761，标准差为1.385，表明浙江上市企业偏好于在社会交往的小群体内部寻找融资结网伙伴，结网对象的选择具有较强的小群体特征。根据编码化分析结果，浙江上市企业融资结网对象的选择的确具有很强的地缘和业缘特征。融资对象往往来自企业的地理邻近区域或所处的产业集群内部。213家浙江上市中有158家与至少一家融资合作伙伴同处于一个县市，高达74.2%的比例说明浙江上市企业的融资结网行为具有强烈的地缘特征。59.6%的上市企业与至少一家融资合作伙伴从事同一个业务领域，融资结网的业缘特征也较为明显。结合浙江各地较为典型的地理产业集聚特征，若企业更偏好以社会资本为信用载体从小群体内选择融资结网对象，结网对象选择的地缘和业缘特征也就不可避免。上述调研结果在一定程度上反映了社会资本是浙江企业融资结网活动的参与因素。另外，28.6%的上市企业与融资结网对象之间存在董事连锁关系，暗示股东和董事的社会关系网络也对企业的融资行为施加了一定的影响。更为重要的是，66.2%的浙江上市企业与至少一家融资结网对象存在股权关联、贷款担保、委托借款或资金占用等两种以上重叠的融资关系。47.7%的上市企业的各类融资结网伙伴之间也存在融资合作关系，说明很多企业采用了小群体抱团的方式，成员间彼此提供融资合作便利。关系重叠和关系闭合的统计结果更加明确地揭示了浙江上市企业在融资结网对象选择上具有的小群体特征，也印证了社会资本参与这些浙江企业融资结网活动的观点。

三　回归结果分析及讨论

表3-8列出了主要变量的相关性检验结果。企业家社会资本与担保结网数量、关系黏性指标显著正相关（显著性水平 <0.01），符合理论预期。企业家社会资本与参股结网数量及两个融资结网强度指标并不显著相关。企业社会资本与担保结网数量、参股结网数量、关系黏性、担保结网强度和参股结网强度均显著正相关，符合理论预期。企业家社会资本和企业社会资本显著正相关，符合预期。

表3-8　　　　　　　　　主要变量的相关性检验

	企业家社会资本	企业社会资本	担保结网数量	参股结网数量	关系黏性	担保结网强度	参股结网强度
企业家社会资本	1.000	0.253**	0.230**	0.033	0.225**	0.060	0.131
企业社会资本	0.253**	1.000	0.387**	0.411**	0.322**	0.157*	0.205**
担保结网数量	0.230**	0.387**	1.000	0.277**	0.511**	0.272**	0.114
参股结网数量	0.033	0.411**	0.277**	1.000	0.274**	0.075	0.255**
关系黏性	0.225**	0.322**	0.511**	0.274**	1.000	0.314**	0.138*
担保结网强度	0.060	0.157*	0.272**	0.075	0.314**	1.000	0.064
参股结网强度	0.131	0.205**	0.114	0.255**	0.138*	0.064	1.000

注：** 表示在0.01的水平下显著相关，* 表示在0.05的水平下显著相关。

表3-9列出了5个模型的回归结果。回归结果显示，担保结网数量与企业家社会资本和企业社会资本均高度正相关（显著性水平 <0.01），支持了企业家社会资本和企业社会资本都有助于企业获取更

多的融资结网机会的理论观点。回归结果也显示，企业的担保结网数量与企业规模、企业负债率、区域布局、国有企业等控制变量并不显著相关。这一结果说明，上述因素并不能直接帮助企业获取担保结网机会，促成企业的担保融资结网。相比之下，企业家社会资本和企业社会资本能够更有效地促成企业间的担保结网。另外，在大陆主板和创业板的上市企业拥有更多的担保结网数量（显著性水平 <0.05）。

同样，回归结果显示参股结网数量与企业社会资本显著正相关（显著性水平 <0.01），支持了企业社会资本对企业参股结网具有积极效应的观点。但回归结果并未支持企业家社会资本有助于企业参股结网的观点，两者并不显著相关。上述结论意味着企业的社会声望和社会地位对于获得参股投资机会更为重要。企业家的社会声望虽然有助于提高参股投资者的吸引力，但对作为投资标的企业而言未来的入股企业本身的社会声望和社会地位显得更加重要。区域产业体系内占据着优势地位的高社会资本企业往往会拥有更多的参股投资机会，也往往会在稀缺投资机会的分配中抢得先机。同时，回归结果显示参股投资机会与企业规模显著正相关（显著性水平 <0.01），企业经济实力越强越容易获得参股投资机会。参股投资机会与企业负债率显著正相关（显著性水平 <0.05），说明存在负债从事投资扩张的情况。另外，实现跨区域布局的企业要比本地化经营为主的企业拥有更多的投资机会（显著性水平 <0.01），国有企业要比非国有企业拥有更多的投资机会（显著性水平 <0.01），大陆主板上市企业要比其他类型的上市企业拥有更多的投资机会（显著性水平 <0.01），这与主板上市企业普遍上市时间较早，社会关系资源积累较为丰富有关。

表 3 - 9   社会资本对企业融资结网行为影响效果的回归结果汇总

	担保结网数量	参股结网数量	关系黏性	担保结网强度	参股结网强度
常数项	-2.944 (3.001)	-17.970 ** (4.337)	-0.854 (1.461)	0.568 (0.375)	0.023 (0.238)
企业家 社会资本	0.412 ** (0.165)	-0.277 (0.239)	0.195 * (0.080)	0.013 (0.021)	0.025 (0.013)
企业社 会资本	0.685 ** (0.184)	0.733 ** (0.265)	0.234 ** (0.089)	0.059 * (0.023)	0.014 (0.015)

续表

	担保结网数量	参股结网数量	关系黏性	担保结网强度	参股结网强度
企业规模	0.092	0.950 **	0.084	−0.028	0.003 *
	(0.149)	(0.215)	(0.072)	(0.019)	(0.012)
企业负债率	0.134	1.065 *	0.090	0.033 *	−0.014
	(0.293)	(0.424)	(0.143)	(0.037)	(0.023)
区域布局	−0.113	−2.681 **	0.320	0.008	−0.039
	(0.389)	(0.562)	(0.189)	(0.049)	(0.031)
国有企业	−0.034	2.242 **	0.212	0.010	0.061
	(0.526)	(0.760)	(0.256)	(0.066)	(0.042)
上市类型（主板）	1.055 *	2.262 **	0.502 *	−0.039	0.090
	(0.466)	(0.673)	(0.227)	(0.058)	(0.037)
上市类型（创业板）	1.253 *	0.937	0.553	0.009	0.000 *
	(0.720)	(1.041)	(0.351)	(0.090)	(0.057)
上市类型（中国香港）	0.042	−0.388	0.483	−0.061	0.015
	(0.595)	(0.861)	(0.290)	(0.075)	(0.047)
调整的 R^2	0.203	0.429	0.181	0.046	0.109
F 检验	0.000	0.000	0.000	0.370	0.004

注：** 表示在 0.01 的水平下显著相关，* 表示在 0.05 的水平下显著相关。括号内标注的是标准误差。

此外，回归分析结果也验证了社会资本参与将对融资结网对象选择施加影响的观点。表 3 - 9 的回归结果显示，融资结网对象选择的关系黏性与企业家社会资本显著正相关（显著性水平 < 0.05），支持了这样的理论观点，即企业家社会资本的积极运用会在一定程度上强化企业在小群体内部寻找融资结网伙伴的倾向。同样，关系黏性也与企业社会资本显著正相关（显著性水平 < 0.01），验证了企业社会资本参与企业融资结网将使融资对象选择具有小群体特征的理论观点。回归结果显示，关系黏性指标与企业规模、企业负债率、区域布局、国有企业等控制变量不存在显著相关性。这些因素并不会强化企业在小群体内部寻找融资结网对象的偏好。另外，大陆主板上市企业要比其他类型的上市企业具

有更强的关系黏性（显著性水平＜0.01），这与主板上市企业普遍上市时间较早，长期社会交往中人情债积累丰富有关。

　　最后，回归结果显示社会资本的运用并不能显著改变融资结网强度。以担保结网强度为因变量，以企业家社会资本、企业社会资本为自变量，企业规模、企业负债率、区域布局、国有企业和上市类型为控制变量的回归模型在 F 检验上并不显著（显著性水平 p 值为 0.370）。说明上述自变量和控制变量并不能有效解释担保结网强度的变化。这一结果表明无论是企业家社会资本还是企业社会资本均不能有效地影响担保结网强度。在最后一个回归模型中，参股结网强度与企业家社会资本、企业社会资本并不显著相关。参股结网强度仅与企业规模和上市类型（创业板）显著相关（显著性水平＜0.05），而且整个模型的 F 检验结果也并不理想（显著性水平 p 值为 0.004）。这一结果也表明无论是企业家社会资本还是企业社会资本均不能有效地影响参股结网强度。结合之前的分析，可以得出结论，企业家社会资本和企业社会资本可以有效地帮助企业获取更多的融资结网机会，增强企业在小群体内部选择融资结网对象的偏好，但两者均不会对融资结网强度产生显著影响。也就是说，社会资本对企业融资结网行为的影响主要体现在关系结构维度（如中心度和凝聚系数）而不是关系强度维度上。

　　四　研究结论

　　本部分以浙江省 213 家上市企业为研究样本，从企业微观层面实证研究了社会资本对企业融资结网行为的影响效果。在此，本书借鉴了情报内容分析方法对 213 家上市企业的公司背景和财务状况进行了编码化分析，定量测量了每家企业的企业家社会资本和企业社会资本，以及各类融资结网行为指标。最后，通过统计回归分析了社会资本对企业融资结网行为的影响。结果表明，企业家社会资本和企业社会资本对企业担保结网数量具有显著的正效应，即两种个体社会资本有助于企业获得更多的担保结网机会。企业社会资本对企业参股结网数量具有显著的积极效应，可以帮助企业获得更多的参股投资机会。无论是企业家社会资本还是企业社会资本均会强化企业在小群体内部寻找融资结网对象的偏好，增强企业选择融资结网伙伴时的关系黏性。但无论是企业家社会资本还是企业社会资本均不能有效地影响企业融资结网强度。本部分实证结论较好地验证了 5 个相关性检验命题，支持了之前提出的理论假说

1、理论假说 2 和理论假说 3。企业以社会资本为载体可以获得更多的融资结网机会，并强化融资结网对象选择的小群体特征，社会资本的影响效果主要体现在关系结构维度，而不是关系强度维度。从结构视角解读社会资本参与对企业间融资结网现象的影响更加有效。

第四章　大规模风险传染的社会形成机制

　　企业的融资结网行为不单单是企业间的融资合作，解决共同的融资难和投资难问题，也在合作双方之间构建了实质性的风险依赖关系，融资结网对象呈现"共损共荣"的特征。融资关系链客观上成为风险传染的主路径。风险传染是指企业间财务困境的传递，最为典型的就是单家企业破产引发的多米诺骨牌式的破产连锁反应。浙江等东南沿海地区许多企业擅长运用社会资本寻求股权集资和贷款担保等融资合作，长期以来企业间形成了复杂的融资关系网络。一旦其中某家企业破产，风险往往沿担保链、股权链蔓延，造成风险传染（Allen and Gale，2001），进而酿成区域系统性风险（Aguais et al.，2000；Battiston et al.，2007；Gatti et al.，2006）。类似的案例在浙江屡见不鲜。① 为何个体社会资本的积极运用最终却促成了区域系统性风险集聚？从风险角度看，社会资本的运用表现出了负面效应。本章从社会资本的视角对企业间融资结网及其风险传染问题进行研究。大规模风险传染的发生机制就是社会资本负面效应在融资结网情景下的形成机制。本章首先简要地回顾一下对社会资本负面效应形成条件的相关研究，然后从社会资本视角提出了"社会资本→融资网络结构→风险传染效应"的概念模型及相关理论假说。本章也从风险角度考察了社会资本负面效应形成的条件，解释了为何个体社会资本的积极运用最终却促成了区域系统性风险集聚。

---

　　① 这类案例包括 2006 年富阳雪达纸业、大众纸业破产在当地引发担保链恐慌；2008 年，华联三鑫破产在绍兴县引发强烈的企业间风险传染；2011 年，温州频繁发生民间逃贷事件等。

第一节　社会资本负面效应理论回顾

现有文献侧重于强调社会资本的积极效应，甚至将所有与社会关系有关的积极效应全都归功于社会资本，将其视为"解决诸多问题的灵丹妙药"（Portes，1998；张宏文，2003）。仅组织学研究文献提及的社会资本积极效应包括：（1）社会资本对职业升迁（Burt，1992；Gabbay and Zuckerman，1998；Podolny and Baron，1997）以及工作回报（Belliveau，O'Reilly and Wade，1996；Burt，1997）有着积极影响。（2）社会资本有助于工人寻找工作（Granovetter，1973；1995；Lin and Dumin，1996；Lin，Ensel and Vaughn，1981），可为企业提供更丰富的招聘资源库（Fernandez，Castilla and Moore，2000）。（3）社会资本促进部门间的资源交换和产品创新（Gabbay and Zuckerman，1998；Hansen，1998；Tsai and Ghoshal，1998），促进智力资本开发（Hargadon and Sutton，1997；Nahapiet and Ghoshal，1998），提高跨部门团队效率（Rosenthal，1996）。（4）社会资本降低离职率（Krackhardt and Hanson，1993）和企业清盘率（Pennings，Lee and van Witteloostuijn，1998），并且可以激发创业精神（Chong and Gibbons，1997）和新企业的创立（Walker，Kogut and Shan，1997）。（5）社会资本增强供应链关系（Asanuma，1985；Baker，1990；Dore，1983；Gerlach，1992；Helper，1990；Smitka，1991；Uzzi，1997），促进区域生产网络（Romo and Schwartz，1995）和企业间学习（Kraatz，1998）。

主流研究文献"一边倒"地强调社会资本的正面效应，却很少提及其负面效应。这一倾向与社会资本的概念泛化有着直接关系。在社会资本概念的形成、发展和应用过程中，这种忽略社会资本负面效应的倾向始终存在。布迪厄（Bourdieu，1985）最早将社会资本定义为"社会资本是现实或潜在的资源的集合体"，强调与成员身份有关的资源却回避了获得和使用这些资源的代价及其可能带来的负面效应。此后，科尔曼（1990）从功能角度对社会资本进行了定义，强调社会资本可有效"促进行动者在社会结构内的特定行动"，将其描绘为依附于社会关系的生产性资源。而普特曼在此基础上进一步把社会资本形容为信任、规

范和网络等社会组织特征，认为它们能通过推动协调和行动来提高社会
效率，提高投资于物质资本和人力资本的收益。普特曼（1996）之后
的学者更是将社会资本和与其相关的社会信任视为解决诸多社会问题的
良方。此后，主流研究更是压倒性地强调社会资本的积极效应，并将其
广泛应用于解决各种社会问题。针对这一研究倾向，部分学者表示了质
疑，并从不同角度探讨了社会资本的负面效应。例如，汉森（Hansen，
1998）从关系维护成本角度提出对社会资本进行过度投资或不当投资
可能会造成负担，而乌兹则认为，过度嵌入会引致惰性和狭隘观念。波
特斯（Portes，1996；1998）将社会资本负面效应归纳为合谋排外、免
费搭乘、限制自主性和向下沉沦的规范压力四种表现形式。Portes 等对
社会资本负面效应的论述大多是理论分析，缺少比较系统的实证研究支
持。同时，现有文献对社会资本负面效应的诸多问题还缺少系统的认
识，相关研究还有待进一步拓展。现有研究文献中提及的社会资本的负
面效应主要包括以下几个方面：

一　对行动者的负面效应

（一）人情债成本

社会资本的获取和运用都是需要成本的。有时行动者需要花费大量
的时间和精力来培养和维持社会关系。很多类型的社会关系并不是一次
性确立的，需要不断地维护、确认才能保持其效力。汉森从关系维护成
本角度认为对社会资本进行过度投资或不当投资可能会造成负担
（Hansen，1998）。在其一项实证中，汉森发现与其他团队存在过多频
繁联系的研发团队在研发速度上并不尽如人意，并提出弱关系对促进产
品研发更有效。这并不是因为弱关系带来更多非冗余信息，而是弱关系
仅需要低成本维护。社会资本是遵循互惠规范形成的人情债累计
（Portes，1998）。人情债的累计就是社会资本获取和运用的代价。人情
债的清偿方式很可能与当初欠下的人情债形式不尽相同，而且清偿时间
也有很大的不确定性。基于互惠性规范，行动者很难拒绝对方偿还人情
债的请求，其偿还方式和时点可能会给行动者造成意想不到的高昂
成本。

（二）过度嵌入

行动者对社会关系的过度依赖会形成过度嵌入（Uzzi，1997），从
而降低新信息的流入，增强群体内部的狭隘观念和惰性（Gargiulo and

Bernassi, 1999; Powell and Smith - Doerr, 1994)。新制度理论中关于
"制度同构""宏观文化"等研究也有相近的论述。柯恩（Kern, 1998）
对德国工业的实证研究发现，德国企业间存在着很强的企业间信任关
系，企业过于忠诚于原有的供应链关系，导致在寻找和采纳创新变革方
面显得过于迟缓，从而不利于实现突破性创新。沃丁格（Waldinger,
1995）对少数民族群体的研究也印证了过度嵌入的危害。苏尔
（D. Sull, 2002）对美国阿克伦城领带集群（1900—1980 年）的研究表
明集群企业内部的过度嵌入现象是造成该集群对外部环境变动十分脆弱
的重要因素。另外，西姆塞克等（Z. Simsek et al. , 2003）也从社会网
络角度提出认知嵌入程度与企业的渐近性创业行为正相关，但与突破性
创业行为负相关。过度嵌入往往与结构封闭性相关，结构嵌入程度过高
会强化成员筛选，促成群体内的认知嵌入。另外，封闭网络更可能产生
身份的共同意识和共享的思维框架，并反过来影响成员的行为和未来事
件的解读（Z. Simsek et al. , 2003），过强的内部凝聚会限制成员的战略
思维（Burt, 1987）。

二　对其他关系人的负面效应

（一）过度索取

波特斯（1998）提出，在诸如亲缘家族之类的紧密群体容易出现
免费搭乘现象，阻碍创业和经营累计。高度团结的群体内部往往存在高
效运行的成员共享的规范架构，支持后进者向先进者谋求资助。后进者
的社会资本帮助其谋取获取同伴支持的特权，而先进者却有可能因此承
受较大的社会负担，丧失积累和成功的机会（Portes, 1998）。韦伯在
解释清教徒经济成功的原因时提及清教徒的宗教思想鼓励非个人的经济
交往，从而使清教徒群体内更少地出现免费搭乘现象。也就是说，清教
徒经济的成功部分地归因于其宗教文化成功地抑制了社会资本的负面效
应（Portes, 1998）。成员间的友情和义务感有时显得特别强烈，从而
使企业从营利机构变身为网络内其他成员的救济机构（Uzzi, 1997）。
吉尔茨（1962）对巴厘岛地区企业的观察提供了很好的案例，岛上的
企业家经常会遭到亲朋好友的过度索取，要求帮忙解决就业或提供资金
支持，最终使原本发展很好的企业沦落为亲朋好友的福利救济所。亲朋
好友的过度索取通常受到群体内部强烈的互助规范的支持，使成员很难
拒绝。

（二）过度中介

以丰富的结构洞为基础的社会资本在为行动者提供竞争利益的同时，也可能过度地榨取中介优势，损害其他成员和群体的利益。加贝和佐克曼（Gabbay and Zuckerman，1998）对研发人员关系网络的分析表明，在工作过程有赖于信息的广泛共享的部门中，个别研发人员过度利用中介优势可能会损害整个部门的创新力。如果行动者过于重视借助自身在网络结构内的中介地位谋取竞争优势的话，他很可能将群体利益抛之脑后，有意识地操纵和利用信息等流动性资源的流向和速度，并筛选过滤相应的流动性资源。这可能使群体很难及时获取迫切需要的资源。同时，掌控着丰富结构洞的行动者可能会利用自身的社会资本优势榨取其他成员的利益，加剧内部网络的等级结构，强化成员间的不平等地位，以及机会分布的不平等，损害其他关系人的利益。

三　对群体内部的负面效应

（一）限制自由

群体生活的参与必然会带来一定形式的统一规范，需要成员在日常行动中符合这些规范要求，从而在群体内部构建体系化的社会控制。而该种社会控制程度达到一定水平后就会限制成员个体的行动自由。波特斯（1996）以旧金山唐人街为例说明了这一点。唐人街居民多年前为若干个家族宗派、帮会紧密控制，其对唐人街居民提出统一规范的前提是这些家族宗派和帮会控制着唐人街的生意机会，以及群体内普遍接受的惩罚机制。一旦有年轻人对现有统一规范提出异议就会遭到群体排斥和驱逐。紧密的社会网络和与此相关的社会资本往往会抑制商业自主性，限制个体的商业行为。之前探讨的免费搭乘问题也可以视为是限制自由的特例，因为出于群体内互助规范的统一要求，成员很难拒绝其他成员的过度索取，从而限制了被索取成员的行为自由。而更广泛的社会控制引发的负面效应远不止于免费搭乘问题。社会资本往往与社会控制相伴而生，尤其是社会资本主要来源于紧密、封闭的社会网络时。而社会控制的运行必然要以某种统一规范的强制执行为基础，这也就必然使社会资本的运行对成员的行为自由产生不利的影响。

（二）向下沉沦

很多情况下，群体的内部团结来源于成员共处逆境，不为主流社会所接受。在大家都认为没有进入主流社会的可能时，相互间采取抱团取暖的方式构成了较为团结的群体，以有限团结为动机形成了较高的社会资本。然而，这类社会资本和内部规范会排斥上进的想摆脱逆境的个体，并抑制群体内的上进行为，最终将大部分成员都锁定在逆境之中。社会资本更多地体现为社会控制。这在偏远地区和贫困地区中表现得尤为突出。文献研究表明，贫民区和少数族裔等边缘化群体中存在较为可观的社会资本，然而这类社会资本却很容易形成负面效应。这类群体内部往往也存在强制规范，约束行动者和群体内部的资源分配，造成低端锁定。黑手党家族、卖淫团体和少年帮派等现象的研究都表明存在这类负面效应（Stepick，1992；Matute - Bianchi，1991）。例如，贫民区的少年可能会为获得周围人的尊重、地位和物质资源加入少年帮派，长此以往，帮派的内部规范会使他沦落为街头混混，并无法摆脱这一生活轨道。

四 群体外的外部负面效应

（一）合谋排外

群体内密集的关系网络在给群体成员带来利益的同时，往往也排斥了非群体成员的利益诉求。关于这一点，亚当·斯密在《国富论》中就抱怨过商人的聚会总是不可避免地进行合谋对抗公众利益。群体内部的社会关系促进了成员间方便、高效的交易，却限制了局外人的参与。沃丁格（1995）等对少数族裔的研究发现高度团结的族群往往把持当地的某些产业或部门，并排斥其他非族群成员的参与。在社会关系扮演重要角色的行业，新进入者即便技术和资历都完全符合要求，也会发现很难与原先的成员企业展开竞争。群体内部的团结利益越高，成员身份也就越宝贵，行动者也就更加注重成员身份的识别，从而强化小群体的派系特征。布拉斯等（Brass et al.，1998）研究表明，社会网络会促进不道德行为和合谋排外。社会资本对小团体带来的团结利益反倒将大群体分割为若干相互争斗的派系（Portes，1998）。

（二）外部负效应

社会资本并不一定总是被用于正当用途。有时，社会资本甚至会被用于一些不道德情景。对小群体有利的社会资本此时却危害了大群体利益。这一类的例子包括黑手党帮派内采用社会资本加强成员间的社会控制并用于军火、毒品、黑市商品等（Gambetta，1993），或者毒品吸食者之间相互交换毒品和交流负面信息（Maycock and Howat，2007）。这类负面效应的产生根源于小群体利益和价值取向与更大层面的社会群体之间的冲突。而且，往往与网络的封闭性有关，封闭性越强，社会资本越强，外部负效应也就越突出（Rostila，2010）。

第二节　大规模风险传染的发生机制

一　社会资本负面效用形成条件

社会资本理论还缺少对负面效应的系统性研究，尤其是社会资本负面效应的形成机理。对于在什么条件下社会资本负面效应将会凸显这一问题，仅有的研究文献提出，社会资本的负面效应来源于网络的封闭性（Rostila，2010）。一个完全封闭的网络是指所有成员都相互联结，并仅在群体内部进行排他性的社会交往。科尔曼（1988）提出，网络封闭性是有价值的资产，可以促进群体内的团结合作。罗斯蒂拉（Rostila，2010）提出，封闭性的网络缺少与其他网络的联结桥，过高的网络封闭性将使群体外个体无法分享和获取群体内的各类资源，使群体成为具有排外性的派系群体，从而增强了整个网络内社会资本分布的不平衡（Bourdieu，1986；Lin，2000）。这一论述与波特斯（1996，1998）关于社会资本可能存在合谋排外负面效应的观点一致。更为甚者，过高的网络封闭性强化了在某些不道德的关系网络内应用社会资本施加社会控制，并用于不道德情景的可能。这一点在有关军火、毒品、黑市交易等活动的实证研究中获得了最直接的证据（Gambetta，1993；Maycock and Howat，2007）。另外，基于高网络封闭性的社会资本更容易滋生和维持负面规范和行为，从而对群体内成员产生外部负面效应。波特斯（1996，1998）也论述了在贫民窟社会关系网络中社会资本可能会形成向下沉沦的规范压力，限制群体成员改善自身状况的努力。高封闭性的网络总是促使群体成员更加服从于群体规范，遵从群体成员共同的行事规则和价值态度（Coleman，1988）。封闭性程度越高，上述负面效应也就越明显。

过高的网络封闭性将导致社会资本负面效应的观点与新制度主义的理论观点异曲同工。相关研究表明，产业集群内相对封闭的高强度社会交往和群体内动态竞争将使企业家的思维模式更多地受地方竞争者影响

（Pouder and St. John，1996），形成制度同构（DiMaggio and Powell，1983）和宏观文化（Abramson and Fombrun，1994）。产业集群内部关系网络封闭性越强，这种趋势也就越明显。庞德和圣·约翰（Pouder and St. John，1996）认为，制度同构在产业集群内所形成的宏观文化和认知深层结构最终将使得集群内竞争者的行为有别于集群外竞争者，并且有偏误地评估竞争对手和市场趋势，造成集体战略短视，影响集群创新性，增加组织惯性。最终，原本创新活跃的集群会收敛于行业一般水平，并有可能因为集群内的惰性和战略短视，难以应对环境变动。Tan（2006）和苏尔（2002）针对我国中关村和美国阿克伦城领带集群的实证研究也支持了封闭性过高的集群网络难以应对大的环境扰动的观点。西姆塞克等（2003）也认为，封闭网络更可能产生身份的共同意识和共享的思维框架，反过来影响成员的行为和未来事件的解读，并提出认知嵌入程度与企业的突破性创业行为负相关。

　　另外，也有一些研究提出社会资本分布的不平衡是其负面效应形成的重要原因。菲尔德（Field，2003）提出，社会资本的运用可能会助长群体内权力分布的不平等，Adhikari 和 Goldey（2010）对尼泊尔南部村庄内社区型组织的实证研究支持了菲尔德（2003）的观点。社会资本研究文献共提及多种负面效应类型，包括人情债成本（Hansen，1998）、过度嵌入（Uzzi，1997；Waldinger，1995）、过度索取（Portes，1998；Geertz，1963）、过度中介（Gabbay and Zuckerman，1998）、限制个体自由（Portes，1996；1998）、向下沉沦规范压力（Portes，1996；1998；Stepick，1992；Bianchi，1991；Brass et. al.，1998）、合谋排外（Portes，1998；Waldinger，1995）和不道德应用（Maycock and Howat，2007）。在这些负面效应中，人情债成本和过度索取与社会资本运行机制紧密关联，社会资本的运用必然会涉及这样的一些代价。过度中介则与社会资本分布不平衡或结构洞的存在有关。不道德应用的问题主要出现在社会资本使用的群体和情景上。其他负面效应类型，如过度嵌入、限制个体自由、向下沉沦规范压力和合谋排外都与过于封闭的网络结构以及与之对应的群体内的强规范有关。

二　"社会资本→融资网络结构→风险传染效应"的概念模型

　　社会资本具有负面效应。社会资本的参与将会对企业间融资网络结构形成负面影响，为企业间的大规模风险传染提供条件，甚至造成区域系统性风险集聚。浙江省中小企业擅长借助社会资本获取贷款担保、资金借贷和股权合资的机会，长期以来，相互间形成了结构复杂的融资关系网络。一旦其中某一家发生财务风险问题，风险往往会沿着这些结构复杂的融资关系网络传染、蔓延至其他企业，形成区域性风险传染。为此，本书提出了"社会资本→融资网络结构→风险传染效应"的概念模型（见图4-1）。首先，本章对概念模型涉及的主要概念进行说明，然后解释模型代表的理论机理。更为详细的概念界定和具体测量方法将在后面的实证研究中加以描述。

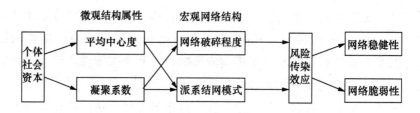

图 4-1　社会资本影响风险传染效应的概念模型

个体社会资本包括企业家社会资本和企业社会资本。这两类社会资本分别根植于企业家人际关系网络和企业间制度化关系网络，属于两个分析层面。两类个体社会资本往往会在企业融资过程中交替使用。平均中心度是指融资关系网络内某个行动者拥有的融资关系链数量。凝聚系数是指融资关系网络中某个行动者的网络近邻之间相互抱团结网的程度。派系结网模式是指融资派系的内部结构模式或结网形态。融资派系是指融资关系网络内这样的一个子网络，该子网络内任何两个节点都能直接或间接地通过融资关系链实现连接，但它们都不与该子网络外的节点连接。派系的存在使整个融资网络呈现出派系化破碎结构，其细碎程度称为网络破碎程度。风险传染效应是指假定某家企业破产后引发的多米诺骨牌式破产连锁反应的损失情况。本书从个体风险传染的视角来评价融资网络整体的稳健性和脆弱性。网络稳健性评价的是整个融资网络抵抗随机性个体风险的能力。网络脆弱性则评价的是融资网络应对"蓄意风险攻击"的能力。

由于受到明显的金融抑制，中小企业往往需要借助于企业间融资合作来获取资金，相互间形成复杂的关系网络。社会资本是促成企业间融资结网的重要因素。社会资本的参与对企业融资结网行为产生了重要影响，不仅帮助企业获得更多的融资合作机会，提高企业在融资网络内的程度中心度，而且限制了企业对融资结网对象的选择。由于社会资本依存于既有的各类社会关系网络和基于关系网络的规范内容及特殊信任，社会资本的参与将影响企业融资结网对象的选择。理论假说 1 提出个体社会资本越高，融资网络内对应节点的平均中心度越高。理论假说 3 则提出个体社会资本越高，融资网络内对应节点的凝聚系数也越高。关于这两个假说的具体论述在此就不再加以赘述。个体社会资本对融资网络内节点结构属性的影响会对融资网络的宏观结构施加影响。

平均中心度的提高将帮助企业扩展自我中心网络，从而在宏观上扩展派系的规模，降低网络破碎程度。同时，由于存在对象选择的关系黏性，平均中心度的提高在客观上更容易促成伙伴成员之间的抱团结网，从而提高了派系内部凝聚系数。而凝聚系数的提高则更可能会在一定程度上限制派系的扩展，使度分布更多地集中于派系内部核心区域，从而有利于提高网络破碎程度。平均中心度和凝聚系数也将影响融资派系内部结构，使其表现出不同的融资结网模式。

融资网络结构的变化将改变风险传染的最终效果。根据相关文献，网络结构是风险传染效应的重要决定变量（Allen and Gale，2000；Battiston et al.，2009）。派系内部的结构特征将直接决定个体风险传染效应，表现出不同结构特征的派系结网模式也将有不同的稳健性和脆弱性。而网络破碎程度则在很大程度上限定了风险传染可能遍及的潜在范围。高度破碎化的网络结构将风险传染范围限制在局部范围，这类网络结构在随机性的风险冲击面前表现出很高的稳健性。即使小规模的传染也会有发生，高度破碎化的网络结构决定了这样的网络不可能发生系统性的风险传染。网络结构是影响风险传染效应的决定因素，将影响到融资网络的稳健性和脆弱性。因此，社会资本对网络结构施加的影响也将改变融资网络的稳健性和脆弱性。

三　"社会资本→融资网络结构→风险传染效应"理论假说

我国金融体系的资源配置呈现出较为明显的城市化特征和国有部门化倾向（钱水土、翁磊，2009）。浙江省各地民营中小企业受到不同程度的金融抑制（Park and Sehrt，2001）。广大中小民营企业历来都有依赖民间、非正规渠道获取资金的习惯，都需要依靠企业家的社会关系和企业社会声望寻求相互担保、民间借贷和股权合资等多种形式的融资合作机会，并以此获取足够的资金支持。例如，陈勇江、柴友兰（2007）的调查研究就发现，浙江民营企业在创业初期和发展期都需要依赖企业家的社会关系网络和企业间关系网络来获得足够的资金支持。而这一点也在 Huang 等（2007）的研究中得到了证实，企业家创业初期的资金募集很大程度上依赖地缘、血缘、亲缘等纽带关系，其融资成本主要以"人情债"的形式偿还。"人情债"的流转与偿还体系的持续依赖群体内部较强的规范约束。浙江块状经济体大部分分布于浙江各个县市，经济往来中往往会掺杂社会交往因素，群体内基于长期交往存在着较强的规范约束（朱华晟，2003）。置身于其中的企业和企业家存在五缘（地缘、行缘、血缘、亲缘、学缘）、五同（同宗、同乡、同姓、同学、同好）等天然的社会关联，并在长期的社会交往中接受并强化群体内的互惠、互助的社会规范，群体内形成明显的"社会价值内化"（Portes，1998）。其结果是，试图逃避"人情债"和其他规范义务的企业家不仅不能享受圈内人以社会资本为载体的融资便利，甚至可能会受到严厉的价值评判，被其他企业排斥在"圈子"之外，并排除在"人情"交换体系之外。社会资本将会直接影响企业家和企业在"圈内"的地位，将影响其能获得的融资机会的充沛程度。就个体层面而言，高社会资本将会带来更多的融资合作机会，使企业有机会与更多的伙伴发展融资结网关系。

"人情债"交换体系的持续运行固然会提供一定的融资便利或降低融资成本，然而，也会损害企业的商业自主性（Portes，1996；1998）。"人情债"的清偿规范和商品交换规范存在明显差异，具有时间的不确定性和形式的可变性。也就是说，"人情债"的清偿是没有固定时间的，而且清偿的形式往往也与欠下"人情债"时的"礼物"形式不一样。在长期的社会交往中，企业和企业家都不可避免地相互欠下各种各样的"人情债"，社会资本的获取和维持本身就是"人情债"累计的过程（Portes，1996；1998）。当群体内某家企业提出以获取融资机会的形式要求其他企业部分偿还历史上它们欠该企业的"人情债"时，这样的要求从群体内互惠性规范和集体强制信任（Portes，1996；1998）的角度来看，都是合情合理的。置身于"人情债"交换体系的对方企业将很难拒绝这样的提议，即便从经济角度来看，这样的提议并非是最优决策，甚至还隐藏着额外风险。否则，他可能会招致集体遣责，甚至排斥。高社会资本意味着企业间"人情债"的普遍存在及其交换体系的高效运转。在一定的群体界限内，在长期历史交往中企业间普遍欠下的"人情债"为企业间融资结网形成大的派系结构提供了客观基础。比如说，某个地区企业的社会资本普遍都较高，这很可能意味着该地区：（1）存在维持"人情债"高效运转的规范机制；（2）人情债累计现象在企业之中较为普遍。表现到企业间的融资合作领域，往往体现为群体内大多数企业都参与到融资机会分配和交换体系之中，沿着某种群体界限形成大规模的派系。在浙江实践中较为常见的群体界限就是地理界限、行业界限和产业集群界限。随着融资网络平均中心度的增加，原本社会交往频繁的群体抱团成为大规模派系的现象也将愈加突出，从而降低融资网络的破碎程度。另外，社会资本参与带来的融资便利以及对商业自主性的破坏会促使其主动投身于编织融资关系网络，较少顾忌由此衍生的风险，从而形成融资方式的路径依赖。这和波特斯等曾提及的社会资本的"向下沉沦压力"的负面效应较为相似。其最终结果是使群体内融资关系网络过于密集，为大规模风险传染提供便利。

派系化凝聚结构是各类社会网络普遍存在的特征（Watts and Strogatz, 1998）。以社会资本为载体的融资关系网络中普遍存在大致以地理、行业边界为制约的派系化结构。从社会网络结构的内在规律来看，网络平均中心度越高，网络连通性越高，派系规模越大，孤立点和小规模派系的比重越低，网络破碎程度就越低（Wasserman and Faust, 1994）。风险传染沿融资关系链条蔓延，不同派系之间不存在这样的关系链条，也就不会相互传染风险，个体风险引发的风险传染也就局限于派系内部。派系结构是影响融资网络稳定性的决定性因素之一，更为细碎的派系结构将使潜在的风险传染局限于十分有限的规模之内，成为遏制大规模风险传染的天然屏障，杜绝了涉及大多数节点的风险传染事件，增强融资网络整体的稳定性。相反，随着平均中心度的提高，融资网络内大规模派系比重将上升，为大规模风险传染提供了客观基础，扩大了风险传染的潜在范围，增加了大规模风险传染发生的概率。因此，本章提出以下理论假说：

理论假说 5：社会资本参与有助于增强融资网络内的抱团凝聚程度，提高融资派系的平均中心度，扩大主要派系的规模占比，从而降低网络破碎程度，为大规模风险传染提供条件。

社会资本的参与对融资网络结构形成的另一个负面效应是增强派系内部的凝聚系数，客观上加剧派系内部的风险传染。如前所述，社会资本的形成和运行就是对应于某一群体而言，总是附着于企业或企业家在某一群体内的社会关系网络和社会交往历史。布迪厄（1985）和科尔曼（1990）则更是将社会资本与成员身份在定义上紧密联系在一起。既然社会资本的形成与运行都与某一群体相对应，那么合理的推论就是某企业在该群体社会交往中获得的社会资本当然是在该群体内部运行时更为高效。因此，当企业借助于运用社会资本寻找融资合作机会时，首先会倾向于在群体内部寻找恰当的合作对象。也就是说，社会资本的参与将会增强企业在群体内部寻求融资合作的倾向。企业越依赖社会资本获取融资合作机会，社会资本对合作对象选择的限制则越强，合作对象也就越有可能是较为熟悉的群体成员，关系的重叠程度也就越高。本书第三章针对213家浙江省上市公司的微观实证调查论证了社会资本参与将使融资对象选择出现"关系黏性"的现象，即企业与融资结网对象之间会存在多重的关联关系，会提高双方之间的关系重叠程度。社会资本既为企业获取融资机会提供了条件，也限制了融资结网对象的选择。之前的讨论提及，社会资本的参与将增加融资网络的平均中心度。平均中心度的提高会促进派系规模扩展，从而降低网络破碎程度。同时，由于中心度的增长将因为"关系黏性"而更多地分布于既有群体边界的内部，这也会提高融资网络各个派系内部的凝聚系数。各派系成员的社会资本越高，则派系内部融资关系链条交织得越密集，各成员在融资网络中的凝聚系数也就越高。

另外，社会资本的运行依赖群体内的规范机制，与群体内普遍被接受的互惠规范、互助规范相联系。科尔曼（1990）和普特南（1993）都将群体内的规范、信任和封闭性网络视为社会资本形成和运转的关键要素。这些要素都有助于提升群体的凝聚力（Putnam，1993），强化群体内互惠、互助的价值观念，并使之内化或上升为强制规范。置身于社会网络型集群的企业或企业家，基于"五缘""五同"等社会关联和长期的社会经济往来，群体内具有较强的凝聚力（王珺，2004；朱华晟，2003；徐延辉，2002），企业之间形成了错综复杂且利益诉求明确的关系网络（池仁勇，2005；李路路，1995）。社会资本的参与将为融资网络带来更有凝聚力的派系。社会资本在一定程度上可以归属于群体的"集体资产"，或者说具有一定的"半公共品"性质（Coleman，1990）。在一个依靠互惠、互助规范和集体信任高效运转的"人情债"交换体系之中，群体内任何一个成员都可以巧妙地运用社会资本帮助自己获取融资合作的机会。当成员 A 借助社会资本寻求 B、C、D 提供融资合作机会时，成员 B 也同样可以运用社会资本获取来自 A、C、D 的融资合作机会。因此，群体成员之间的度分布往往是相关的，而并非是独立的。最终反映到网络结构上，个体社会资本的参与将会提高个体的凝聚系数。高社会资本将促使派系内部抱团凝聚，提高派系内部的凝聚系数，为派系内更为剧烈的风险传染提供基础。

在融资结网的风险传染问题上，凝聚系数的影响十分明确。现实生活中，高凝聚系数的派系由于相互间交织着错综复杂的融资关系链，彼此利益和风险相互交融，往往表现出更强的抱团倾向。由于彼此间形成了"一荣俱荣，一损俱损"的利益相关特征，融资关系强度普遍要更强一些，并且会在危机酝酿阶段逐步增强到不合理的水平。高凝聚系数意味着融资网络内部存在更为密集的三角回路，使风险传染的正反馈机制更早也更强地发挥效应，从而加剧了派系内的风险加速（Gatti et al.，2006）。同时，高凝聚系数也意味着个体风险可能会引发更为剧烈的风险传染。例如，A 企业发生破产危机或其他严重的财务危机时，原本 A 企业可以向其合作伙伴 B、C、D 转移部分风险损失，从而实现暂时的风险分散。然而，更有可能的情景是 A 企业发生财务困境时，B、C、D 企业也已陷入了财务困境之中。平均中心度的提高将会导致个体风险和集体风险之间的危险权衡（Allen and Gale，2000；Battiston et al.，2009），而凝聚系数的提高则不可避免地使风险加速效应、多米诺骨牌效应也将超过风险分散效应。当派系内部凝聚系数过高时，派系内部的风险传染强度将会显著提升。

提高派系平均中心度将增强派系成员转移和分散风险的能力，这有助于派系更好地应对个体风险的冲击。如果平均中心度的提高伴随着有效的派系扩张，即仅提高平均中心度而保持凝聚系数不增加，将有效地增强派系的稳健性。然而，只要闭合回路也随之增加，风险加速效应会迅速提升并超过提高平均中心度带来的风险分散效应。凝聚系数是更为关键的结构变量。由于社会资本参与将会使融资结网对象选择具有小群体特征，两种效应的权衡将不可避免。只有在小规模派系中，这种权衡会偏向于风险分散效应。在一定规模以上的派系中，社会资本的参与必然导致平均中心度与闭合回路数量同步增长，风险加速效应也必然会超过风险分散效应，从而增强风险传染的威胁。

理论假说6： 社会资本的参与将提高派系内部的凝聚系数，增加风险加速效应和多米诺骨牌效应，进而加剧派系内部的风险传染。凝聚系数是决定派系内个体风险传染效应的更为关键的变量。高凝聚系数的派系结网模式更具有风险性，个体风险在这类派系内更容易演进为系统性风险。另外，小规模派系由于缺少风险分散能力，也难以应对个体风险冲击。

第五章　绍兴、台州风险传染比较案例研究

本书的第二章与第三章提出了社会资本参与企业融资结网的概念模型及其理论假说，并提供了来自浙江上市企业的经验证据。经验证据表明，企业以社会资本为载体可以获得更多的融资结网机会，并强化融资结网对象选择的小群体特征，社会资本的影响效果主要体现在关系结构维度，而不是关系强度维度。从结构视角解读社会资本参与对企业间融资结网现象的影响更加有效。随后，第四章进一步提出了"社会资本→融资网络结构→风险传染效应"概念模型及其理论假说。本章将通过现实案例进一步对"社会资本→融资网络结构→风险传染效应"的分析架构进行再一次验证。这样的案例验证，既可以结合经济实践进一步深化本书的理论成果，也可以对本书的理论和实证结果进行确认。

第一节　案例研究前言

本章选择了发生于 2008 年，绍兴和台州两地风险传染案例做比较研究。2008 年位于绍兴的浙江华联三鑫石化有限公司投机 PPA 期货失败导致破产，在该地区引发了严重的风险传染，不仅拖累了其他 4 家股东，还通过担保关系在当地企业群中造成了剧烈的连锁反应。同样是在 2008 年，位于浙江台州地区的飞跃集团也爆发了破产危机，却并未在区域内形成严重风险传染，区域内其他核心企业也未产生剧烈的连锁反应。类似的风险事件为何在两地会有迥然不同的风险传染效应？这为本章的研究提供了良好的素材。

本章将对绍兴、台州两地融资网络内的风险传染效应进行比较案例研究，对本书提出的"社会资本→融资网络结构→传染效应风险"的理论分析架构和理论假说进行案例验证，从现实案例的视角重新审视实

证研究部分的相关研究结果。通过案例研究，本章也将更明确地就社会资本在何种情景中将会凸显出它的负面效应这一问题提出自己的见解。案例研究中，本章试图从更宏观的角度来考察这两个事件，详细分析事件发生的关系网络背景，解读风险传染过程，从而得出有价值的观点。打个比方，华联三鑫和飞跃集团好比是点燃的火柴，而事先就已存在的融资网络就是堆放在两地的草垛堆，我们更关心的是草垛堆造成的隐患，而不太关心哪根火柴点燃了。

第二节　案例选择与编码处理

一　案例选择

浙江是典型的由中小企业集聚而成的块状经济体。根据浙江省经贸委往年统计数据显示，2005 年全省共有 10 亿元产值以上的产业集群 149 个，其中 50 亿元产值的有 35 个，100 亿元产值以上的有 26 个，200 亿元产值以上的也有 6 个。这 149 个产业集群合计总产值超过 1 万亿元，约占全省工业总产值的一半以上。浙江省的块状经济不仅是中小企业地理空间上的集聚，还是产业链条的整合集聚和企业融资安排的抱团集聚。各个块状经济中上下游企业，甚至分属于不同行业和产业的企业基于地缘、亲缘相互间编织了错综复杂的融资关系网络，使整个块状经济陷入"牵一发而动全身""一荣俱荣，一损俱损"的局面。

浙江区域经济发展历史上，曾多次发生由于某家企业破产或重大违约事件引发的波及数家甚至数百家企业的风险事件。例如，2005 年富阳市雪达纸业公司破产直接导致正大、宏盛、方正和文博四家贷款担保企业陷入经营危机。2008 年华联三鑫破产在绍兴县纺织企业中引起剧烈的连锁反应。2009 年，富阳吉盛纸业面临倒闭也直接冲击了为其担保的当地核心企业宏丰钢构，从而再次引发区域性的风险危机。2011年，温州地区频频发生"逃贷"事件，企业间基于民间借贷和相互担保的融资网络面临系统性风险。这些屡屡发生的由个体风险经融资网络的风险传染而升级演进为系统性风险的案例不断地警示社会资本参与可能对融资网络风险造成潜在负面影响。浙江是企业间融资结网现象较为突出的区域经济体，其历史上发生的风险事件为本章提供了十分宝贵的案例，使我们可以从现实案例中剖析出社会资本参与的融资网络为何会在某些个体风险事件面前显得如此不稳定？这一问题的研究将有助于从一个较新的结构主义视角考察区域风险传染和系统性风险的形成机制。

　　本章选择了发生于2008年的绍兴华联三鑫案例和台州飞跃案例进行实证性的对比案例研究。案例的选择主要是考虑到以下几个原因：其一，两个案例发生地绍兴和台州都是典型的内源性集聚区，是社会资本、企业网络和产业集群等研究文献重点关注的地区（郑小勇，2008；池仁勇，2005），是考察社会资本参与融资结网风险后果很好的实证对象。其二，这两个案例在2008年都是非常知名的风险事件，受到了各种媒体的关注和报道，加之两地上市企业也较多，相关信息披露较为充分，可以保证案例研究的数据可得性。其三，这两个案例都发生在浙江，在区域文化、经济背景等方面都存在较大的相似性，可以有效地控制外生变量的系统性差异，增强案例的可比性。其四，两个案例虽然都是发生于当地知名的核心企业，但在两个地区引发的风险传染效应的大小和对区域企业网络的破坏力却存在较大的差异，非常适合进行对比研究，可以从中发现有价值的理论观点。

　　二　数据来源与编码处理

　　本章案例研究的数据来源主要为绍兴、台州地区上市企业在2007—2008年年报、公告等信息披露、上市公司网站信息、2008年关于华联三鑫和飞跃集团破产的新闻报道以及其他公开信息。对于来自媒体报道的数据和信息都通过两个以上信息来源进行交叉印证。

　　本章对所收集的数据根据变量测度的需要，进行了编码处理。在方法论和具体的处理程度上都与本书第三章实证部分的处理方法一致。编码过程也依然是经过多人进行交叉数据验证，以确保数据编码的准确性。具体的编码程度请参见第三章实证部分的相关描述。

　　案例研究中变量指标主要是指对社会资本的测度和对网络结构的测度。现有文献对社会资本的测度存在较大的差异，这一点在第三章也已做了充分的讨论。本案例研究中对社会资本的测度也还是沿用了第三章的测度方法。社会资本的具体测度指标请参见第三章实证的相关描述。

　　对于网络结构的测度，案例研究与第二篇浙江地方融资圈的实证考察一样，主要采用UNINET6.0软件进行结构测度。两个对比案例涉及的绍兴和台州区域融资网络的生成方法基本上和第二篇中应用的方法一致。绍兴地区融资网络以该地区全部 30 家上市公司作为初始节点，依据企业披露的贷款担保和参股合资关系，采用提名法将节点拓展至 212 个。台州地区融资网络则以该地区全部 25 家上市公司为初始节点，依据企业披露的贷款担保和参股合资关系，采用提名法将节点拓展至 103 个。对于两地融资网络测度的更多细节请参见本章第四节的相关内容。案例研究主要采用了中心度、凝聚系数、派系和网络破碎程度等指标对融资网络结构进行测度，其测度方法也均与第二篇一致。

　　案例研究所讨论的风险传染主要是指企业之间相互传递财务困境的现象（Allen and Gale，2001），最为典型的就是一家企业破产后导致其他关联企业倒闭或出现严重财务困境的多米诺骨牌效应。案例研究中对风险传染程度的评估主要是通过潜在的传染范围、实际发生的连锁反应剧烈程度和对当地经济的破坏程度等方面进行定性评估。

第三节　两个案例的基本背景

一　共同的制度环境

（一）信贷制度

　　我国金融制度与环境并不完善，民营中小企业一直面临融资难问题，企业发展中资金缺口较大，并非常依赖银行信贷。而且按照土地房产 60%、机器设备 20%—30% 的抵押贷款率，企业很难获得足够的银行信贷，中小企业普遍存在大量的担保借款。2004 年国家信贷政策禁止同一实际控制人的各家企业相互担保后，绍兴、台州等地都流行着不同企业集团间进行互保的做法。有时，地方银行机构在其中担当中介角色，为贷款企业撮合实力相当的担保企业。大部分企业间的担保关系都是基于社会联系和信任基础，是一种双向的等额互保关系。同时，也有部分企业为了获得更多的贷款，存在同一资产的反复抵押和担保的违规行为。除银行信贷之外，中小企业融资缺乏有效渠道，不少企业得不到银行贷款的情况下，不得不求助于利息高昂的民间借贷。在这种制度环境下，中小企业有很强的动机加强相互间资本联结，抱团发展，为风险传染提供了客观基础。

（二）银行体系

银行是中小企业外部融资的主要来源。银行贷款供应受政府宏观政策影响大，呈现出明显的波动变化。为集群企业提供贷款的银行既有集群本地银行机构，也有异地银行。据报道，截至 2008 年年底，绍兴企业贷款有 1/3 来自外埠银行，总量超过 1200 亿元，涉及 10 多个省市的148 家银行。本地银行机构与集群企业之间的长期合作关系一般嵌入于社会交往网络中。而异地银行则没有这样的特征。当企业经营出现问题时，异地银行通常最先选择收回贷款。但无论是本地银行还是异地银行都受到同一宏观政策影响，银行间信息流动快，银团贷款之类的金融合作方式都使银行的借贷行为趋同化。在风险出现时，为了确保自身贷款的安全，及早收回贷款都是各银行博弈中的占优策略，容易产生恐慌性的集体行动。另外，集群内单个企业风险的爆发容易被银行系统识别为行业风险和区域风险的警示信号，从而对其他集群企业也采取收缩信贷的政策，导致集群网络面临更大的资金压力。例如，飞跃集团破产危机爆发后的一段时间中，当地下陈街道的企业都难以从银行获得贷款。银行的信贷行为客观上也为风险加速机制提供了现实依据。

（三）地方政府

地方政府既是浙江中小企业集群形成、发展的强势推手，也是集群网络中的重要角色。地方政府手握大量的行政资源，不仅是集群基础设施的主要提供者，也是塑造集群制度环境的重要力量，还是区域经济发展的管理者。区域经济的稳定与发展是地方政府的职责，地方政府也被视为区域金融风险的利益相关者。随着市场经济规则的建立，地方政府早已没有动力介入某家民营企业的经营。但一旦出现危及地方经济安全的危机，地方政府迫于区域经济稳定发展的职责，必定得介入其中。例如，在华联三鑫破产危机中，曾有人评论"这非上策，但无他策；非常之时，非常之策"，因为"如果处理不好，绍兴县的经济将倒退 5—10 年"。① 地方政府介入决策主要取决于发生危机的企业在当地的影响力，以及危机本身对区域经济的破坏性程度。

---

① 南方周末新闻报道，网址：http：//www. infzm. com/content/29072/1。

二 两地区域经济背景

(一) 绍兴区域经济背景

绍兴市地处浙江省中北部、杭州湾南岸，下辖越城区、绍兴县、上虞市、诸暨市、新昌县和嵊州市。绍兴具有悠久的历史文化传承，也是民营经济特别发达的地区之一。2010 年，绍兴工业总产值为 8663 亿元，规模以上企业的工业总产值为 6836 亿元，居浙江省第三位。绍兴全市传统块状经济集聚区数量众多，其中，纳入经贸委统计口径的就有 38 个，如绍兴县的纺织、印染集群，上虞市的伞业、化工、机电集群，诸暨市的袜业、衬衫、珍珠、五金集群，新昌县的医药、轴承集群，嵊州市的领带集群等。这些传统产业集群共涵盖 3.9 万家集聚企业，就业人口高达 56.7 万人，2009 年实现工业总产值超过 2100 亿元。最为知名的包括绍兴县纺织、嵊州领带、诸暨大唐袜业、新昌轴承等块状经济区被列为浙江省现代产业集群转型升级示范区。

本章所研究的绍兴华联三鑫破产风险案例发生于绍兴县纺织产业集群。绍兴县是我国著名的纺织业基地，纺织业产值高达 600 多亿元，占全县总产值的 60% 以上。境内有闻名全国的中国轻纺城等纺织类专业市场，从业人员一度超过 10 万人。根据绍兴县 2006 年乡镇企业统计数据①，绍兴县共有纺织和印染企业 6094 家，产值达到 783 亿元，主要分布于安昌镇、钱清镇、夏履镇、杨汛桥镇、齐贤镇、柯桥街道和华舍街道一带。龙头企业有南方、新中天、永通、天圣、雄峰、赐富、稽山和天龙等。共有化纤生产企业 79 家，产值为 160 亿元，代表企业为远东、赐富等。化纤企业主要分布于杨汛桥镇、钱清镇、马鞍镇、安昌镇和华舍街道一带。另外，绍兴县还有 237 家纺机制造企业，大多集中在齐贤镇和柯桥街道，知名企业包括精工、绍纺机、越剑与金腾等。

基于生产流程的可切割性，区域内形成了完整产业链，并形成了细密的分工模式，涵盖从 PTA、聚酯、化纤、织造、印染、服装、染料制剂、纺织机械到服装家纺的全过程。上、下游企业间存在高度的相关性和依存性，相互交流与学习频繁，企业间信任程度高（朱小斌、林庆，2008）。绍兴地区盛行家族式管理，中小企业扩展时往往以亲缘关系为纽带，核心层企业之间存在复杂的持股关系。因此，绍兴企业关系纵横

---

① 浙江中小企业网网站：http://www.zjsme.gov.cn/newzjsme/list.asp? id = 10353。

交错且具有很强的风险依赖特性，企业行为具有较强的结构嵌入性，对集群整体网络依赖较大。

（二）台州区域经济背景

台州市地处浙江省沿海中部，下辖椒江区、黄岩区、路桥区、临海市、温岭市、玉环县、天台县、仙居县、三门县。台州是民营经济特别发达的地区，2010年工业增加值达到了1144亿元，总产值则超过了3783亿元，区域内涌现出吉利、海正、飞跃等一大批著名的民营企业，全市产值超亿元的企业有724家。① 台州的主导产业包括汽车摩托车及配件、家用电器、医药化工、缝制设备、水泵阀门、再生金属等。其中，汽摩及配件产业拥有规模以上企业近700家，产值超过480亿元，核心企业包括吉利、钱江、吉奥、彪马、永源、中能等国内外知名企业。台州也是重要的化学原料药生产基地，其化学制药产业具有较强的国际竞争力。2010年有规模以上各类制药企业430家，产值超过380亿元，涌现了海正、华海、仙琚制药等一大批重量级的制药企业。台州家用电器产业也拥有规模以上企业800余家，产值超过450多亿元，冷柜、不粘锅、压力锅、便洁宝等产品在国内市场领先。台州也是我国塑料模具生产的重要基地，大大小小的模具企业超过1万多家，产值也近400亿元。另外，台州在服装、船舶制造等产业也存在明显的产业集聚现象，具有较大的优势。

飞跃风险案例发生于当地的缝制设备集群之中。缝制设备产业也是台州重要的产业板块，2010年规模以上企业超过360家，产值也达到174亿元，其产量占全国的30%左右，生产了全世界25%左右的工业缝纫机和10%以上的家用多功能缝纫机。其核心企业包括中捷、宝石、杰克和飞跃都是国内服装机械行业的龙头企业，飞跃是其中最大的缝纫机整机企业。台州缝纫机集群主要分布于椒江、玉环和路桥等区域。飞跃集团所在的台州市椒江区下陈街道则是全国最大的缝纫机生产基地之一，共有缝纫机整机生产企业40多家，零配件生产企业400多家，从业人员2万余人。由于行业产业链较短，集群企业围绕着飞跃、中捷、宝石、飞亚、杰克、通宇等大型整机生产企业形成不同的企业社群，具

---

① 台州市政府官方网站：http://www.zjtz.gov.cn/tzgl/jjfz/cyjg/201110/t20111021_134187.shtml。

体如图 5-1 所示。社群内企业分工合作紧密,分布着密集的分工链、资本链和亲友链,成为风险传染的重要路线。而不同社群间主要依靠技术链、人员流动链和项目合作链为主,风险传染的可能性较低。

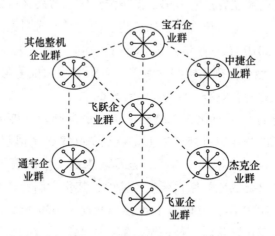

图 5-1 台州缝纫机集群产业结构示意

总体来说,台州地方经济块状集聚十分明显,并分散于区域内的各个县市镇乡之中。而且,台州地区的产业集聚形式和绍兴的有很大不同。绍兴地区往往是沿着产业链上下游抱团合作,同行之间既是竞争对手,也可能同时存在供销关系,相互间存在较多的业务关联,使在一定的地理界限内的企业相互编织出错综复杂的内部关系网络。网络内较少存在明显的等级体系或影响力分布明显不均衡的现象,是一个大规模扁平化的网络结构。而台州地区的集聚更多的是地理集聚,同一地域的行业企业或行业间企业相互抱团合作,不同地域的行业企业之间很少有实质性的融资合作或业务联盟。同行间的竞争气氛更为浓烈。因此,在集聚结构上,往往是由焦点企业为中心的星状网络结构为主的破碎化派系构成。

三 两家企业的基本情况

(一)华联三鑫的基本情况

随着 20 世纪 90 年代中期以来,绍兴纺织业的迅猛发展,聚酯、涤纶的旺盛需求使其上游原材料对苯二甲酸(PTA)也是供不应求。由于国内产能不足,PTA 巨大的市场缺口大多是通过国外进口来弥补的。当时，展望集团唐利民发现这一商机，与华联控股、加佰利三方合作于2003 年成立了浙江华联三鑫石化有限公司。公司主要业务为生产、加工、销售 PTA 及聚酯切片、化学纤维等相关产品。华联三鑫 PTA 项目投产后，改变了我国 PTA 大量依赖进口的局面，使绍兴纺织产业链进一步向上游延伸，提高了区域竞争力。

公司成立之初注册资本为 185200 万元，公司股东包括华联控股集团、展望集团、加佰利集团和华西集团，大股东为华联控股集团。其股权结构为：华联控股现金出资 64821 万元，持有 35% 的股份；展望集团以土地加现金方式出资 31139.5 万元，持有 16.81375% 的股份；加佰利集团以现金形式出资 31139.5 万元，持有 16.81375% 的股份；华西集团也以现金形式出资 68096.74 万元，持有 31.3725% 的股份。在危机发生前，华联三鑫进行了一次增资扩股，华西集团取代放弃增资的大股东华联控股集团成为新的控股股东。此时公司的股权结构大致为华西集团持有 35.522% 的股份，华联控股集团持有 26.436% 的股份，展望集团和加佰利集团各持有 19.021% 的股份。

公司成立之初，市场需求旺盛，业务经营较为顺利，生产产能也持续扩大。但是，随后几年，市场状况发生了较大的变化，导致经营状况日益严峻。据华联控股股份有限公司于 2008 年 6 月发布的《华联控股股份有限公司关于浙江华联三鑫石化有限公司之增资扩股报告书》表明华联三鑫在危机发生前几年就已存在巨额负债且经营状况不佳。该项公司公告关于华联三鑫的经营状况有过以下表述："华联三鑫主要从事精对苯二甲酸（PTA）的生产和销售。近年来，受 PTA 产品上游原材料价格大幅上涨和其下游聚酯行业市场需求不足双重挤压的影响，华联三鑫的外部经营环境日趋严峻。一方面，国际原油价格屡创新高，华联三鑫产品 PTA 的上游行业 PX 价格高位运行，大幅增加了 PTA 产品的成本，而原油价格有可能继续攀升将进一步推动 PTA 成本的上升；另一方面，纺织品出口退税率下调，人民币升值和银根紧缩、国内新增 PTA 产能集中释放，进口 PTA 的低价倾销，使 PTA 市场供求关系失衡。华联三鑫经营形势发生急剧变化，前景不容乐观，2007 年亏损额达到 9.6 亿元。2007 年年末，华联三鑫资产负债率高达 90%，负债总额 99.12 亿元。目前，华联三鑫生产经营流动资金十分紧张，企业急需补充资本金。"日趋恶化的经营状况为随后的风险事件埋下隐患。

（二）飞跃集团的基本情况

飞跃始创于 1986 年，经过多年发展已形成了包含研发设计、模具和零部件制造、质量控制、整机生产、销售及售后服务在内的完备的缝纫设备产业体系。飞跃在 2008 年之前业已成为世界最大的缝纫设备制造商之一，60% 的产品出口国外，其产品线涵盖了大约 50 大系列 500 多个品种，飞跃各类缝制设备的年生产能力超过 500 万台，高速包缝机、绷缝机占世界总产量的 50%。高速包缝机、绷缝机的年产量占全国年产量的 70%，占全球年产量的 50%。飞跃注重技术研发，每年在研究开发上投入了大量的资金，每年研发的新产品数量达 20 多项，累计获得 300 多项专利，是当地著名的科技型企业。同时，飞跃在 2008 年之前，在国内外加速扩张，建立了一个庞大的销售网络。国内销售公司多达 22 家，国外分公司也有 18 家，国际销售商则更是多达 1000 多个，销售网络遍及 120 多个地区和国家。高速扩张和在研发、技改上的巨大投入使公司财务负担日益加重。飞跃集团 20 多年的成功发展是台州经济的一个缩影，其发展历程受到了社会的极大肯定。飞跃在当地具有较高的社会声誉和社会影响力。在集团企业所在的椒江区下陈街道有大量小企业为其做零部件配套和销售配套。其创始人邱继宝曾当选为全国人大代表，并多次被江泽民、胡锦涛、朱镕基、温家宝、吴邦国、曾庆红等国家领导人接见，被树立为民营企业家的典型，被国家领导人誉为"国宝"。

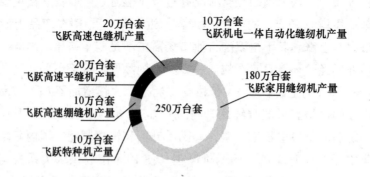

图 5－2　飞跃的产业体系及产能情况

资料来源：飞跃集团官方网站，http://www.feiyuegroup.com。

四　两地风险传染事件的发展过程

(一)　华联三鑫破产事件及其风险传染过程

华联三鑫正式投产后，产能迅速扩大，很快就形成了 180 万吨 PTA 年产量，当时位列亚洲第一、全球第二，有力地保障了绍兴纺织产业的原材料供应。然而，受 PTA 市场价格持续下降和石油等基础原材料价格持续上涨的双重影响，从 2006 年起公司的利润率就不断下滑。为了扭转 PTA 市场价格持续下滑势头，华联三鑫决定冒险地投机 PTA 期货市场，最终却造成 20 亿元巨亏。这使公司原已紧张的资金链濒临断裂。很快，公司在 2008 年 9 月底某异地银行抽资停贷后，就立刻被迫停工。

而此前，2008 年 5 月 28 日，华联三鑫刚完成一次增资扩股，华西集团、展望集团和加佰利集团共同增资了 6 亿元，华西集团也取代放弃增资的华联控股成为控股股东。同时，华西集团、精工建设分别为华联控股对华联三鑫的贷款担保提供反担保，华西集团也为加佰利与展望对华联三鑫的贷款担保提供反担保，华联三鑫与精工建设的互保协议获得了增强。另外，华联三鑫还与远东化纤、赐富集团、南方科技存在相互担保关系，展望又与光宇和江龙存在互保关系，江龙为南方科技的控股方。共有 16 家银行为华联三鑫提供贷款。9 月底，银行停贷后停工，并陷入破产危机。

浙江华联三鑫的破产直接拖累华联、展望、加佰利、华西 4 家股东和远东化纤、南方控股、赐富集团等一大批相互担保企业，其中的一些企业随后也濒临破产。华联三鑫对纺织集群的风险传染路径主要依靠企业间的相互担保关系链。企业间相互担保获取更多经营扩张所需资金在浙江各大集群经济中非常普遍。这种担保文化在绍兴则更为显著。华联三鑫陷入困境后，其总担保金额达到了 83 亿元之巨，当地几乎所有的大型企业都受到担保网络的波及，对集群和区域经济构成了严重破坏。另外，华联三鑫是全球 PTA 的主要供应商，保护着绍兴纺织集群的产业链源头，为集群企业提供低成本的原料供应。因此，华联三鑫的破产还将沿着加工链直接损害关联企业。华联三鑫的破产在当地引发了明显且剧烈的连锁反应，多米诺骨牌效应一时间使当地企业为之色变。

早在华联三鑫停工前的几个月，地方政府就已着手帮助华联三鑫脱困。9 月 30 日停工当晚，16 人的政府应急工作小组进驻厂区。地方政府随后选择华西作为资产重组方，并与之建立了紧密协作关系。华西是华联三鑫的控股方且存在上下游业务关系，而其他三方股东或受公司战略调整无意增资或受危机波及无法提供更多重组资源。在此期间，省政府及地方政府于10月9日协调16家债权银行开会，最终达成银行、华西和地方政府三方合作协议，配合重组。

10月15日，华西最终在合作银行的强烈反对下放弃了重组华联三鑫的努力。地方政府随后将重组方锁定为远东化纤。远东化纤的厂区紧邻华联三鑫，与华联三鑫不仅存在互保关系，也是PTA的主要客户，且有足够的财务资金支持重组。为支持远东化纤实施重组，地方政府承诺通过国资企业滨海投资注资，并为华联三鑫提供后续扶持政策。最终10月24日远东化纤联手滨海投资分别注资9亿元与6亿元现金成为新东家。同时华联控股缩减股权比例，华西、展望和加佰利以零价格转让股权并解除担保关系的方式彻底离场。

（二）飞跃破产风波及其风险传染过程

2007年开始，美国爆发了次贷危机并迅速演进成为席卷全球的金融危机。浙江出口型经济受到了巨大冲击。作为一家60%的产品出口外销的外向型企业，飞跃集团也在这次金融危机中受到很大影响。在金融危机之前，普通的缝纫设备利润率普遍较低且国内外竞争十分激烈，飞跃利润主要来自一些高端产品。例如，机电一体化缝制设备只占飞跃年产量的10%，但却贡献了50%的销售额和90%的利税。然而，这些毛利率较高的高端产品基本销往海外市场，欧美地区受经济危机影响经济不景气，严重影响了这些高端产品的外销。2008年1—4月，飞跃的海外销售情况较之往年十分不理想，出口额仅为1848万美元，较2007年同期的3300万美元大幅度下降。

同时，2007年前后也是我国国内经济环境较为恶劣的一段时期。人民币持续升值以及原材料和劳动力成本的持续增加都使得像飞跃集团这样的民营企业面临着制造成本不断攀升的境况。同时，国家为了控制通货膨胀，持续加大宏观经济调控，紧缩力度也持续加大。当时，中国人民银行要求的存款准备金率高达17.5%，贷款基准利率（1年期）高达7.47%，而且中小企业实际贷款时还普遍会被银行要求上调30%以上。飞跃集团在内外环境的夹击下，经营状况迅速恶化。

而此时的飞跃集团早已是负债累累。在2007年之前，飞跃集团在技术研发、技术改造、海外营销渠道建设和产能建设上投入巨大。几年

来，负债率一直居高不下，大量资产都已抵押给了银行，还款状况也不
是很好，存在以新贷还旧债的现象。其借贷银行不仅包括本地银行，也
包括外来银行和省内外其他地区的银行机构。受到金融危机、国内经济
环境和政策紧缩的多重影响，2008 年时的飞跃集团已经很难获得新的
银行贷款了。飞跃为了获得资金维持经营，最终转向民间借贷，其借贷
方主要来自金华、永康、宁波等地的企业或个人。2008 年出口受阻后，
经营状况恶化，过高的负债问题也就随之显现。

　　2008 年 4 月，深发展宁波分行收回了之前借贷给飞跃的 3000 万元
贷款，并决定不继贷。飞跃随后发生了现金流危机，其他银行和民间借
贷人都闻风前来索要还款，一时间飞跃集团陷入了破产边缘。据报道，
破产重组前共欠 9 家银行 16 亿元贷款，以及数额巨大的民间借款。

　　飞跃集团破产危机对台州缝纫机集群实质性影响并不严重，主要是
通过分工链传递的，直接波及上百家零件供应商和配套企业。飞跃是台
州缝纫机集群中重要的核心企业，下陈街道有 1/4 的企业直接为飞跃供
应零件和配套。但飞跃危机并没有影响中捷、飞亚、杰克、宝石等企
业。飞跃集团陷入破产危机前，公司股权完全集中在创始人邱继宝
（93%）和其妻阮云兰（7%）手中，公司治理也是典型的家族制管理，
飞跃的配套很大部分也是由其亲戚掌控的企业提供。为飞跃提供担保的
主要是钱江集团和星星集团。这两家企业都是台州地区实力最强的企业
集团之一。由于这些担保企业都是集群外企业，区域担保网络对单一的
行业风险有一定抵御能力。飞跃破产危机对当地企业网络的冲击在很大
程度受到了限制，并没有在网络内蔓延，其影响更多的是心理层面和对
集体共享资源，如集体声誉、经营环境和创新机制的功能性破环。例
如，大量的当地缝纫机集群企业在危机期间也因此遭遇到了银行的信贷
紧缩。在危机发生后的几个月中，省、市各级政府采取了大量措施，有
力地遏制了停贷和抽资等加剧危机的行为，最终通过一系列重组之后，
飞跃集团走出了破产危机。

第四节　社会资本与网络结构的测度结果

一　两地社会资本的测度比较

采用第三章的社会资本测度方法，本章对案例中涉及的 314 家企业（绍兴案例 212 家企业和台州案例 102 家企业）的企业家简历和企业背景进行了编码分析，测度了每家企业的个体社会资本。其测度结果见表 5 - 1。

由表 5 - 1 可知，绍兴地区和台州地区的企业家社会资本均值分别为 2.434 和 2.020，两地存在较为显著的地区差异（显著性水平 p < 0.05）。这表明，绍兴地区样本企业总体上要比台州地区样本企业家具有更高的个体社会资本。从各个分项指标上看，两地样本企业家"社会兼职""董事本地化"两个分项指标上不存在统计显著的地区差异。而在"政治参与""社会荣誉"和"董事连锁"3 个分项指标上，绍兴地区的测度均值都要高于台州地区。而且，这 3 个分项指标上的地区差异在统计上都是显著的。绍兴企业家担任地区人大代表或政协委员的比例为 46.7%，明显要高于（显著性水平 p < 0.05）台州地区企业家 38.2% 的比例。绍兴企业家获得社会荣誉的比例也要显著高于（显著性水平 p < 0.05）台州企业家，44.3% 的绍兴企业家曾荣获过省市级劳模、先进个人、优秀企业家、三八红旗手等重大社会荣誉，而在台州地区的企业家中该比例只有 34.3%。上述指标说明绍兴企业家具有更高的社会声望，并在当地和所在行业领域占据了更为有利的社会地位，可以获取更多的社会资源。另外，绍兴地区 67.5% 的企业与其他企业（除母公司等关联企业之外）存在连锁董事，而台州只有 45.1% 的企业存在类似的外部关系。连锁董事是企业重要的关系资源，它的存在将增强企业间的战略协调，有助于企业获得更多的战略资源。总体上看，绍兴地区企业家社会资本要高于台州地区。

表 5 – 1　　　　　　　　两地社会资本测度的分项指标统计

类型	分项均值	绍兴（N＝212）	台州（N＝102）	地区差异
企业家社会资本	企业家社会资本均值	2.434	2.020	0.414 **
	政治参与	0.467	0.382	0.085 **
	社会荣誉	0.443	0.343	0.100 **
	社会兼职	0.561	0.578	− 0.017
	董事本地化	0.288	0.265	0.023
	董事连锁	0.675	0.451	0.224 ***
企业社会资本	企业社会资本均值	1.689	1.892	− 0.203
	区域地位	0.184	0.196	− 0.016
	集聚地位	0.358	0.461	− 0.102 *
	业务领域	0.179	0.196	− 0.016
	业务依赖	0.406	0.480	− 0.074
	公司历史	0.561	0.549	0.012

注：编码内容参见第三章相关内容。地区差异采用独立样本 t 检验，*** 表示在 0.01 的水平下显著，** 表示在 0.05 的水平下显著，* 表示在 0.10 的水平下显著。

　　测度结果也表明，两地企业社会资本并不存在显著的地区差异。虽然台州地区企业社会资本均值要略高一些，但这一微小的差别在统计上并不显著。两地只有在"集聚地位"这个分项指标上存在显著差异（显著性水平 $p < 0.1$）。两地企业的"区域地位""业务领域""业务依赖"和"公司历史"等指标测度均没有显著的地区差异。具体来看，两地样本企业中区域百强企业比例分别为 18.4% 和 19.6%；主要业务领域超过 3 个的企业比例分别为 17.9% 和 19.6%；前五大供应商或前五大客户占采购额或销售额的比例超过 15% 的企业分别为 40.6% 和 48.0%；经营持续时间超过 8 年（截至 2008 年）的企业分别为 56.1% 和 54.9%，均不存在过大的区域差异。

　　此外，两地企业所处的产业竞争环境也对社会资本的形成和运用产生重大影响。绍兴企业深受古越文化传统的影响。为了应对当时险恶的自然环境和历史上强国压境的生存条件，古越文化强调个体励志图强的拼搏精神的同时，更兼有开放、合作和讲究规范道义的文化因子，善于依靠内部紧密团结应对外部竞争压力。绍兴地区产业集群主要集中在纺织、汽车零配件、环保设备等领域，产业链分工细密，往往是沿着产业上下游细分为数个甚至数十个子行业，各个子行业之间相互分工协作。部分核心企业在产业链上跨越数个分工环节，并同时开放式地融合于整个地区产业网络之内，很多同行企业之间既存在直接竞争也兼有上下游协作关系。这一产业格局的形成和发展进一步促进和强化了乡土文化中"五缘""五同"的社会关联，形成了乡土社会文化与区域商业文化的良性循环。因此，同行企业之间技术合作、相互担保和参股合资也较为普遍，个体社会资本的形成和运用会发生在更为宽泛的地理界限之内。

而台州地区自古民风剽悍淳朴，背山靠海的地理环境养育了"台州式的硬气"，台州商人在改革开放过程中也的确表现出了"不等不靠、独立自主、顽强拼搏"的硬气。讲究"独立"的硬气精神对当地社会资本的形成和运用构成了制约。台州缝纫设备、机械电子、医药化工等块状经济普遍都是轮轴式分工模式。即配套中小企业群围绕着块状经济内的焦点企业展开分工合作，同一个块状经济中往往会分布有若干个轮轴式分工群落。块状经济体内焦点企业往往竞争大于合作，较少存在技术联盟、相互担保和参股合资等深层资本合作。相比之下，跨行业的融资合作反而较为常见。社会资本更多地来源于分工群落内部的社会交往，在运用过程中也很难突破现有的竞争格局，难以弥合块状经济体内不同分工群落之间的竞争。李桢业（2008）对当地缝纫设备产业集群的研究就发现，当地基于"乡缘"或"亲缘"构建的生产协作体系，内部不仅维持着十分稳定而密切的协作，而且更具有闭锁性质，排斥体系内企业发展其他的外部协作关系。这在一定程度上限制了社会资本发挥更大的效用。

二 两地融资网络的结构比较

本书第二篇中已对绍兴和台州两地的融资网络关系进行了确认和梳理，并绘制了相应的融资网络图。由绍兴融资网络图可直观地观测出，绍兴212家企业共分布在10个融资结网派系中。规模最大的派系为盾安、海亮、海越、卧龙等企业构成的派系，共包含108个节点。第二大派系为华联三鑫所在的派系，也有48个节点，成员主要来自绍兴县纺织集群。绍兴融资网络是一个规模集中度很高的网络，前三大派系共包括173个节点，占整个网络规模的81.5%。同时，结构测度发现，绍兴网络内节点的平均中心度为2.524，华联三鑫所在派系内更是高达

3.29。这都说明绍兴融资网络是连通性和整体性较强的网络结构。

台州融资网络共有 102 个节点，分布于 23 个融资结网派系，其中包括 13 个规模不超过 3 个节点的小派系。最大的派系包括 17 个节点，飞跃所在的派系为第二大派系，共有 12 个节点。前三大派系共有 38 个节点，仅为整体网络规模的 37.3%。相比之下，台州融资网络在派系构成上表现得更为分散，属于更为破碎的网络结构。仔细观察容易发现，台州融资网络的派系构成与当地块状经济体内的轮轴式群落分布特征十分一致。例如，台州缝纫设备的核心企业就分布于 6 个不同的派系，医药行业中海正药业、华海药业、仙琚制海、联化科技、海翔药业等区域焦点企业也都分散于不同的融资派系之中，行业内焦点企业同属于同一派系的较为少见。

本书第二篇中也应用社会网络分析技术分别测度了两地融资网络的各项结构属性。其结果汇总于表 5-2。可以发现，绍兴网络平均中心度为 2.524，要显著高于台州网络的 1.745（地区差异显著性水平 p < 0.01）。两地网络凝聚系数较为接近，绍兴为 0.399，台州为 0.425，地区差异统计上并不显著。但若考虑到派系构成和派系内部核心—边缘结构的存在，两地派系内部凝聚度差异情况要比网络整体存在更大的地区差异。这可以在两地融资网络派系的指标统计中得到印证（见表 5-2）。

表 5-2　　　　　　　　两地融资网络的结构属性比较

结构指标	统计量	绍兴（N = 212）	台州（N = 102）	地区差异
中心度	网络平均中心度	2.524	1.745	0.779 **
凝聚系数	网络凝聚系数	0.399	0.425	-0.026
派系构成	派系数量	10 个	23 个	—
	孤立点	1 个	6 个	—
前三大派系规模占比（%）	81.5	44.2	37.3	—

注：地区差异采用独立样本 t 检验，** 表示在 0.01 的水平下显著。

三　两个派系的结构比较

绍兴、台州两地融资网络内各派系的结构属性指标的统计情况列于表 5-3 之中。具体到两地案例所涉及的华联三鑫所在派系（绍兴派系编号 SX—1）和飞跃集团所在派系（台州派系编号 TZ—1），华联三鑫派系在平均中心度和凝聚系数指标上均高于飞跃派系。华联三鑫派系的平均中心度为 3.292，凝聚系数为 0.196，飞跃派系的该两项指标分别为 2.000 和 0.115。如果考虑到华联三鑫派系的规模（48个节点）与飞跃派系（12 个节点）的规模差异，以及两者存在的核心—边缘结构，上述指标的差异可能会表现得更加明显。去除掉部分中心度为 1 的边缘节点后，华联三鑫派系 32 个核心区节点平均中心度上升为 4.438，凝聚系数也提高为 0.294。而对于台州地区而言并不存在明显的核心—边缘结构。这一点从两个派系的网络图（见图 5-3 和图 5-4）中可以直观地观测到。从派系网络图中可以发现，华联三鑫派系不仅规模大，而且关系分布更加密集，内部闭合回路也要明显多于飞跃派系。

表 5-3　　　　　　　　两地融资网络派系结构属性指标比较

编号	规模	绍兴网络中心度均值	凝聚系数均值	规模	台州网络中心度均值	凝聚系数均值
1	48	3.292	0.196	12	2.000	0.115
2	108	2.565	0.262	17	2.471	0.381
3	13	2.154	0.231	9	1.778	0.000
4	6	1.667	0.000	3	1.333	0.000
5	17	1.882	0.000	1	0.000	0.000
6	1	0.000	0.000	3	1.333	0.000
7	2	1.000	0.000	1	0.000	0.000
8	6	1.667	0.000	3	1.333	0.000
9	3	1.333	0.000	5	1.600	0.000
10	8	1.750	0.000	7	2.000	0.295

续表

编号	规模	绍兴网络中心度均值	凝聚系数均值	规模	台州网络中心度均值	凝聚系数均值
11				10	2.000	0.203
12				1	0.000	0.000
13				1	0.000	0.000
14				1	0.000	0.000
15				1	0.000	0.000
16				3	1.333	0.000
17				4	1.500	0.000
18				4	1.500	0.000
19				3	1.333	0.000
20				4	2.500	0.834
21				2	1.000	0.000
22				2	1.000	0.000
23				5	1.600	0.000

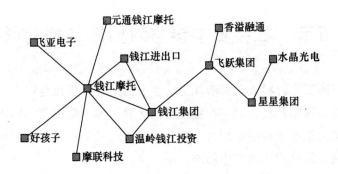

图 5-3　台州地方融资网络内飞跃集团所处派系

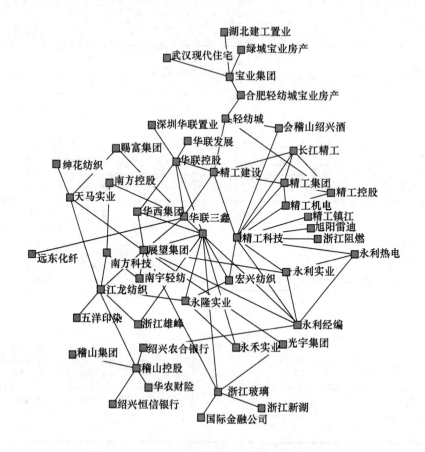

图 5 - 4　绍兴地方融资网络内华联三鑫所处派系

第五节　社会资本参与对网络结构的影响

本书第三章针对 213 家浙江上市企业的统计分析已经证实了社会资本与企业融资结网行为之间存在显著的关联。本章案例研究则将从统计分析、案例细节方面阐述绍兴地区和台州地区社会资本的应用如何对两地融资网络的结构属性产生影响。

在节点层面上，本章就社会资本与节点中心度和凝聚系数进行了 Pearson 相关性检验。相关性检验结果列于表 5 - 4 中。企业家社会资本和企业社会资本都与节点中心度高度正相关（显著性水平均为 p ＜ 0.01）。这一检验结果说明企业家社会资本和企业社会资本都将有效提

高企业获得融资结网机会的能力。同时，相关性检验结果表明企业家社
会资本与节点凝聚系数高度正相关（显著性水平为 p < 0.01），这一点
也与第三章提供的证据相一致。这说明企业家社会资本的确增强了企业
的凝聚抱团倾向，企业家社会资本的运用将限制融资结网对象的选择，
企业更倾向于在小群体内选择融资结网的对象。这一融资结网行为特征
的存在将影响企业融资网络结构，在节点层面上将提高节点的凝聚系
数。相关性检验未能提供企业社会资本与节点凝聚系数之间显著相关的
有力证据。结合第三章的结论，本书认为，这表明在绍兴和台州两地关
系网络中，企业家社会资本的运用要比企业社会资本在寻找融资结网机
会方面更为有效。考虑到两个地区块状经济体的现实情况，"人情考
量"而非"企业声望"在两地以"亲缘""地缘"为基础的社会资本
运行体系中更能获得认可。

表 5-4　　　　社会资本与结网特征的 Pearson 相关性检验

	企业家社会资本	企业社会资本	节点中心度	节点凝聚系数
企业家社会资本	1			
企业社会资本	0.600 *** (0.000)	1		
节点中心度	0.406 *** (0.000)	0.433 *** (0.000)	1	
节点凝聚系数	0.231 *** (0.000)	0.045 (0.427)	0.106 * (0.060)	1

注：括号内数字为 p 值（双尾检验），*** 表示在 0.01 的水平下显著，** 表示在 0.05 的
水平下显著。

社会资本对企业微观融资结网行为的影响会体现在融资网络整体结
构的变化。绍兴和台州融资网络在结构上存在着明显差异，这无论是从
平均中心度、凝聚系数等结构属性的比较上，还是从派系构成的比较上
都可以看出来。绍兴企业普遍较高的社会资本，尤其是较高的企业家社
会资本，提高了网络平均中心度，从而在宏观网络结构上降低了网络破
碎程度，提高了网络密度和派系凝聚度。其中，企业家社会资本的地区
差异与两地融资网络结构的差异相呼应，印证了企业家社会资本对融资
网络平均中心度、网络破碎程度以及派系凝聚度的影响机理。案例中，
两地企业社会资本并没有显著的区别，所以，案例研究并不能就企业社
会资本对融资网络结构的影响机理进行印证。但在第三章的实证中，已

经找到了社会资本影响关系数量和关系黏性的证据。案例研究的分析结果与之前实证研究结果基本一致。综合节点层面和宏观网络层面的分析，本书认为，社会资本，包括企业家社会资本和企业社会资本，都对融资网络的结构属性产生了显著的影响。其中，企业家社会资本在对比案例中对网络结构差异更具有解释力。

　　对比案例资料中的各项细节，也可以发现支持上述观点的经验证据。华联三鑫案例发生于绍兴县纺织产业集群内，波及的企业很多来自杨汛桥地区。绍兴杨汛桥是一个民营上市企业较为集中的地区，一度拥有精工科技、精工钢构、轻纺城 3 家 A 股上市公司和浙江玻璃、宝业集团、永隆实业、浙江展望 4 家港股上市公司和绅花纺织等海外上市公司。这些上市公司之间长期社会交往频繁，企业家相互间也存在"五缘""五同"等多种社会关联以及历史渊源。上述企业的创始人，如精工集团的创始人金良顺、浙江玻璃创始人冯光宇、浙江展望创始人唐利民、宝业集团创始人庞宝根和永隆实业创始人孙利永不仅都是杨汛桥本地人，而且早年都在当地一家名为绍兴县杨汛桥公社修建服务队（宝业集团的前身）工作，并大多有过 20 世纪 80 年代初招工到铁道部武汉大桥局充当农民建筑工的经历，他们之间有的是同学关系，有的是多年交往的朋友或生意伙伴。杨汛桥的早期创业者大多有着十分相近的创业经历和企业发展经历，相互之间近距离观察和模仿学习十分频繁。就以企业上市来说，这些企业也是在相互学习，甚至是攀比过程中实现的。当年，光宇集团旗下的浙江玻璃在香港上市给杨汛桥其他企业家带来了强烈震撼，并给他们树立了学习的榜样和企业发展的模仿路径。永隆实业的老总孙利永在陪同参加在香港举行的浙江玻璃上市仪式后就萌生了上市念头，并首次接触到香港券商，最终只用了 11 个月就完成了在香港上市。这些企业家经过长时间的相互交往，形成了内部关系紧密的小群体，相互担保和参股合资的机会也大多在小群体内实现。例如，华联三鑫本身就是一个小群体成员发起的参股合资项目。绍兴县较高的企业家社会资本促成了当地大规模、扁平化、高密度的融资子网络。在该网络派系中将各个企业集团串联起来的主要是企业间的互保关系。而这类关系则是社会资本运用的典型产物，在杨汛桥这样社会资本形成和运行体系得到高效维护的地区，企业家很容易借助于一些紧密的社会关联，寻找到融资合作企业（有很多合作对象之间原本并无业务往来和股权关系）。而恰恰是这些互保关系在华联三鑫风险事件中充当了传染风险的关键路径。当地高社会资本，尤其是高企业家社会资本，通过增强企业获取机会的能力，提高了融资网络平均中心度，并通过小群体凝聚抱团的方式，也提高了派系内部的凝聚系数，最终促成了当地凝聚系数高、网络破碎程度低的融资子网络结构，为华联三鑫破产的个体风险经风险传染演进为系统性风险提供了客观基础。

相比之下，台州地区虽然也具有较高的企业家社会资本和企业社会资本，但当地较为激烈的同行竞争和轮轴式分工模式约束了社会资本的生产机制和运行机制。轮轴式的分工群落和群落之间的竞争压力都限制了企业家和企业社会交往的活动空间，使社会资本更多地源于群落内部的社会交往，也使社会资本沦落为对应于相应分工群落的专用性资产，使之难以将相应功能辐射于与其他群落的社会交往之中。以飞跃集团为例，其股权结构是完全封闭的，内部经营管理很大程度上是家族式的经营，外部很多的配套企业也是由企业家的亲戚、朋友开办而成的，配套企业大都集中于当地下陈街道。飞跃集团所处的竞争环境决定了飞跃的社会资本主要来源于自己小群落内的社会交往，并以此为依托构建了以自己为核心的产业分工网络。但这类社会资本很难为企业获取外部的融资合作机会，飞跃集团只与星星集团、钱江集团存在互保关系，与当地缝纫设备集群内的其他知名企业都不存在财务关联。事实上，飞跃集团在向银行借贷发生困难时，找的不是集群内的企业，而是区域外（如永康、金华等地）的民间借贷机构。最终，台州地区稍弱的企业家社会资本削弱了企业寻找融资机会的能力，降低了融资网络的平均中心度，使得各个派系更多地表现为以某个或某几个焦点企业为核心的星状网络结构，也使整个地区的融资网络呈现出更为细碎的派系构成。这在客观上提高了该网络应对大规模风险的能力，提高了网络的稳定性。

第六节　网络结构对融资网络风险的影响

风险传染是企业个体风险演进上升为系统性网络风险的重要步骤。融资网络的稳定性在很大程度上取决于它的网络结构是否容易诱发大规模风险传染。华联三鑫案例和飞跃案例构成了很好的对比案例，两家企业陷入破产危机之时造成的风险冲击规模大致相当，两家企业的风险事件对于各自当地企业网络而言都是极具破坏性的风险冲击，但在两地却形成了完全不同的风险传染效应。本书认为，风险传染效应的差异更多地应当归咎于两企业所处的融资网络结构上的差异。

我们先来观察一下两家企业各自的自我中心网络结构。飞跃派系结构较为简单，闭合回路较少，主要存在于钱江集团及其关联企业之间（见图 5 - 5）。飞跃集团与钱江集团、星星集团存在互保关系，与香溢融通下属公司存在资金借贷关系，派系内不存在与飞跃直接相关的闭合回路，也就缺少实现风险加速的网络结构基础。飞跃集团在该融资网络内的节点中心度为 3，飞跃集团一旦破产直接的风险冲击经过分散之后传染至上述三家企业，将使他们分别承受一部分风险损失。考虑到其融资结网伙伴大多是行业外企业，财务状况较好，且网络结构决定了上述三家企业可以将风险损失进一步分散、转移至更多的网络成员。而且网络凝聚系数较低，闭合回路较少，风险加速效应受到了很大的抑制。派系结构就已然决定了飞跃集团的个体风险不太可能引发使全体派系成员都卷入的风险传染。事实上，飞跃集团引发的风险传染在融资网络内影响是较小的。在飞跃经历破产危机的整个过程中，钱江集团、星星集团和香溢融通等企业均未发生明显的连锁反应。再从宏观网络结构来看，飞跃集团所处的派系共有 12 个节点，虽然已是整个网络内第二大规模的派系，但就节点数量而言，只占整个网络规模的 11.8%。也就是说，在极端情况下，发生在该派系内的个体风险也只能影响不到 12% 的当地核心企业，不会引发全局性的风险传染。总体上看，台州地方融资网络还是相当稳健的。

华联三鑫案例中，更为复杂的网络结构对风险传染过程造成了重大影响。本书将华联三鑫破产引发的风险传染过程描述于图 5 - 6、图 5 - 7、图 5 - 8 和图 5 - 9 之中，整个传染过程按演进过程划分为四个阶段。

阶段 1：早在 2008 年之前，华联三鑫就已处于经营亏损和财务状况不佳的境况。当年 5 月，华联控股、华西集团、展望集团和加佰利 4 家股东进行了一次增资扩股，并相应调整了华联三鑫对外担保关系。该阶段风险传染还是缓慢、低强度的，传染范围也仅局限于股东内部。直到华联三鑫 PTA 期货投机失败之后，财务状况开始迅速恶化。

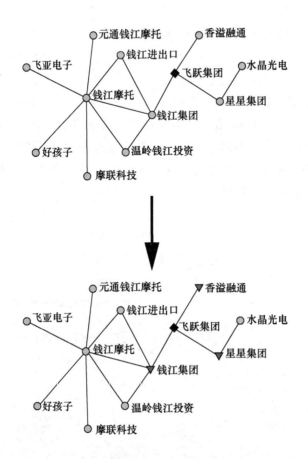

图 5 - 5 飞跃集团破产引发的风险传染

注：菱形节点为濒临破产的企业；倒三角形节点为受到严重风险传染的企业；圆形节点为基本未受风险传染的企业。

阶段 2：2008 年 9 月，在某家外地银行抽资、停贷之后，企业被迫停工并陷入破产边缘，财务状况急速恶化。华联三鑫停产后，银行普遍都做出迅速反应，抽资、停贷、冻结了华联三鑫的流动性。涉及华联三鑫的贷款互保等财务风险迅速引爆，并沿着既有的融资关系网络向外传染、扩散。华西集团、华联控股、展望集团和加佰利四家股东与华联三鑫之间关系复杂，5 个节点相互之间几乎构成了一个完备子图，过于密集的关系网络及过多的闭合回路强化了风险传染效应。华联三鑫的破产首先使四家股东不堪重负，并陷入财务困境。其中，加佰利和展望集团受拖累，濒临破产，并成为新的传染源。华联三鑫的个体风险已然演进成为强烈的传染风暴，该阶段最大的传染特征是传染范围不再局限于股东内部，而是通过企业之间的互保关系实现了跨企业集团的风险传染。华联三鑫、展望集团和加佰利在该融资网络内的中心度分别为8、10、10，江龙纺织、赐富集团、远东化纤、南方控股、光宇集团、南宇轻纺、永禾实业、永利经编、永利实业、永隆实业、宏兴纺织、浙江雄峰、天马实业、光宇集团、浙江玻璃和精工建设这16家企业因为与华联三鑫及其四家股东存在相互担保关系而受到了风险传染。风险传染已蔓延并遍及派系核心区域。

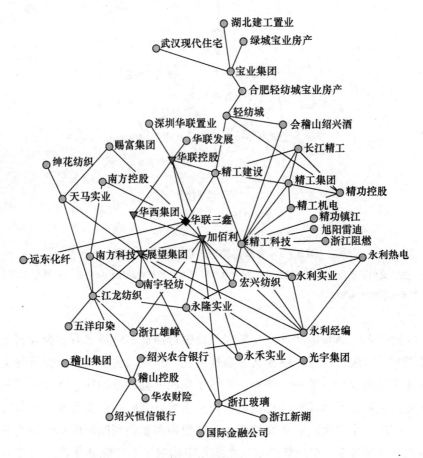

图5-6　华联三鑫案例传染阶段1：股东内部传染

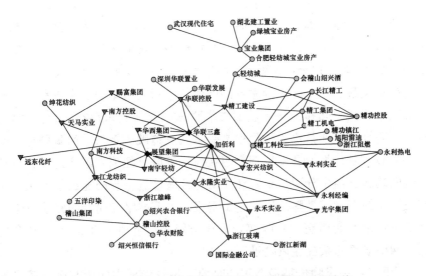

图5-7　华联三鑫案例传染阶段2：跨集团担保传染

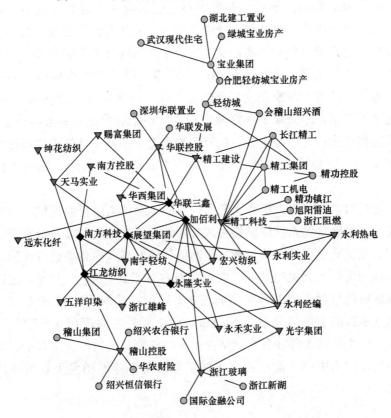

图5-8　华联三鑫案例传染阶段3：多米诺骨牌效应显现

阶段 3：2008 年 10 月，同一派系内的江龙纺织也破产倒闭，其董事长陶寿龙夫妇出逃，在当地再一次抛起新一波的风险传染。江龙纺织的破产除因其本身受到金融危机冲击之外，还与华联三鑫引发的区域风险传染有关联。江龙纺织的融资结网伙伴包括展望集团、南方科技、永隆实业、浙江雄峰和天马实业都与华联三鑫或其股东存在直接的关联。过多的闭合回路使其更为强烈地遭受华联三鑫破产带来的风险叠加。华联三鑫破产后，加佰利、展望集团在前一阶段已经陷入破产边缘，风险加速的趋势已经十分明显了。江龙纺织的破产进一步凸显出了区域风险传染引发的多米诺骨牌效应。过于密集的关系网络和闭合回路使风险在传染过程中不断增殖，永隆实业和南方科技等企业也都陷入了破产危机，网络崩溃的系统性风险迅速提升。

阶段 4：在风险传染最严重的时期，几乎派系内的所有企业都受到了风险传染的影响，绍兴县多数核心企业都卷入当时的区域性风险当中。在绍兴案例中，当初借助社会资本构建的相互担保关系链成为风险传染的关键途径。华联三鑫与其四家股东之间除股权合资关系外相互之间还存在担保关系，形成密集的闭合网络，构成了风险传染的第一层次。另外，还有十余家企业与上述五家第一层次的企业存在担保关系，更为重要的是这十余家企业之间也相互存在错综复杂的相互担保关系。在风险传染横行之时，金融机构对区域内企业采取了回笼贷款和停贷等紧缩措施，区域内企业都被波及。地方政府介入之后，局面才得到缓合。

通过对华联三鑫案例和飞跃案例中的风险传染过程的比较研究可以发现，两地融资关系网络结构对风险传染过程和最终传染效应有着重要影响。案例研究印证了第四章关于网络结构影响风险传染，进而影响网络整体稳定性的相关论述。华联三鑫所在派系共有 48 个节点，占绍兴地区融资网络规模的 22.6%，而飞跃集团所在派系共有 12 个节点，只占绍兴地区融资网络规模的 11.8%。由于派系之间不存在风险传染的路径，两个风险事件在各自网络内引发的风险传染边界就是其所在派系的边界。网络破碎程度就决定了融资网络是否能够诱发大规模的风险传染。

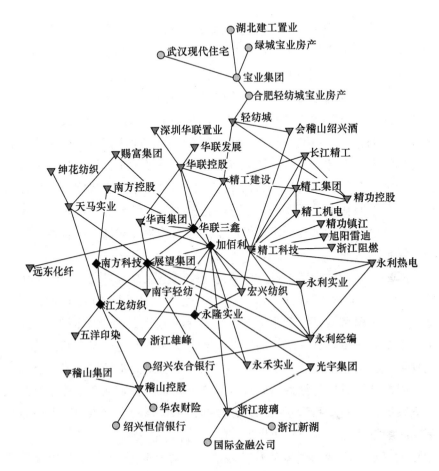

图 5-9 华联三鑫案例传染阶段 4：风险加速危及整个派系

事实上，台州更为细碎的派系构成决定了即使是在极端情况下也不可能发生像绍兴这样的大规模风险传染。更高网络破碎程度的派系构成成为台州地区遏制大规模风险传染的天然屏障。相比之下，绍兴地区主要的节点都分布在规模最大的两个派系内。这样的派系构成不利于防止大规模风险传染的发生，随机性的风险冲击更有条件在大规模派系内演进成为危及整个派系的风险传染。而一旦这样的大规模派系受到严重风险传染并形成派系的系统性风险，将对整个地区经济产生严重的冲击，引发更多的经济和社会问题。

决定风险传染效应的另外一个结构性因素就是派系内部的凝聚系数。凝聚系数较高的派系内部往往会交织着更为复杂的闭合关系回路，为风险在传递过程中不断增殖提供条件，从而最终提升风险传染的强度。凝聚系数的高低，更为确切地说是闭合回路的多少，将对风险加速效应的强度起到相当重要的作用。飞跃集团所在派系内部闭合回路较少，风险传染效应也受到了抑制，最终风险传染只是局限于派系的局部范围。而华联三鑫所在派系内部闭合回路很多，为风险传染提供了十分适宜的"温床"，风险在传递过程中不断增殖、加速，最终使风险传染威胁到派系内大部分节点。如果说网络破碎程度为个体风险引发的风险传染划定了范围边界的话，派系凝聚系数则是在结构上决定了风险传染实际上将可能在多大程度上接近这一范围边界。结合之前的讨论，本书认为，社会资本对融资网络结构所施加的影响最终对网络的抗风险能力产生了负面效应。

那么，上述讨论是否只是个案的特殊经验呢？换言之，如果个体风险不是发生在华联三鑫和飞跃集团，而是发生在另外的几个节点（企业）上，风险传染情况和最终的系统稳定性情况是否会不同呢？当然，上述个案的发生具有一定的偶然性，本书认为，上述个案中迥异的风险表现可以在网络结构差异中找到必然的因素。我们不妨先在宏观上观察一下两地结构属性和派系构成对风险传染和系统稳定性产生的影响。根据派系平均中心度和派系凝聚系数数据，本章分析了台州和绍兴两地融资网络的派系构成分布（见图5-10）。台州地区只有1个派系（TZ—20）的平均中心度和凝聚系数都较高，个体风险在这类派系中容易演进成为派系内部系统性风险。但该派系规模仅占网络规模的3.9%，即使该派系发生了最为严重的网络崩溃也不会造成整个台州融资网络的系统性风险。另外，台州还有18个小规模星状或轴状结构派系（包括孤立点），这些小派系在针对焦点企业的风险冲击面前具有一定的脆弱性。然而，由于这些派系在规模上仅占整个网络派系的1%—8.9%，无论哪个派系出现严重的风险传染也不可能引发系统性风险。另外有4个规模占比相对较大的派系，平均中心度较高，存在风险传染的结构基础。但由于凝聚系数不高，加之派系绝对规模过小，实际存在的闭合回路相对较少，对涉及整个派系的大规模风险传染有一定的免疫力。同时，这些大派系的规模占比最大也仅为16.7%，即使发生严重风险传染对整个网络造成的破坏也并非是致命的。而绍兴地区的派系构成分布却完全是另一番景象。绍兴网络内也存在7个小规模星状或轴状派系

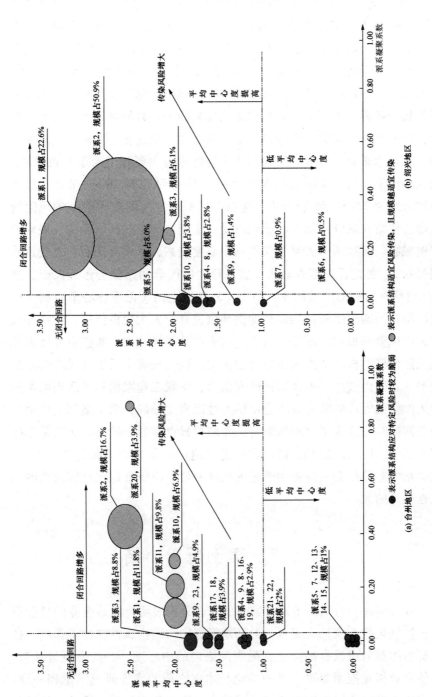

图 5 - 10　两地融资网络的派系构成分布与风险评估

（包括孤立点），这些小派系在结构上较为脆弱，难以应对针对焦点企业的风险冲击。但这些派系规模占 1%—8.0%，不会引发系统性、全局性的风险。派系 1、派系 2、派系 3 平均中心度较高，凝聚系数也不小，存在风险传染的结构基础。其中，派系 3 节点规模为 13 个节点，派系规模、平均中心度和凝聚系数等结构属性上都与台州网络内的飞跃派系较为接近。由于凝聚系数和派系规模的绝对数值都不大，因此，实际存在的闭合回路数量也同样不多。这就在一定程度上抑制了风险加速效应和多米诺骨牌效应。绍兴网络系统性风险主要源于派系 1 和派系 2 的风险传染。这两个派系的规模分别为 48 个节点和 108 个节点，规模占比分别为 22.6% 和 50.9%。这两个派系内发生的较为严重的风险传染都会使绍兴融资网络和区域经济受到重创，甚至对区域经济发展构成严重威胁。而这两个派系不仅平均中心度较高，派系凝聚系数也接近或超过 0.2，加之派系规模较大，实际存在的闭合回路就会远远高于派系 3 或台州网络中的同类派系。所以，发生在这两个派系核心节点的个体风险很容易通过融资传染路径的循环演进升级为大规模传染，最终导致系统性风险的形成。而且，由于这两个派系规模较大，能够引发较大规模风险传染的核心节点数量也是较多的。这也提高了系统性风险爆发的概率。正因为如此，本章案例研究认为，华联三鑫案例和飞跃集团案例中风险传染效应的差异并不是由偶发性因素主导的，两个案例发生地的融资网络结构决定了这种风险传染效应差异存在的必然性。尤其是当受到外部经济波动的影响，区域内企业普遍面临着较为紧张的流动性时，这类结构差异就会占据更为明显的主导地位，决定着区域经济面临的系统性风险的大小。

第七节　案例研究小结

　　针对绍兴和台州两地对比案例的综合分析表明，两地企业的社会资本，特别是企业家社会资本，对两地融资网络结构属性施加了影响。社会资本的参与可以提高企业在融资网络内的中心度，并提高凝聚系数，促使企业相互抱团凝聚。这一结论与本书之前的实证研究结论相一致。社会资本对融资网络结构施加的影响会表现出负面效应，提升个体风险演进升级为系统性风险的概率。

　　本章的案例研究认为，绍兴、台州两地融资网络显著的结构差异决定了类似的风险冲击会在两地网络中引发迥然不同的风险传染效应。两地的风险事件恰恰都发生于各自网络内第二大规模的派系之中，华联三鑫在绍兴网络内所处派系的网络规模（48个节点）、平均中心度（3.292）和凝聚系数（0.196）都要高于飞跃集团在台州网络内的网络规模（12个节点）、平均中心度（2.000）和凝聚系数（0.115）。两个案例风险传染效应的显著差异可以从以上结构属性的差异中找到答案。而且，本章对两地派系结构布局的进一步分析发现，案例中风险传染差异的存在并不是单纯地由偶发性因素主导的，台州更为细碎的派系结构为防范大规模风险传染提供了天然的屏障。绍兴网络的节点大部分集中于两个内部融资关系网络密集的大规模派系，过高的派系集中度（或过低的网络破碎程度）决定了随机性的个体风险在该网络中更容易演进升级为系统性风险，从而影响融资网络的长期稳定性。网络结构是决定风险传染效应和系统性风险的关键。然而，正如本章一直强调的，社会资本才是隐藏于融资网络结构背后的决定因素。两地风险案例的讨论结果与第三篇的仿真实验结果也是一致的。

　　通过上述比较案例研究，本章进一步验证了"社会资本→融资网络结构→风险传染效应"的分析架构，再次为相关理论假说提供了有力的证据。从风险防范角度看，社会资本对融资网络结构施加了负面效应。本章的研究还为社会资本理论研究中较少提及也尚未明确的一个理论问题提供了证据。什么条件下，社会资本的负面效应会凸显出来？本章的对比案例研究认为，当网络关系过于密集，闭合回路过多之时，社会资本的负面效应会逐步显现，甚至会超过其之前发挥的积极效应。本章的研究也提供了一个较新的视角用以理解个体风险经风险传染演进升级为系统性风险的过程机理，为今后区域风险防范提供了参考。

第二篇
浙江地方融资圈实证考察报告

第六章　浙江地方融资圈实证考察方案

第一节　实证考察内容

本书第三章实证检验了社会资本参与对企业融资结网的影响效应。来自213家浙江上市企业的微观证据支持了这样的一个观点：社会资本是企业间融资结网的重要参与因素，会影响企业融资结网行为，并对融资网络结构施加影响。浙江企业擅长以社会资本为载体寻求融资结网机会，企业间融资合作往往建立在长期社会交往积淀下的社会信任基础之上。社会资本参与融资结网也使得企业更倾向于在小群体内部寻找合作伙伴，使融资结网的对象选择表现出"关系黏性"特征。社会资本参与对企业间融资结网行为的影响最终将会对区域融资网络造成影响。那么，社会资本参与下的浙江融资网络将会呈现什么样的结构特征呢？

本篇将借助社会网络分析技术，对浙江杭州、宁波、绍兴、台州、湖州、嘉兴和金华7个地区的融资网络结构进行实证测度。定量化的结构测度可以帮助我们更好地理解社会资本参与下的地方融资圈的内部结构，为后续研究提供坚实基础。以往研究文献的实证研究很少对地方融资圈进行定量化结构测度。以参股合资关系链和担保关系链为主的企业间融资网络是地方融资圈的真实骨架，较技术联盟等其他类型的企业网络更能准确地反映真实的区域合作网络结构。同时，区域融资网络是企业间风险传染的载体，其网络结构直接关系到区域经济的安全和稳定，是地方治理中的重要考量。本篇的实证结构测度有力地补充相关的实证研究文献，并为后续研究提供坚实基础。另外，本篇还将在浙江7个地区融资网络结构分析基础上，对浙江企业间融资结网的模型进行分类、归纳，并提炼出典型的企业间融资结网模式。社会资本参与下的企业间融资结网模式具有自身鲜明的结构特征，有别于社会资本参与程度较低的产业网络和市场交易网络。不同的融资结网模式的结构性差异将会对风险传染效应造成影响，这一点将在后续风险传染的仿真研究中进一步证实。

第二节　实证考察设计

一　考察样本及资料来源

根据本篇实证考察的研究目标，选取了浙江各地的企业间融资关系网络（以下简称融资网络）为实证对象。同时，考虑到数据的可得性和样本企业的代表性，本章实证选取各地上市企业及其融资合作伙伴作为构成各地融资网络的样本企业。上市企业一般是地方经济的龙头企业和行业领先企业，也是块状集聚经济的核心企业，在各地中小企业群中发挥着重要作用。上市企业参与的融资网络是区域内居于核心层的融资网络，对区域经济发展和经济安全具有更高的系统重要性。这也使本书的相关研究具有更强的现实指导意义。各地上市公司样本分布及名单与之前的微观实证是一致的。

企业间融资关系链主要考虑了企业间的贷款担保、委托贷款、非经营性资金占用和参股合资。由于证监会对非经营性资金占用等行为存在相应的监管条例，上市公司信息披露中提及的资金占用和委托贷款的发生频率并不高，而且这两类融资行为涉及的结网对象大多也是贷款担保和参股合资的结网对象。因此，融资关系链主要代表了企业间存在的贷款担保和参股合资关系。所有的融资关系链的确定都是依据上市公司年报和招股说明书中关于2007—2009年的财务信息披露。上述信息披露的获取途径为中国证监会指定信息披露网站——巨潮资讯网和香港交易及结算所有限公司官方网站中的"披露易"板块。

本篇在资料信息的处理上采取了编码处理方式。根据上市公司的相关信息披露和企业其他公开信息，对企业间的融资关系链条进行确认，并编码化为0—1相邻关系矩阵。如果两家企业之间存在贷款担保、委托贷款、非经营性资金占用和参股合资关系，那么就认定两家企业之间存在融资关系链，在相邻关系矩阵中对应的编码为1，否则认定为不存在融资关系链，在相邻关系矩阵中对应的编码为0。而且，融资关系链是双向的或无指向关系的，这也符合存在融资关系的企业相互依赖的关系性质。编码过程也应用了交叉验证的方法，即在研究人员确定好某一地区的融资关系网络后，将由另一位独立研究人员进行验证，从而避免人为错误。然后，使用社会网络分析软件（UCINET 6.0）对各地融资关系网络进行结构测量和分析。

二　融资网络的生成

（一）节点

各地区融资网络的生成过程分三步进行：首先，选取该区域内所有在中国内地和香港上市的企业作为初始节点；其次，根据上市公司的信息披露确定与之存在融资结网关系的其他企业，并将这些企业作为融资网络的新节点；最后，再一次根据上述企业公开信息确定与之存在融资结网关系的企业名称，如此循环之后，确定区域融资关系网络的所有节点。由于温州、丽水、衢州3个地区的上市企业数量较少，难以形成具有代表性的融资网络。同时，考虑到宁波和舟山两地经济整合程度较高，在融资网络图绘制过程中将两地合并在了宁波融资网络中。因此，本篇实证考察仅涉及杭州、宁波、绍兴、台州、湖州、嘉兴和金华7个地区的地方融资圈内部结构。各地区融资网络生成的初始节点数量和经拓展后的节点数量可见表6-1。

表6-1　　各地融资网络的初始节点规模和拓展后网络规模比较

地区	杭州	宁波	绍兴	台州	湖州	嘉兴	金华
初始节点规模	71	40	32	23	11	16	11
拓展后网络规模	464	228	212	102	117	61	99

（二）关系链

依据上市公司公开信息披露和企业其他公开信息确定企业之间是否存在关系链。关系链的内容包括之前提及的贷款担保、委托贷款、非经营性资金占用和参股合资。网络拓展的依据也在于关系链条的确认。如前所述，融资结网的关系链被认定为双指向关系，这与融资关系链本身所具有的风险相互依赖特征是相符的。关系链的强度并没有在本篇实证考察中加以考虑。即使两家企业之间存在多重网络关系，如既存在贷款担保又存在参股合资，也只是表明两家企业间的确存在融资结网关系链，并不会因为多重关系的存在而提高它的关系强度。采用不考虑关系强度的 0—1 相邻矩阵来描述融资网络，可以使我们将注意力集中于网络结构。同时，关系强度很大程度上是区域经济系统内生的，并与经济形势、宏观政策等诸多因素有关。社会资本的参与更多的是为企业提供了融资结网的机会，对于关系强度的影响相当有限。本书第三章的微观实证部分也证实了这一观点。因此，本书研究重点是网络结构问题，而不是关系强度问题。

（三）边界

地区融资关系网络的边界一般是地理边界，即主要讨论某地区内企业间的融资合作关系网络。但这并不意味着融资网络内所有的节点企业都来自该地区。融资网络是通过提名法拓展而来，浙江各地融资网络内都包含了一部分外地企业。为了保证本地企业在融资网络内的主体性，原则上在融资网络拓展过程中，不采用穷尽法来拓展外地节点。提名法对外地企业节点仅使用 1 次。例如，绍兴网络的华联控股是绍兴当地企业华联三鑫的外地股东，提名法将应用于华联控股，并将华联发展（其母公司）和深圳华联置业（其入股公司）纳入当地融资网络中。但并不会再次应用提名法去追溯华联发展和深圳华联置业的融资结网伙伴。采用上述边界来切割融资网络会忽略各地融资网络之间的交互作用。然而，本书的实证研究更感兴趣的是区域融资网络的结构和区域融资网络的稳健性，这样的切割符合研究目标，也更有利于实证的开展。

三　结构测度指标

（一）派系

派系是指融资网络内的这样一个子网络，该子网络中任何两个节点都能通过由融资关系链条组成的网络路径实现连接，但它们都不与该子网络之外的任何节点连通（吴宝等，2011）。本书所指的"派系"概念其实更准确地说是社会网络分析中"块"（Component）的概念。在社会网络分析技术中，块与派系（Clique）是十分相近的测量概念。派系界定可以关系数量、路径步长为依据，从而有 K – plex、K – core、N – clan、N – clique 和 N – club 等测量概念。定义严格的派系是块之中存在的凝聚子群，同一块内的派系之间存在连通关系。而块的定义则更为明确，任何存在直接或间接连通路径的节点都属于同一个块。定义最为宽松的派系就是块。由于派系在中文表述中能更好地体现企业间融资结网、抱团结盟的特征，因此，本书实证部分都使用"派系"概念来描述区域融资网络内相互不连通的子网络。

（二）网络破碎程度

"物以类聚，人以群分"，小团体凝聚是社会关系网络的重要特征。派系的存在使区域融资网络在宏观网络结构上表现出派系化的破碎网络结构，派系构成的细碎程度本书称为网络破碎程度（吴宝等，2011）。具体地，本书采用最大派系规模、最大派系的规模占比、前三大规模派系的规模占比等指标来测度区域融资网络的细碎化程度。最大派系的规模占比和前三大规模派系的规模占比能很好地反映出大规模派系在区域融资网络中的比重，是刻画网络破碎程度的很好指标。类似指标在复杂网络研究中也有广泛应用。

（三）网络密度与平均中心度

网络密度是刻画网络关系密集程度的常用指标。在网络规模 N 既定的情况下，网络密度与平均中心度成正比，两者对网络关系密集程度的描述是一致的。由于本书实证涉及不同规模网络之间的比较与分析，网络密度过于依赖网络规模，采用平均中心度指标更能中肯地反映出关系网络的密集程度，并排除网络规模的影响。因此，本书采用平均中心度指标来测度网络密集程度。本书中提及的中心度是程度中心度概念，就是指企业在融资网络内的结网伙伴数量。

（四）凝聚系数

凝聚系数用来刻画网络内三角形闭合关系的比重，用于测度"你的朋友中有多少相互也是朋友"的网络属性（江小帆等，2005）。其具体计算公式为：

$$C_i = 2E_i / [k_i(k_i - 1)]$$

其中，C_i 表示节点 i 的凝聚系数；k_i 表示节点 i 的程度中心度，即融资结网的伙伴数量；E_i 表示节点 i 的 k_i 个融资结网伙伴之间实际存在的边数；$[k_i(k_i-1)]/2$ 则表示了节点 i 的 k_i 个融资结网伙伴近邻之间可能存在的边数。

凝聚系数的另一种理解是与节点 i 相连的三角形数量与 i 节点相连的三元组数量之比。凝聚系数代表了网络内或派系内关系密集程度，说明三角闭合环路在网络中的丰富程度。

　　除上述几个主要指标外，本书对地方融资圈的描述还应用了网络中心度、网络规模等社会网络分析常用指标。

第七章　杭州地方融资圈实证考察报告

第一节　杭州地方经济总体情况

杭州是浙江省的经济、政治、科教和文化中心，城市化水平高，都市经济发达，是长三角地区中心城市。杭州下辖上城、下城、拱墅、西湖、江干、滨江、萧山、余杭 8 个市辖区和建德、富阳、临安、桐庐、淳安 5 个县市。

2015 年，全市实现生产总值 10053.58 亿元。其中第一产业增加值为 287.69 亿元，第二产业增加值为 3910.60 亿元，第三产业增加值为 5855.29 亿元。人均生产总值为 112268 元。按国家公布的 2015 年平均汇率折算，为 18025 美元。全市实现工业增加值 3497.92 亿元，其中，规模以上工业增加值 2903.30 亿元。规模以上战略性新兴产业实现增加值 877.35 亿元，装备制造业实现增加值 1086.12 亿元，高新技术产业实现增加值 1212.60 亿元。新产品产值率由 2014 年的 31.2% 提高到 35.2%。工业产品产销率为 98.46%。

本书实证考察期间，2010 年杭州实现生产总值 5945 亿元，人均生产总值跨越 1 万美元大关，实现规模以上工业总产值 11258 亿元，实现工业利税 1216 亿元。2010 年，第一、第二、第三产业的产业结构比例为 3.5∶47.8∶48.7，服务业比重已经超过了工业，杭州经济开始进入后工业化时代。杭州市内有下沙、高新、萧山 3 大国家级开发区和江东、临江、钱江、余杭等 9 个省级开发区，57 个重点城镇特色工业功能区。杭州以都市经济为核心的经济集聚方式与浙江分布于其他地区县市街道的块状经济集聚方式存在较大的区别。杭州工业集聚是以各类开发区（园区）为载体的产业集聚，经济要素是产业集聚的关键因素，地缘、亲缘和血缘等影响传统块状经济集聚的重要因素在杭州经济的产业集聚中发挥的作用较弱。根据 2007 年发布的浙江块状经济发展报告①，2003—2005 年工业总产值超过 100 亿元的只有萧山化纤和富阳造纸两个块状经济体。

第二节　杭州地方融资圈网络结构分析

　　杭州作为省会城市，也是省内上市公司最多的地区。本章研究的杭州地方融资网络是以 71 家在中国内地和香港上市的杭州企业为初始节点，经过融资关系链的梳理和确定后拓展而成的。本章应用社会网络分析技术测量了杭州地方融资网络结构，其网络结构形态可以直观地参见图 7－1。整个融资关系网络共包含 464 个节点（见表 7－1），254 条关系链，平均中心度为 2.190，最小值为 0，最大值为 36。浙大网新科技股份有限公司是杭州地方融资网络内拥有融资关系链最多的企业。杭州地方融资网络是一个中心度分布较为均匀的网络。该网络的网络中心度为 3.659，说明从结构角度看网络内权力分布较为均衡。这一点也可以从中心度分布情况得到印证。大多数节点的中心度分布集中在 1—2，其他区间的频数均不是很高，且较为分散。网络内有 14 家企业拥有 10条及以上的融资关系链，这些企业包括一些杭州当地老牌国有企业，如杭氧集团、东方集团、杭钢股份、中大集团、东方通信等和一些省内的行业龙头企业，如浙大网新、荣盛石化、新安化工和绿城中国。上述企业除拥有比较强的经济实力外，更为重要的是，企业经营历史久、社会交往较为深入，均具有良好的社会声望和丰富的社会关系资源，即企业社会资本水平高。借助于企业长期积淀的社会资本，这些企业可以获取更多的融资结网机会。

　　同时，该网络内存在 8 个孤立点，包括帝龙新材、富电股份、同花顺科技等，大多为深圳创业板和香港创业板的上市企业，这些企业的企业家和企业社会资本的各项测量指标都要弱于平均水平。该网络的密度

---

　　① 浙江在线相关报道，该报告由省经贸委课题组撰写，其课题负责人为丁耀民，报告执笔为周必健。参见 http://biz.zjol.com.cn/05biz/system/2006/07/04/007716903.shtml。

为 0.0047，网络的平均凝聚系数为 0.214，说明杭州地方融资网络是一个内部融资关系并不十分紧密、抱团倾向也不是很高的网络。

表 7-1　　　　　　　　　杭州地方融资网络分布情况

中心度	频数	百分比（%）	累计百分比（%）
0	8	1.72	1.72
1	272	58.62	60.34
2	107	23.06	83.41
3	26	5.60	89.01
4	12	2.59	91.59
5	8	1.72	93.32
6	5	1.08	94.40
7	4	0.86	95.26
8	2	0.43	95.69
9	6	1.29	96.98
10	4	0.86	97.84
11	1	0.22	98.06
13	2	0.43	98.49
15	1	0.22	98.71
19	1	0.22	98.92
20	1	0.22	99.14
21	1	0.22	99.35
22	1	0.22	99.57
26	1	0.22	99.78
36	1	0.22	—
合计	464	—	—

注：因四舍五入，表中百分比之和不等于 100%。由于杭州融资网络涉及企业数量众多，无法将企业名称标注于网络图中。若读者需要详细对照企业名称，请向笔者联系索取节点编号与企业名称对照表。

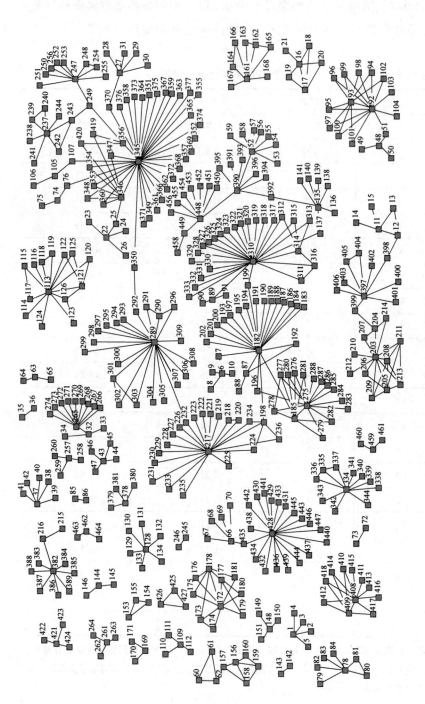

图 7 - 1　杭州地方融资圈网络结构

第三节　杭州地方融资圈派系构成分析

从图7-1可以直观地观察到，杭州融资网络表现出较为细碎的派系结构，网络破碎程度较高，派系内部凝聚程度也并不是很高。具体来说，我们共发现45个非连通派系，各个派系的结构测度数据请详见表7-2。以杭汽集团、东方集团、现代联合控股、莱茵达置业、天堂硅谷创业、航天通信控股、中大集团等企业为核心的派系（编号HZ-2）的网络规模最大，共有211个成员，占整个网络规模的45.5%。规模最大的前三个派系在杭州融资网络内的规模占56.7%。这个测量数据如果低于浙江其他地区融资网络，表明杭州融资网络派系结构显得较为细碎。同时，杭州融资网络的派系规模差异较大，不仅有数量可观的孤立点，也有超大规模派系。

表7-2　　　　　　　　杭州融资网络的派系构成

派系编号	核心企业	派系规模	规模占比（%）	派系内平均中心度	派系内平均凝聚系数
HZ-1	英特集团	5	1.1	1.600	0.000
HZ-2	杭汽集团、东方集团、现代联合控股、莱茵达置业、天堂硅谷创业、航天通信控股、物产集团、中大集团等	211	45.5	2.148	0.135
HZ-3	万向集团、杭钢集团、航民股份	27	5.8	2.889	0.424
HZ-4	数源科技	6	1.3	2.667	0.633
HZ-5	传化股份	13	2.8	1.769	0.000
HZ-6	鑫富药业	2	0.4	1.000	0.000
HZ-7	网盛科技	6	1.1	1.667	0.000
HZ-8	三维通信	5	1.1	1.600	0.000
HZ-9	天马轴承、杭氧股份	17	3.7	2.882	0.548
HZ-10	东南网架	3	0.6	2.000	1.000
HZ-11	大立科技	3	0.6	1.333	0.000

续表

派系编号	核心企业	派系规模	规模占比（%）	派系内平均中心度	派系内平均凝聚系数
HZ－12	绿城中国、滨江房产	25	5.4	1.880	0.000
HZ－13	帝龙新材料	1	0.2	0.000	0.000
HZ－14	富春江水电设备	2	0.4	1.000	0.000
HZ－15	新世纪信息技术	1	0.2	0.000	0.000
HZ－16	亚太机电	7	1.5	2.000	0.295
HZ－17	中恒电气	2	0.4	1.000	0.000
HZ－18	富春江环保热电	1	0.2	0.000	0.000
HZ－19	金固股份	4	0.9	1.500	0.000
HZ－20	荣盛石化、恒逸集团	14	3.0	2.857	0.654
HZ－21	老板电器	1	0.2	0.000	0.000
HZ－22	杭州锅炉集团	7	1.5	1.714	0.000
HZ－23	银江股份	2	0.4	1.000	0.000
HZ－24	华星创业	3	0.6	1.333	0.000
HZ－25	核新同花顺	1	0.2	0.000	0.000
HZ－26	南都电源	4	0.9	1.500	0.000
HZ－27	中瑞思创	1	0.2	0.000	0.000
HZ－28	顺网科技	3	0.6	2.000	1.000
HZ－29	华策影视	5	1.1	2.800	0.767
HZ－30	宋城旅游	8	1.7	2.500	0.601
HZ－31	南方泵业	3	0.6	1.333	0.000
HZ－32	华立科技	10	2.2	3.400	0.772
HZ－33	新湖创业、中宝科控	10	2.2	1.600	0.000
HZ－34	杭萧钢构	2	0.4	1.000	0.000
HZ－35	信雅达系统工程	4	0.9	1.500	0.000
HZ－36	万好万家	4	0.9	1.500	0.000
HZ－37	东方通信	11	2.4	2.182	0.246
HZ－38	解百集团	4	0.9	1.500	0.000
HZ－39	众安房地产	1	0.2	0.000	0.000
HZ－40	沪杭甬高速公路	11	2.4	2.727	0.495
HZ－41	阿里巴巴	4	0.9	1.500	0.000

续表

派系编号	核心企业	派系规模	规模占比（％）	派系内平均中心度	派系内平均凝聚系数
HZ – 42	友成控股	3	0.6	2.000	1.000
HZ – 43	奥普电器	1	0.2	0.000	0.000
HZ – 44	新利软件	3	0.6	1.333	0.000
HZ – 45	华鼎集团	3	0.6	1.333	0.000

第四节　杭州地方融资圈典型派系研究

编号为 HZ – 2 的派系也是浙江各地区融资网络中规模最大的派系。从结构上，它可以分为两个支系群。

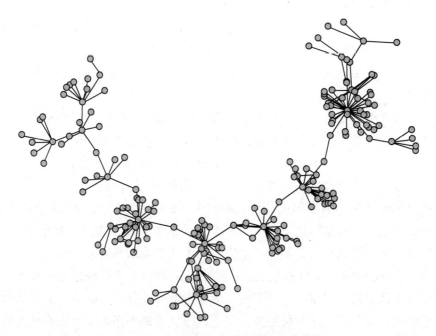

图 7 – 2　杭州 HZ – 2 派系融资网络结构

注：由于该地方融资圈派系涉及企业数量众多，无法将企业名称标注在网络图中。若读者需要详细对照企业名称，请向笔者联系索取节点编号与企业名称对照表。

一　杭州 HZ - 2 派系第一支系群

第一个支系群由航天通信支系、钱江水利支系、现代联合支系、东方集团支系、莱茵达支系、中大物产支系、杭汽轮支系、百大股份支系、广宇支系和银泰支系 10 个支系串联而成。

航天通信支系以星状网络结构为主,成员主要为航天通信控股集团(节点编号 289)的股东和合资参股企业。航天通信控股集团具有很高的社会资本水平,借助于央企特有的丰富的社会关系资源,其参股对象不仅数量众多,而且遍及全国各地。同时,它还与衢州和金华两地老资格的国有企业,巨化集团(节点编号 292)、尖峰集团(节点编号 293),存在相互担保关系。上述跨地区担保关系链的达成也少不了社会资本的参与。

钱江水利支系也以星状网络结构为主,闭合回路相对较少,其成员以水务系统内企业和创投类企业为主,表明社会资本在融资合作的对象选择上发挥了作用。

现代联合支系是以杭州现代联合有限公司(节点编号 185)和天目山药业(节点编号 275)两家企业为核心的子网络,其他成员主要是天目药业的合资参股企业。杭州现代联合有限公司是天目山药业的控股方。

东方集团支系也是围绕东方集团(节点编号 182)构成的星状网络结构,成员除东方集团的参股合资企业外,还包括 9 家担保合作伙伴。

莱茵达支系(节点编号 6)规模较小,是典型的星状结构子网络。中大物产支系可以进一步解构为以物产集团(节点编号 314)为顶层、中大集团(节点编号 310)和其他物产下属企业为中层、中大集团参股企业为基层的科层结构。股权关系是维系该支系科层关系结构的关键,担保关系是增强中大集团与其他物产系企业横向联系的重要形式。

杭汽轮支系、百大股份支系、广宇支系和银泰支系也都是典型的小规模星状结构子网络。各个支系内部结构虽有差异,但基本上呈星状网络结构,都存在一定的科层关系体系,闭合回路不多,凝聚抱团程度有限,融资结网形式较为松散。

接下来,让我们进一步考察一下更为关键的问题,这些相对独立的支系又是如何形成结盟构成一个派系的? 通过对派系子网络内关键"桥"链接的分析,可以发现,投资机会的共享是促成这一超大规模融资派系的重要原因。

航天通信支系与钱江水利支系的结网是因为两个支系的焦点企业都参股投资了浙江省城建培训中心（节点编号232）。

钱江水利支系与东方集团支系也是因为共同参股投资了浙江天堂硅谷创业集团（节点编号198）而形成融资结网的。

东方集团支系与现代联合支系的结网是通过两家焦点企业，东方集团和杭州现代联合集团之间的担保关系形成的。同时，两个支系的企业共同参股投资了杭州现代商务会所有限公司（节点编号196）。

东方集团与莱茵达支系的结盟也是基于东方集团与莱茵达控股之间存在的相互担保协议形成的。东方集团支系与中大物产支系的结网则是因为两家焦点企业共同参股投资了广东发展银行（节点编号199）。

中大物产支系与杭汽轮支系的结网是因为两家焦点企业均参股投资了浙江天裕控股有限公司（节点编号137）。

杭汽轮支系与百大股份支系也是因为共同参股投资了杭州银行（节点编号392）而发生关联。

百大股份支系与广宇支系是基于两家焦点企业达成的担保关系形成融资结网的。百大股份支系与银泰支系的结盟则是因为银泰百货参股投资了百大股份。通过对上述关键"桥"链接的梳理，不难发现杭州融资网络内这一超大规模派系其实是由若干个相对独立的支系通过分享投资机会和提供担保形成的松散型结盟网络。其中，投资机会的分享在结盟过程中扮演了更为重要的角色。同时，还需要注意的是，该派系内支系之间的融资结网关系较为简单，各个支系基本上是串联而成，很少有几个支系相互间存在融资结网的现象。

另外，各个支系之间的融资结网强度相对于支系内部融资结网强度而言也并不高，属于松散型的结盟关系。

二　杭州 HZ－2 派系第二支系群

第二个支系群包括7个相对独立的支系：以浙大网新科技股份有限公司（节点编号345）为核心的浙大网新支系、以华东医药股份有限公司（节点编号27）为核心的华东医药支系、以恒生电子股份有限公司（节点编号247）为核心的恒生支系、以杭州士兰微电子股份有限公司（节点编号237）为核心的士兰支系、以杭州巨星科技股份有限公司（节点编号105）为核心的巨星支系、以浙江万马电缆股份有限公司

（节点编号74）为核心的万马支系和以浙江海纳科技股份有限公司（节点编号22）为核心的海纳支系。

第二支系群所包含的69家成员企业大多数从事信息技术和生物医药等高新技术产业。与第一支系群内各支系链式串联的结网模式不同，第二支系群的各支系之间结网方式呈星状结构，即其余6个支系均与浙大网新支系融资结网，然6个支系之间不存在结网联结。浙大网新股份（节点编号345）和浙大网新集团（节点编号346）在浙大网新支系，乃至整个第二支系群结构中处于中心位置，支系内部构成了闭合回路较多的双中心星状结构支系，并通过参股合资与其他支系融资结网。值得关注的是，第二支系群内各支系之间的融资结网均是借助于参股合资关系链实现的。浙大网新科技股份有限公司与浙江华东医药股份有限公司共同参股合资了浙江九源基因有限公司，与杭州士兰微电子股份有限公司共同参股投资杭州国家软件产业基地有限公司，与杭州巨星科技股份有限公司共同参股投资了象山县绿叶城市信用合作社，与浙江万马电缆股份有限公司共同参股投资了杭州锦江集团有限公司。另外，浙大网新科技有限公司和浙大网新集团有限公司还直接参股投资了恒生电子股份有限公司和浙江海纳科技股份有限公司。正是基于上述关键"桥"链接，7个相对独立的支系在杭州融资网络内得以成功结网。以上各支系之间的结网关系链均较为简单，不存在闭合回路。因此，第二支系群也属于典型的松散型结盟群体。

引人关注的是，编号为HZ-2的派系中第一支系群和第二支系群之间的融资结网是通过来自衢州的巨化集团公司（节点编号292）和浙江巨化股份有限公司（节点编号350）来实现的。位于第一支系群的航天通信控股集团与巨化集团公司签订了相互担保协议，形成了融资结网。而巨化集团公司下属的浙江巨化股份有限公司则又与位于第二支系群的浙大网新科技股份有限公司存在相互担保关系。由此，两个庞大的支系群通过与外地企业的担保合作形成了融资结网，从而构建了一个成员数量为211家企业的超大规模松散结盟派系。

总体上看，杭州融资网络内部存在一个超大规模的松散型子网络，除此之外则是较为细碎的派系结构，整体上凝聚抱团程度并不高。

第八章　宁波地方融资圈实证考察报告

第一节　宁波地方经济总体情况

宁波位于浙江东部，是长三角南翼的经济中心和重要的工业城市，也是浙江省经济最为活跃的地区之一。宁波市下辖海曙、江东、江北、鄞州、镇海和北仑6个区和宁海、象山、慈溪、余姚等5个县市。2015年宁波市实现地区生产总值8011.5亿元，按可比价格计算，比2014年增长8.0%。分产业来看，第一产业实现增加值285.2亿元；第二产业实现增加值3924.5亿元，其中工业实现增加值3460.9亿元；第三产业实现增加值3801.8亿元。三次产业之比为3.6：49.0：47.4，其中第三产业比重比2014年提高3.3个百分点。2015年全市实现工业增加值3460.9亿元，比2014年增长4.4%。其中规模以上工业企业实现增加值2575.4亿元，增长3.8%。全年规模以上工业企业实现销售产值13262.2亿元，其中出口交货值2847.7亿元。全年规模以上工业企业实现利润总额753.4亿元，实现利税总额1472.6亿元；每百元主营业务收入成本为83.1元，主营业务收入利润率为6.1%。

本书实证考察期间，2010年宁波市实现国内生产总值5125亿元，实现工业总产值13171亿元，工业增加值2848亿元。宁波城市化程度较高，各类现代工业和服务业较为发达，电子信息、生物医药、新材料、石油化工、精细化工、汽车及零部件、修造船、机电一体化、成套设备、环境保护、模具、新型建材、电力、食品等行业均有较强的实力。根据 2007 年发布的浙江块状经济发展报告①，2003—2005 年工业总产值超过 300 亿元的块状经济包括宁波电气机械、宁波金属制品、宁波塑料制品、宁波通用设备、宁波服装、宁波纺织、宁波工艺品 7 个。另外，超过 100 亿元的还有宁波有色金属、宁波电子通信、宁波交通运输设备、宁波文体用品、宁波专用设备、宁波化纤、宁波农副食品加工等。这些块状经济分布于宁波市各类产业园区和县市街道之中，是宁波经济发展的重要力量。

第二节 宁波地方融资圈网络结构分析

本章通过社会网络分析技术对以宁波上市公司为核心的融资关系网络进行了定量分析。该宁波融资网络是以 40 家在中国内地和香港上市的宁波上市公司为初始节点，经过融资关系链确认、梳理后拓展而成的。宁波地方融资网络的具体结构如图 8 - 1 所示。整个网络共有 228 个节点，224 条融资关系链，平均中心度为 1.965，最小值为 0，最大值为 23，方差为 8.63。雅戈尔集团、杉杉股份和宁波联合集团是网络内融资结关系最多的节点，分别占有 22—23 条融资关系链。宁波地方融资网络的网络中心度为 9.31，说明中心度较为均匀，但也有部分节点处于显著的核心地位。这可以从节点度分布中得到印证。中心度不超过 3 的节点大约为 90.35%，只有少数企业在度分布中占据着较为突出的位置。这些企业基本都是在当地具有较高社会声望的国有上市企业或大型民营上市企业。通过巧妙地运用社会资本，这些当地重量级企业很容易获得区域内较为稀缺的投资机会，比如，对跨海大桥的投资以及对于本地银行和其他金融机构的投资。该网络的密度为 0.0087，网络的平均凝聚系数为 0.180，说明宁波融资网络是一个内部融资关系并不十分紧密、抱团倾向也不是很高的网络。

融资网络内包含 7 个孤立点，这几家企业在社会资本的度量中均显示出相对较低的社会资本水平。社会资本较低是限制上述企业参与区域融资

---

① 浙江在线相关报道，该报告由省经贸委课题组撰写，其课题负责人为丁耀民，报告执笔为周必健。参见 http://biz.zjol.com.cn/05biz/system/2006/07/04/007716903.shtml。

合作的重要因素，也是导致这些企业在融资网络内成为孤立点的重要原因。

表 8 - 1　　　　　　　　　　　宁波融资网络分布情况

中心度	频数	百分比（%）	累计百分比（%）
0	7	3.07	3.07
1	151	66.23	69.30
2	38	16.67	85.96
3	10	4.39	90.35
4	7	3.07	93.42
5	2	0.88	94.30
6	3	1.32	95.61
7	1	0.44	96.05
8	1	0.44	96.49
9	2	0.88	97.37
10	1	0.44	97.81
12	1	0.44	98.25
13	1	0.44	98.68
22	2	0.88	99.56
23	1	0.44	100.00
合计	228	—	—

注：因四舍五入，表中百分比之和不等于100%。

第三节　宁波地方融资圈派系构成分析

宁波地方融资网络中共有 33 个派系，派系结构的详细测量数据请详见表 8 - 2。以雅戈尔集团、杉杉股份、宜科科技为核心的派系（编号 NB - 2）的网络规模最大，共包含 58 家企业，节点规模占整个地区融资网络的 25.4%。另外，规模最大的前三个派系在网络内的规模占41.6%。上述测量数据说明宁波融资网络派系结构较为细碎，网络破碎程度相对较高，这一点也可以从如图 8 - 1 所示的宁波地方融资网络结构中较为直观地看出来。

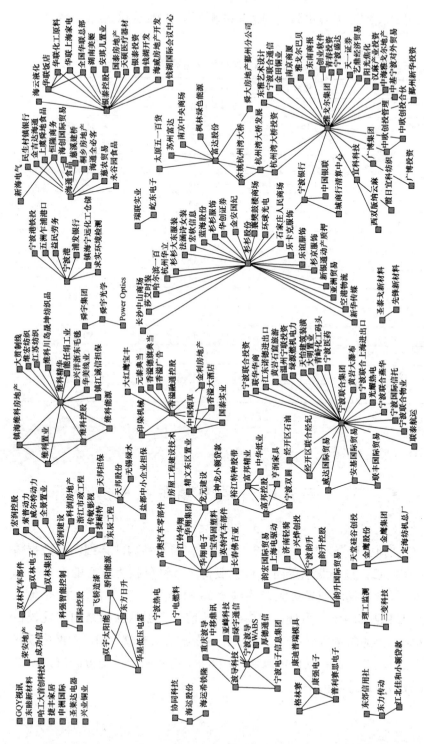

图 8-1 宁波地方融资网络结构

表 8 - 2 宁波地方融资网络的派系构成

派系编号	核心企业	派系规模	规模占比（%）	派系平均中心度	派系平均凝聚系数
NB - 1	荣安地产	2	0.9	1.000	0.000
NB - 2	雅戈尔集团、宜科科技、杉杉股份	58	25.4	2.069	0.076
NB - 3	华翔电子	11	4.8	1.818	0.000
NB - 4	宏润建设	10	4.4	1.800	0.000
NB - 5	康强电子	4	1.8	2.000	0.583
NB - 6	新海电气	12	5.3	1.833	0.000
NB - 7	天邦股份	4	1.8	1.500	0.000
NB - 8	东力传动设备	3	1.3	1.333	0.000
NB - 9	宁波理工监测科技	2	0.9	1.000	0.000
NB - 10	圣莱达电器	1	0.4	0.000	0.000
NB - 11	GQY 视讯	1	0.4	0.000	0.000
NB - 12	双林集团	3	1.3	2.000	1.000
NB - 13	东方日升新能源	5	2.2	2.800	0.767
NB - 14	先锋新材料	2	0.9	1.000	0.000
NB - 15	宁波联合集团	23	10.1	2.174	0.203
NB - 16	东睦新材料	1	0.4	0.000	0.000
NB - 17	波导股份	9	3.9	2.222	0.304
NB - 18	维科精华集团	13	5.7	2.462	0.287
NB - 19	金鹰股份	4	1.8	2.000	0.583
NB - 20	宁波韵升	7	3.1	2.000	0.295
NB - 21	银泰控股	14	6.1	2.286	0.253
NB - 22	富邦精业	6	2.6	2.667	0.633
NB - 23	宁波海运	3	1.3	1.333	0.000
NB - 24	香溢融通	10	4.4	2.600	0.451
NB - 25	哈工大首创科技	1	0.4	0.000	0.000
NB - 26	宁波热电	2	0.9	1.000	0.000
NB - 27	宁波港	7	3.1	1.714	0.000
NB - 28	屹东电子	2	0.9	1.000	0.000
NB - 29	海天国际	2	0.9	1.000	0.000

续表

派系编号	核心企业	派系规模	规模占比（%）	派系平均中心度	派系平均凝聚系数
NB – 30	申洲国际	1	0.4	0.000	0.000
NB – 31	舜宇光学	3	1.3	1.333	0.000
NB – 32	捷丰家居	1	0.4	0.000	0.000
NB – 33	兴业铜业	1	0.4	0.000	0.000

　　大致上说，宁波地方融资网络的33个派系可以分为四种结构类型。第一类是孤立点，共有7个，社会资本水平较低，没有参与融资结网。第二类是星状网络结构或链状结构的派系，共有12个派系。前两类派系共同的特点是派系凝聚系数等于0。第三类派系以雅戈尔—杉杉—富达派系为代表，其结构特点是网络规模较大，平均中心度也较大，派系内部存在闭合回路，但平均凝聚系数并不是很高（见图8－2）。第四类派系则是以一些内部平均凝聚系数较高的小规模派系。

　　宁波地方融资网络的关系链大多数是参股合资关系链，部分也属于复合型关系链，即双方之间不仅存在参股合资关系也存在担保关系。但在大多数情况下，担保关系更多的是参股合资关系的一种延伸。因此，宁波的主要派系内部会存在较多的星状网络特征，抱团凝聚程度也不会很高。派系规模越大，这种结构特征也就越明显。宁波地方融资网络内的第二类派系和第三类派系的结构形成都与之有关。而对于一部分网络规模较小的派系而言，成员之间相互融资结网更为频繁，往往会形成三角结构，或存在一些闭合回路。这一类的派系在宁波地方融资网络中也有不少。

第四节　宁波地方融资圈典型派系研究

一　雅戈尔—杉杉—富达派系

　　雅戈尔—杉杉—富达派系网络结构（编号NB－2）可以进一步解构为三个主要支系。雅戈尔支系主要是由雅戈尔集团及其参股企业构成（见图8－2）。雅戈尔集团除经营服装主业外，还涉及很多股权资本投资和资本运作项目。同时，该企业在宁波当地具有很高的知名度和社会

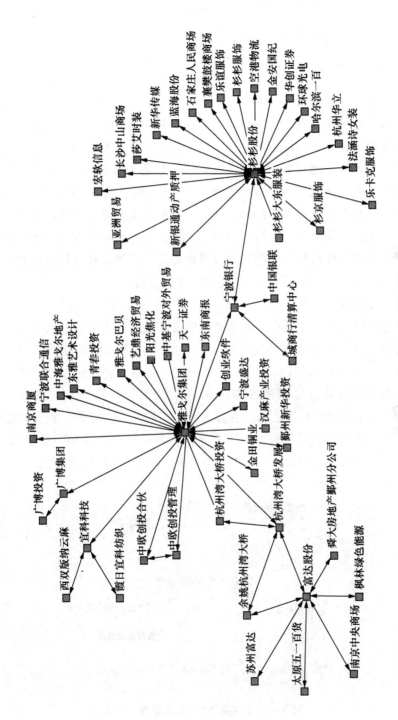

图 8 - 2 雅戈尔—杉杉—富达派系网络结构

声望，也是当地企业间社会经济交往的活跃参与者。该支系内部融资关系链大多是参股合资关系，雅戈尔集团参股合资的对象较为复杂，涉及宁波当地企业和外地企业，并跨越多个行业。整个支系基本上是以雅戈尔集团为核心的星状网络结构。该派系内的另外两个支系，杉杉支系和富达支系也是类似的情况，两个支系的成员基本上是杉杉股份和富达股份的参股合资企业，融资关系链也大多是参股合资关系，内部也基本上是星状网络结构。值得注意的是，这三个支系是相互串联的方式。该派系的三个支系均是通过参股合资实现结盟的。雅戈尔支系与富达支系的融资结网是因为两家焦点企业都参股投资了跨海大桥的三个项目公司。而雅戈尔支系与杉杉支系的融资结网又是通过两家焦点企业共同参股投资了宁波银行。而类似于跨海大桥的重大地方基建项目和像宁波银行这样参股金融机构的投资机会都是十分稀缺的。要获得这样的投资机会不仅需要经济实力，更需要借助于社会资本的运用。

二 香溢融资派系

香溢融资派系主要是由香溢融通控股及其关联企业构成（见图 8-3）。香溢融通控股集团股份有限公司原名为宁波大红鹰实业投资股份有限公司，组建于 1992 年，1994 年年初在上海证券交易所上市，实际控制人为中国烟草总公司浙江省公司。注册资本 4.54 亿元，总资产 30.8 亿元，净资产 18.7 亿元，主营典当、财富管理、租赁、担保等类金融业务。香溢融通具有较好的国有企业背景，社会声望和评价较好，在宁波当地的投融资领域中较为活跃。中国烟草是香溢融通的大股东，相

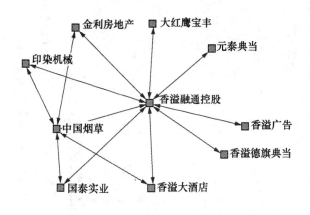

图 8-3 香溢融资派系网络结构

互之间存在紧密的业务往来，历年来存在诸多的关联交易，因此与香溢融通共同成为该派系的核心成员，两者分别或共同参股了多家附属公司，通过参股对该派系内的其他成员施加影响。由于同时存在母公司和上市公司双核心的权力结构，该派系网络密度较高，网络平均中心度为 2.60。同时，由于该派系成员之间主要通过股权纽带实施连接，成员之间存在更为紧密的业务和管理联系，相互之间抱团倾向也更重，派系内网络凝聚系数为 0.451，处于较高水平。

第九章 绍兴地方融资圈实证考察报告

第一节 绍兴地方经济总体情况

绍兴市位于浙江中北部,下辖绍兴县、诸暨市、上虞市、新昌市、嵊州市5个县市和越城区1个市辖区。唐代以前,会稽一直是浙江的政治、经济、文化中心。境内所产的越国青铜剑,汉代到三国时期的铜镜,唐代及其以后的陶瓷、茶叶,隋唐开始闻名的丝绸,南宋进入全盛期的绍兴黄酒等都曾名扬海内外。绍兴产业发展具有较强的历史传承,目前绍兴所属县(市)全部进入全国综合经济实力百强县行列。2015年全市生产总值(GDP)为4466.65亿元。其中,第一产业增加值为199.09亿元,第二产业增加值为2253.41亿元,第三产业增加值为2014.15亿元。GDP总量居全省第4位,增速居全省第7位。人均GDP(按常住人口计算)为90017元(按年平均汇率6.2284折算为14453美元)。人均GDP居全省第4位,增速居全省第6位。第一、第二、第三产业结构由上年的4.5∶51.9∶43.6调整为4.5∶50.4∶45.1。

本书实证考察期间,2010年,绍兴工业总产值为8663亿元,规模以上企业的工业总产值为6836亿元,居浙江省第3位。绍兴全市传统块状经济集聚区数量众多,其中纳入经贸委统计口径的就有38个,如绍兴县的纺织、印染集群,上虞市的伞业、化工、机电集群,诸暨市的袜业、衬衫、珍珠、五金集群,新昌县的医药、轴承集群,嵊州市的领带集群等。这些传统产业集群共涵盖3.9万家集聚企业,就业人口高达56.7万人,2009年实现工业总产值超过2100亿元。最为知名的绍兴县纺织、嵊州领带、诸暨大唐袜业、新昌轴承等块状经济区被列为浙江省现代产业集群转型升级示范区。

第二节　绍兴地方融资圈网络结构分析

绍兴地方融资网络（见图 9 - 1）以该地区 32 家上市企业为初始节点，经融资关系链梳理、确认后拓展而成。这 32 家上市企业的地理分布为：绍兴市区 4 家企业，包括浙江震元、三力士、向日葵和古越龙山；绍兴县 7 家，包括精工集团、亚太药业、轻纺城、宝业股份、永隆实业、浙江玻璃和浙江展望；新昌县 6 家，包括新和成、京新药业、三花股份、万丰奥威、浙江医药和日发数码；上虞市 8 家，包括上风高科、亚厦股份、闰土股份、卧龙地产、阳光照明、国祥股份、浙江龙盛和卧龙电气；诸暨市 7 家，包括盾安环境、山下湖、海亮股份、大东南、浙江富润、菲达环保、海越股份。其中，28 家在国内 A 股上市，4家在中国香港上市。经过梳理，共确认 268 条融资关系链，经过拓展后绍兴融资网络共有 212 个节点，平均中心度为 2.524，最小值为 0，最大值为 16，方差为 6.985。绍兴地方融资网络内中心度最高的是龙盛集团和海越股份。绍兴地方融资网络的网络中心度为 6.417，表明该网络是一个扁平化权力分布较为均衡的融资网络。这一点也可以从网络的度分布情况（见表 9 -1）中得到印证。绍兴地方融资网络的度分布较为分散，有过半的节点仅有一条融资关系链，其他节点的度分布较为分散，也较为均匀。同时，绍兴地方融资网络密度为 0.012，是一个关系较为密集的融资网络。网络的平均凝聚系数为 0.192，表明该地区企业抱团融资结网的倾向较为明显。

表 9 -1　　　　　　　　绍兴地方融资网络的度分布情况

中心度	频数	百分比（%）	累计百分比（%）
0	2	0.94	0.94
1	108	50.94	51.89
2	41	19.34	71.23
3	18	8.49	79.72
4	15	7.08	86.79

续表

中心度	频数	百分比（%）	累计百分比（%）
5	6	2.83	89.62
6	5	2.36	91.98
7	2	0.94	92.92
8	4	1.89	94.81
9	2	0.94	95.75
10	4	1.89	97.64
11	1	0.47	98.11
12	2	0.94	99.06
16	2	0.94	—
合计	212	—	—

注：因四舍五入，表中百分比之和不等于100%。

第三节　绍兴地方融资圈派系构成分析

绍兴融资网络中共有 10 个派系，派系结构的详细测量数据请详见表 9 - 2。编号为 SX - 2 的派系规模最大，共有 108 个成员，占整个网络规模的 50.9%；规模最大的前 3 个派系占整个网络规模的 81.5%。测量结果表明，绍兴融资网络派系集中度较高，网络破碎程度较低。该融资网络内仅有 1 个孤立点，为浙江三力士橡胶股份有限公司。该公司是一家来自绍兴县的中小板上市企业，专业制造各类橡胶 V 带，并没有涉足绍兴县当地主流的纺织产业，企业家也未担任市级以上的人大代表、政协委员或行业协会的领导职务。根据微观实证测度，该公司企业家社会资本和企业社会资本得分均较低。绍兴网络内各派系构成具有很强的地缘特征。各主要派系或支系的焦点企业大多存在地缘关系。

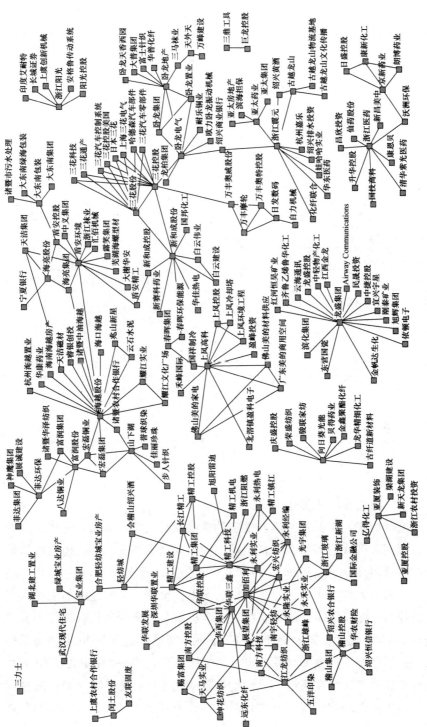

图 9 - 1 绍兴地方融资网络结构

表 9 – 2　　　　　　　　　绍兴融资网络的派系构成

派系编号	核心企业	派系规模	规模占比（%）	派系内平均中心度	派系内平均凝聚系数
SX – 1	精工集团、华联三鑫、轻纺城、稽山集团等	48	22.6	3.292	0.196
SX – 2	富润集团、菲达环保、海越股份、新和成、盾安控股、海亮集团、上风高科、三花控股、浙江震元、卧龙集团等	108	50.9	2.565	0.262
SX – 3	浙江医药、京新药业	13	6.1	2.154	0.231
SX – 4	浙江阳光	6	2.8	1.667	0.000
SX – 5	龙盛集团	17	8.0	1.882	0.000
SX – 6	三力士	1	0.5	0.000	0.000
SX – 7	三鼎工具	2	0.9	1.000	0.000
SX – 8	亚厦装饰	6	2.8	1.667	0.000
SX – 9	闰土股份	3	1.4	1.333	0.000
SX – 10	向日葵光能	8	3.8	1.750	0.000

第四节　绍兴地方融资圈典型派系研究

一　绍兴 SX – 1 派系

编号为 SX – 1 的派系具有更强的地缘特征，该派系核心区成员全部来自绍兴市区或绍兴县，尤其是杨汛桥地区（见图 9 – 2）。杨汛桥镇地处绍兴县西北部，镇域面积 37.85 平方公里，辖 12 个行政村，9 个居委会，常住人口 3.4 万，外来人口 5.5 万。全镇以民营经济为主导，以建筑建材、纺织印染、经编家纺、五金机械等产业为依托，拥有工业总资产 211.46 亿元，固定资产 48.87 亿元，规模以上企业 56 家，杨汛桥地区是浙江纺织产业的集聚重镇，中国针织工业协会评定为"中国针织行业超百亿元重点集群"。作为典型的传统产业集聚区，区域内企业家人际关系网络和企业业务关系网络均较为复杂与密集，社会资本在企

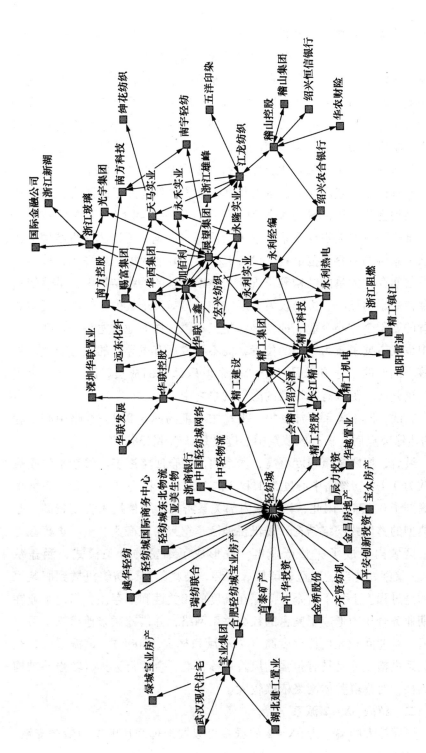

图 9 − 2　绍兴 SX − 1 派系融资网络结构

业经营决策中发挥着重要影响，企业之间历来有相互抱团合作的传统，组织间通过社会网络相互学习也是较为普遍的惯例。浙江绍兴杨汛桥镇培养了8家上市企业，其中浙江玻璃是第一家在中国香港上市的内地民营企业。2001年，冯光成率领浙江玻璃登陆中国香港资本市场，为杨汛桥区域经济打开了一扇资本之门。随后，这个江南小镇在短时间内涌现出了多家上市公司，被誉为中国上市第一镇。一时间，"杨汛桥现象"红极一时，资本市场也开始盛行"杨汛桥板块"的说法。

　　派系核心区域内存在大量由相互担保关系构建而成的闭合回路。从网络结构上看，该派系与编号为 SX – 2、HZ – 2 和 NB – 2 等由若干个支系结盟而成的大规模派系有很大的不同。首先，无论从网络结构上还是从关系链的内容规范上看，SX – 1 内部权力结构更加扁平化，核心区成员之间存在大量的结构等位现象。在该派系的网络结构中，虽然依然会存在一定的核心—边缘权力分层结构，但却很难从中分辨出占据主导位置的若干个核心企业。即使是像精工集团这样的地方龙头企业在该派系中也仅占据了较为中心的位置，尚不能说拥有主导性的中心位置。处于核心圈层的企业更像是一个"名企俱乐部"的成员，隐没于一个更大、更开放、更具有凝聚力的融资网络之中。

　　其次，网络关系更加密集，平均中心度高达 3.292，忽略中心度为1的边缘节点后，核心区节点中心度更是高达 4.438。

　　最后，抱团凝聚程度更高，派系内部闭合回路更多。派系平均凝聚系数为 0.196，忽略中心度为1和2的节点后，核心区平均凝聚系数也提高到了 0.294。因此，该派系内部关系密集，凝聚抱团程度较高，是很典型的整体式网络结构。杨汛桥地区是绍兴纺织产业的核心集聚区之一，区域内形成了完整产业链，并形成了细密的分工模式，涵盖从PTA、聚酯、化纤、织造、印染、服装、染料制剂、纺织机械到服装家纺的全过程。上、下游企业间存在高度的相关性和依存性。当地企业在长期业务合作中形成了紧密的社会关系网络，并借此频繁地组织学习与交流，企业间相互信任程度高（朱小斌和林庆，2008）。该派系内，企业关系纵横交错且具有很强的风险依赖特性，企业行为具有较强的结构嵌入性，对集群整体网络依赖较大。

　　二　绍兴 SX – 2 派系

　　规模最大的编号为 SX – 2 的派系可以按地理区块解构为诸暨支系、

新昌支系、上虞卧龙支系、上虞环保支系和绍兴支系（见图 9 - 3）。

诸暨支系以富润集团、菲达环保、海越股份、新和成、盾安控股、海亮集团、山下湖等企业为核心，内部关系较为复杂，闭合回路较多，焦点企业之间大多借助于相互担保形成融资结网，支系内网络结构也较为扁平化。支系内部存在多个局部星状网络，但其融资关系链是基于担保关系形成的，处于中央位置的焦点企业虽然具有一定的结构优势，但对担保合作对象的影响力不会像参股融资那样大。因此，关系链内容及其隐性规范决定了这样的局部星状结构网络不会存在明显的科层权威。

新昌支系以三花控股、新和成、万丰奥威股份和日发数码等新昌知名企业为核心，焦点企业间均通过担保关系形成结网。焦点企业与边缘企业之间也存在大量的担保关系链。

上虞环保支系的焦点企业，包括上风高科、国祥股份和春晖集团均为上虞境内环保设备产业集群的重要成员。

上虞卧龙支系以卧龙集团及其旗下企业为核心成员，其他上虞当地企业也通过担保关系与卧龙集团或其旗下企业构成融资结网。

最后一个绍兴支系也具有明显的地缘特征，其成员主要来自绍兴市区和绍兴县，而且焦点企业浙江震元、古越龙山、联合化纤均有国资背景。

更有意义的是各个支系之间的融资结网方式。诸暨卧龙支系与新昌支系之间融资结网是因为盾安精工与新和成控股之间存在相互担保关系。新昌支系与上虞卧龙支系也因为三花控股与卧龙电气间存在相互担保关系而实现融资结网。位于新昌支系的新和成股份参股投资了位于上虞环保支系的浙江春晖环保能源有限公司，从而实现了两个支系的结网。最后，浙江震元和卧龙电气共同参股投资了绍兴市商业银行，从而实现了上虞支系与绍兴支系之间的融资结网。通过对该派系各支系内部及支系之间融资结网方式的观察，不难发现，以相互担保为内容的融资关系链在该派系形成中扮演着重要角色，是黏合、连通各个支系的关键"桥"链接。

总体上看，绍兴融资网络是一个网络破碎程度较低、平均中心度水平较高、内部关系紧密的区域融资网络。以担保合作为内容的关系链在该区域中扮演着更为突出的角色，促使网络结构更趋向于扁平化，也促使派系内部形成更加紧致的错综复杂的关系网络。

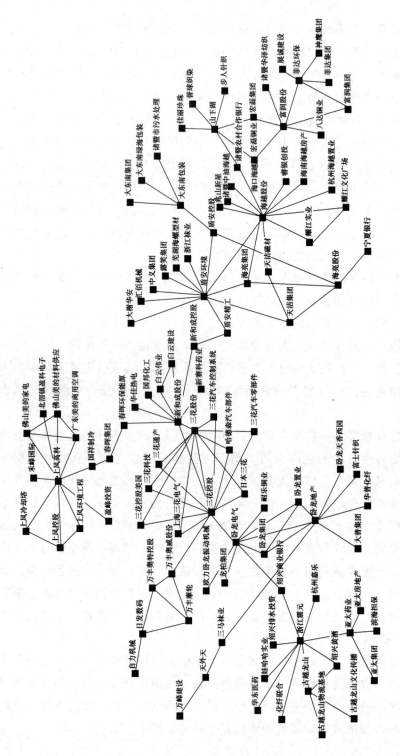

图 9 - 3 绍兴 SX - 2 派系融资网络结构

第十章 台州地方融资圈实证考察报告

第一节 台州地方经济总体情况

台州市地处浙江省沿海中部，下辖椒江、黄岩、路桥3个市辖区和临海、温岭、玉环、天台、仙居、三门6个县市。台州是民营经济特别发达的地区，2015年台州市实现生产总值3558.13亿元。其中，第一产业增加值为230.63亿元；第二产业增加值为1573.41亿元；第三产业增加值为1754.09亿元；三次产业结构为6.5∶44.2∶49.3。全市人均生产总值为59570元，按当年平均汇率折算达9564美元。同年，台州市实现工业增加值为1360.55亿元。全市年主营业务收入2000万元及以上工业企业（以下简称规模以上工业企业）为3741家，实现工业增加值818.33亿元。规模以上工业企业增加值总量排在前五位的行业中，电力热力生产供应业、医药制造业、橡胶和塑料制品业分别完成工业增加值91.60亿元、88.57亿元和82.58亿元，通用设备制造业、汽车制造业分别完成增加值97.78亿元和70.48亿元。

本书实证考察期间，2010年工业增加值达到了1144亿元，总产值则超过了3783亿元，区域内涌现出吉利、海正、飞跃等一大批著名的民营企业，全市产值超亿元的企业有724家。① 台州的主导产业包括汽车摩托车及配件、家用电器、医药化工、缝制设备、水泵阀门、再生金属等。其中，汽车摩托车及配件产业拥有规模以上工业企业近700家，产值超过480亿元，核心企业包括吉利、钱江、吉奥、彪马、永源、中能等国内外知名企业。台州也是重要的化学原料药生产基地，其化学制

---

① 台州市政府官方网站，http://www.zjtz.gov.cn。

药产业具有较强的国际竞争力。2010 年有规模以上各类制药企业 430 家，产值超过 380 亿元，涌出了海正、华海、仙琚制药等一大批重量级的制药企业。台州家用电器产业也拥有规模以上企业 800 余家，产值超过 450 多亿元，冷柜、不粘锅、压力锅、便洁宝等产品在国内市场领先。台州也是我国塑料模具生产的重要基地，大大小小的模具企业超过 1 万多家，产值也近 400 亿元。另外，台州在服装、船舶制造等产业也存在明显的产业集聚现象，也具有较大的优势。

第二节　台州地方融资圈网络结构分析

台州地方融资网络（见图 10 - 1）以该地区 23 家上市企业为初始节点，经融资关系链梳理、确认后拓展成 102 个节点的网络。23 家上市公司的地理分布大致如下：市辖区 6 家，包括海正药业、腾达建设、海翔药业、联化科技、水晶光电和南洋科技；临海市 6 家，包括华海药业、伟星股份、永太科技、伟星新材、永强集团和吉利汽车；温岭市 4 家，包括钱江摩托、利欧股份、爱仕达和新界泵业；玉环 4 家，包括中捷股份、苏泊尔、艾迪西和双环传动；天台仅银轮股份 1 家；仙居仅仙琚制药 1 家；三门也仅三变科技 1 家。其中，国内 A 股上市 22 家，中国香港上市 1 家。台州地方融资网络共有 89 条关系链，网络密度为 0.017，平均中心度为 1.745，最小值为 0，最大值为 9，方差为 2.817，是一个较为稀疏的关系网络。融资关系链最多的是仙琚制药和海翔药业。该融资网络的网络中心度为 7.254，表明该网络是一个权力分布较为均衡的融资网络。这一点也可以从网络的度分布情况（见表 10 - 1）中得到印证。台州地方融资网络 79.41% 的节点度分布集中于 1—2，其余中心度数的频数分布较为分散，也较为均匀。该融资网络的规模不大，平均凝聚系数为 0.148，但网络内闭合回路数量较少，表明该地区企业抱团融资结网的倾向并不明显。这一点可以从图 10 - 1 中的台州地方融资网络结构中直观地得到观察。台州地方融资圈的网络结构与当地企业流行的家族式经营文化有着密切联系。台州企业普遍存在"宁为鸡头，不为凤尾"的传统观念，企业家往往把控股权看得很重。这使得台州大多数的企业，资本结构保守，家族"一股独大"，相互之间的

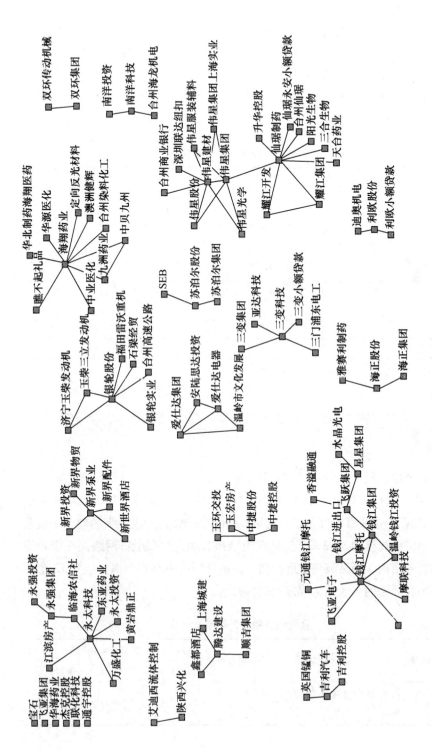

图 10-1 台州地方融资圈网络结构

合资参股合作发生率不高。台州的上市公司更偏向于与周边的关联企业之间构造一个小的宗派式的融资关系派系，上市公司在其中处于主导性的核心位置，对周边企业施加作用显著的影响。由此形成的融资派系属于一种典型的小群体性质的社会圈子，成员较为有限，网络边界清晰，具有较强的封闭性。

表 10 – 1　　　　　　　台州地方融资网络分布情况

中心度	频数	百分比（%）	累计百分比（%）
0	6	5.88	5.88
1	60	58.82	64.71
2	21	20.59	85.29
3	6	5.88	91.18
4	2	1.96	93.14
6	3	2.94	96.08
7	2	1.96	98.04
9	2	1.96	—
合计	102	—	—

注：因四舍五入，表中百分比之和不等于100%。

第三节　台州地方融资圈派系构成分析

台州地方融资网络共有 23 个派系，各派系的详细测量数据已列在表 10 – 2 中。以仙琚制药和伟星集团为核心的派系（编号为 TZ – 2）规模最大，共有 17 个成员，仅占整个网络规模的 16.7%；规模最大的前 3 个派系占整个网络规模的 37.3%。上述测量结果显示，绍兴融资网络是一个较细碎的派系结构，网络破碎程度较高。该融资网络内有 6 个孤立点和 12 个不存在闭合回路的星状结构或链状结构派系。

表 10 – 2　　　　　　台州地方融资网络派系构成

派系编号	核心企业	派系规模	规模占比（%）	派系内平均中心度	派系内平均凝聚系数
TZ – 1	星星集团、钱江集团、飞跃集团	12	11.8	2.000	0.115

续表

派系编号	核心企业	派系规模	规模占比（%）	派系内平均中心度	派系内平均凝聚系数
TZ - 2	仙琚制药、伟星集团	17	16.7	2.471	0.381
TZ - 3	永太科技、永强集团	9	8.8	1.778	0.000
TZ - 4	海正药业	3	2.9	1.333	0.000
TZ - 5	联化科技	1	1.0	0.000	0.000
TZ - 6	苏泊尔股份	3	2.9	1.333	0.000
TZ - 7	华海药业	1	1.0	0.000	0.000
TZ - 8	利欧股份	3	2.9	1.333	0.000
TZ - 9	三变科技	5	4.9	1.600	0.000
TZ - 10	银轮股份	7	6.9	2.000	0.295
TZ - 11	海翔药业、九洲药业	10	9.8	2.000	0.203
TZ - 12	飞亚集团	1	1.0	0.000	0.000
TZ - 13	通宇控股	1	1.0	0.000	0.000
TZ - 14	宝石控股	1	1.0	0.000	0.000
TZ - 15	杰克控股	1	1.0	0.000	0.000
TZ - 16	吉利汽车	3	2.9	1.333	0.000
TZ - 17	中捷股份	4	3.9	1.500	0.000
TZ - 18	腾达建设	4	3.9	1.500	0.000
TZ - 19	南洋科技	3	2.9	1.333	0.000
TZ - 20	爱仕达电器	4	3.9	2.500	0.834
TZ - 21	艾迪西流体控制	2	2.0	1.000	0.000
TZ - 22	双环集团	2	2.0	1.000	0.000
TZ - 23	新界泵业	5	4.9	1.600	0.000

　　台州地方融资网络内有数量众多的小规模派系，以相互担保为内容规范的融资关系链和以参股合资为内容规范的融资关系链均在这些小规模派系形成中扮演着重要角色。值得注意的是，虽然台州的这些小规模派系具有一定的地缘特征，但同一产业集群内的企业较少发生融资结网，同一区域内的企业也往往分散为若干个派系。社会资本依然发挥着黏合各个企业的作用，然而，与绍兴等地的情况相比，社会资本的作用受到了限制。台州地方融资网络派系构成有"小而散"的特点，即派

系数量众多且规模偏小，网络整体较为细碎且派系内部凝聚抱团程度不高。

第四节　台州地方融资圈典型派系研究

一　台州 TZ－1 派系

编号为 TZ－1 的派系以钱江集团、飞跃集团和星星集团为核心，共有 12 个成员，是台州地方融资网络内的第二大派系。三个核心企业之间通过担保关系实现结网。这三家核心企业分属于不同的行业领域，在业务开展过程中并无太多交集，但都属于台州的领军型的民营企业，不仅在地方经济发展中发挥着龙头骨干的作用，而且都有着较高的社会声望和社会地位，相互之间社会交往较多。一般来说，地方集团企业之间的担保关系以血缘、亲缘、地缘、业缘和学缘等社会交往关系为纽带，以社会信任为基础构建的互惠型社会网络关系，并非纯粹的商业交易。甚至在很多时候，签订正式的担保协议仅仅是相互之间提供方便办理银行贷款的人情恩惠。虽然协议明文规定是互保协议，双方对应的互保责任金额也是对等的，但实施过程中往往又是单向的。台州 TZ－1 派系正是基于这类互保协议得以形成的。

飞跃集团一度被视为全国民营企业中的典型，其创始人邱继宝是十六大党代表，十一届全国人大代表，中国国际商会副会长，美中经济合作组织中国首席企业家，省第九届、第十届、第十一届、第十二届、第十三届党代表，省第八届、第九届政协委员，省工商联副主席，曾荣获"全国优秀中国特色社会主义事业建设者""中国青年五四奖章""全国道德模范提名奖""全国优秀青年企业家""浙江省劳动模范""浙江省突出贡献企业经营者""浙江省非公经济杰出企业家""浙江省道德建设先进个人""浙江省十大杰出青年"等一系列称号，并多次受到党和国家领导人的接见和表扬。钱江集团和星星集团也具有较高的企业社会资本和企业家社会资本，在台州工业企业排名中分别列第一名和第三名。三家地方精英企业之间的互保结盟并非偶然，是企业和企业家在本土长期社会交往的结果。

台州 TZ－1 派系网络密度较高，平均度数为 2.00，网络关系较为

密集的主要是在钱江支系上（见图 10 - 2）。一系列关联企业通过股权
关系紧密围绕于钱江集团及其上市平台钱江摩托周边，形成一个紧密的
社会小圈子。飞跃集团在派系中地位特殊，起到了连接各大地方企业集
团的功能。本书实证考察期间恰逢飞跃集团遭遇资金链危机，综观整个
危机处理和企业重组过程，飞跃集团和邱继宝丰富的社会资本积累在其
中发挥了重要作用。

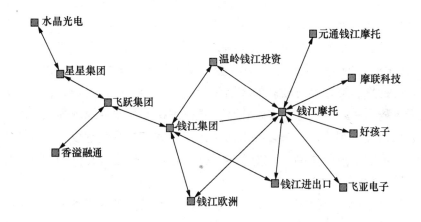

图 10 - 2　台州 TZ - 1 派系融资网络结构

二　台州 TZ - 2 派系

该网络内规模最大的编号为 TZ - 2 的派系可以解构为两个支系：以
伟星集团为核心的伟星支系和以仙琚制药为核心的仙琚支系。伟星集团
有限公司创建于 1976 年 9 月，是浙江台州市的地方龙头企业，在台州
当地和省内都具有较高的社会声誉和较强的企业社会资本。该集团拥有
两家上市公司，其中，浙江伟星实业发展股份有限公司是中国纽扣和拉
链行业首家上市公司，浙江伟星新型建材股份有限公司是中国唯一一家
以 PPR 管道为主导产品的上市公司。伟星集团总裁章卡鹏同时兼任中
国服装协会服装辅料专业委员会副主任、台州市企业家协会副会长、浙
江省人大代表等社会职务，并先后荣获过"全国优秀乡镇企业厂长"
"台州市优秀企业家"等荣誉，拥有较多的社会关系资源。伟星支系内
部融资关系以股权为纽带，关系交错复杂，成员间权力分布均衡、闭合
回路较高，凝聚抱团程度高，形成一个紧密型的融资合作小圈子。这与

伟星集团多年的社会关系运作有着密切关联。同样，受益于较高水平的社会资本运作，伟星获得了参与台州商业银行的基石投资机会，以及与其他龙头骨干企业的融资合作机会。伟星支系和仙琚支系之间是通过伟星集团与仙琚制药两家核心企业之间签订相互担保协议实现联盟结网的。

　　仙琚支系中，仙琚制药通过参股合资构建了一个小规模的星状结网网络。仙居制药创建于 1972 年，是国内规模最大、品种最为齐全的流体药物生产厂家，在浙江省内和全国制药行业内都具有较高的社会声望。其董事长金敬德是第八届全国人大代表，曾荣获“五一劳动奖章”“全国医药系统优秀企业家”等社会荣誉，并享受中华人民共和国国务院政府特殊津贴，具有较高的政治地位、较为丰富的社会资源，个体社会资本积累较好，社会资本运作范围更是突破了简单的地域局限。在该支系中，仙琚制药还与来自外地的耀江集团和升华控股达成了相互担保关系，形成了融资结网。该支系唯一的闭合回路也出现在仙琚制药、耀江集团和耀江开发之间。

　　总体上看，台州 TZ－2 派系是由两个相对独立的支系相互结盟形成的（见图 10－3）。伟星集团和仙琚制药在各自支系中充当着核心角色，对周边的关联企业和合作企业施加社会影响，同时代表两个支系达成相互担保协议，实现风险捆绑。无论是两个支系内部结构的形成还是支系之间结盟关系的达成都离不开企业及企业家社会资本的积极运作。

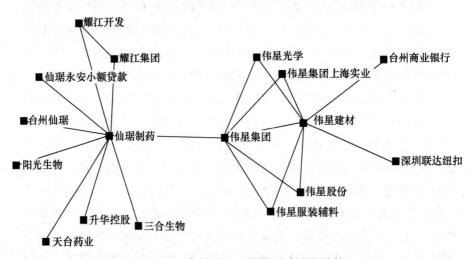

图 10－3　台州 TZ－2 派系融资网络结构

第十一章 嘉兴地方融资圈实证考察报告

第一节 嘉兴地方经济总体情况

嘉兴地处浙江东北部，邻近上海，地理位置优越，下辖南湖区、秀洲区、海宁市、平湖市、桐乡市、嘉善县和海盐县。该地区在历史上素有"鱼米之乡"的美称，自古为富庶繁华之地。

2015年，嘉兴市生产总值（GDP）为3517.06亿元。其中，第一产业增加值为140.09亿元，第二产业增加值为1850.04亿元，第三产业增加值为1526.93亿元。三次产业结构调整为4.0∶52.6∶43.4。按常住人口计算，全年人均生产总值为76834元（约为12336美元）。2015年，嘉兴市工业增加值为1667.93亿元，占全市生产总值的47.4%。规模以上（主营业务收入2000万元以上）工业企业数4946家，工业增加值1449.01亿元，其中重工业增加值为792.15亿元，轻工业增加值为656.86亿元。全市规模以上工业战略性新兴产业、高新技术产业和装备制造业增加值分别增长14.6%、12.3%和6.9%，占规模以上工业增加值比重分别为28.4%、42.3%和24.9%。

本书实证考察期间，2010年嘉兴市共有规模以上工业企业7524家，规模以上工业总产值超过5000亿元，支柱产业为纺织、电气、化纤、化工、通用电器、冶金等。区域内分布有数量众多的传统块状经济体，五县两区近40个工业总产值5亿元以上的块状经济。知名度比较高的包括濮院纺织集群、平湖光机电集群、海盐紧固件集群、嘉善电子信息集群、海宁皮革制品集群、嘉兴港区化工新材料集群等。

第二节　嘉兴地方融资圈网络结构分析

　　嘉兴融资网络的初始节点为 16 家公司 2010 年注册地在嘉兴的前在境内 A 股及中国香港上市的企业，包括景兴纸业、宏达高科、新嘉联电子、海利得新材料、禾欣实业、中国皮革城、双箭橡胶、嘉欣丝绸、众成包装材料、民丰特种纸、新湖中宝、天通控股、钱江生物化学、晋亿实业 14 家国内上市企业。另外，融资网络还包括金达控股、卡森国际 2 家中国香港上市企业。

　　经过融资关系链的梳理，嘉兴融资网络共涉及 117 家企业。该地区融资网络图共有 122 条边。具体网络结构请参见图 11 - 1。嘉兴融资网络的平均中心度为 2.0855，节点中心度最小值为 1，最大值为 26。中心度最大的是上市企业新湖中宝。从该网络的度分布情况（见表 11 - 1）可知，网络 88.03% 的中心度不超过 2，2/3 左右节点的中心度只有 1。中心度较高的少数节点（中心度超过 2 的节点为 14 个）在融资网络各个派系中占据着焦点企业地位，扮演着核心角色。度分布情况反映出嘉兴融资网络还是一个等级结构较为明显、权力分布不平衡的网络结构。经测量，该网络中心度为 20.79，说明融资网络内各企业的权力和地位存在较明显的差异。嘉兴网络密度为 0.018，与其他地区融资网络相比网络密集程度并不是很高。网络平均凝聚系数为 0.212，说明嘉兴融资网络具有一定的抱团凝聚倾向。

第三节　嘉兴地方融资圈派系构成分析

　　嘉兴地方融资圈网络结构中共有 12 个派系。由新湖中宝—民丰特种纸—加西贝拉—嘉欣丝绸—天通控股为核心构成的派系涉及 54 个节点，规模占地区融资网络的 46.2%，是该网络中最大的派系。该派系内部的平均中心度为 2.185，平均凝聚系数为 0.177。其他还有诸多由当地的企业集团及其参股公司构成的派系。其网络结构也以星状网络结构居多。这些派系之中，规模最大的是钱江生物化学及其参股公司构成的

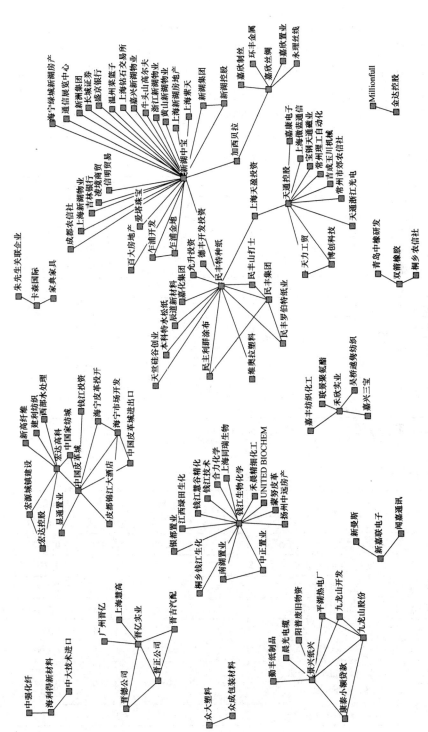

图 11 - 1　嘉兴地方融资圈网络结构

派系，凝聚系数最高的则是晋亿实业派系。规模最大的 3 个派系包含了该网络内 70.2% 的节点，整个网络内不存在孤立点，反映出嘉兴融资网络整体性较高，网络破碎程度较低。嘉兴地方融资网络派系构成如表11-2 所示。股权关系链、担保关系链等各类融资关系链在嘉兴派系中扮演着不同的角色，这一点将在下述的派系结构分析中加以讨论。

表 11-1　　　　　　　　嘉兴地方融资网络分布情况

中心度	频数	百分比（%）	累计百分比（%）
1	75	64.10	64.10
2	28	23.93	88.03
3	1	0.85	88.89
4	4	3.42	92.31
5	2	1.71	94.02
7	2	1.71	95.73
8	1	0.85	96.58
10	1	0.85	97.44
13	2	1.71	99.15
26	1	0.85	—
合计	117	—	—

注：因四舍五入，表中百分比之和不等于100%。

表 11-2　　　　　　　　嘉兴地方融资网络派系构成

派系编号	核心企业	派系规模	规模占比（%）	派系内平均中心度	派系内平均凝聚系数
JX-1	景兴纸业、九龙山股份	8	6.8	2.500	0.455
JX-2	宏达高科、中国皮革城	14	12.0	2.571	0.481
JX-3	新嘉联电子	3	2.6	1.333	0.000
JX-4	海利得新材料	3	2.6	1.333	0.000
JX-5	禾欣实业	5	4.3	1.600	0.000
JX-6	双箭橡胶	3	2.6	1.333	0.000
JX-7	新湖中宝、民丰特种纸、加西贝拉、嘉欣丝绸、天通控股	54	46.2	2.185	0.177
JX-8	众成包装材料	2	1.7	1.000	—

续表

派系编号	核心企业	派系规模	规模占比 （%）	派系内平均中心度	派系内平均凝聚系数
JX－9	钱江生物化学	14	12.0	2.000	0.144
JX－10	晋亿实业	6	5.1	2.333	0.478
JX－11	金达控股	2	1.7	1.000	—
JX－12	卡森国际	3	2.6	1.333	0.000

　　总体上看，嘉兴融资网络平均中心度较高，网络破碎程度较低，部分派系内部凝聚抱团较为突出，但规模最大的派系内部凝聚系数偏低。同时，派系具有很强的地理分布特征，担保是支系之间结盟的重要形式，反映出社会资本在充当着各个派系形成的黏合剂。

第四节　嘉兴地方融资圈典型派系研究

一　嘉兴 JX－1 派系

　　嘉兴 JX－1 派系由平湖市当地企业构成，以景兴纸业和九龙山股份为核心（见图 11－2），派系内部关系密集，平均中心度为 2.500，呈紧密抱团的趋势。平湖市邻近上海，是一个产业特色优势明显的经济强市，只有机电、服装、箱包等产业集群在省内具有较强竞争优势。派系 JX－1 中的核心企业九龙山股份前身为上海莱织华，传统主营业务为纺织和造纸两大主业。九龙山股份与景兴纸业同为平湖当地为数不多的上市企业和地方龙头企业，加之两者均涉足造纸行业，两家企业社会交往较为频繁。在景兴纸业股份制改造过程中，九龙山股份就参与其中，并多年来一直持有 20% 左右的股份，是第二大股东。同时，两家上市公司还曾多次签订互保协议，相互提供融资互助。两家核心企业之间的融资结网关系呈现出多元化，抱团十分紧密，闭合回路也明显要更多一些。从网络结构上分析，派系内部的科层结构较不明显，权力分布也更为扁平化，这一点也可以从凝聚系数的测量结果得到佐证，该派系的凝聚系数为 0.455，处于较高水平。总体上看，这两个派系属于较为典型的紧密联盟式的融资合作派系。

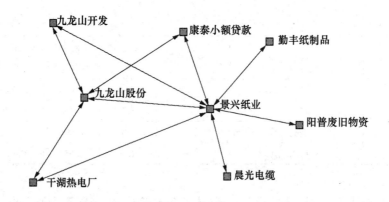

图 11 - 2 嘉兴 JX - 1 派系融资网络结构

二 嘉兴 JX - 2 派系

嘉兴派系 JX - 2 是由海宁市当地企业构成的派系。海宁市是全国知名的"中国皮革之都",当地的皮革产业集群、家纺产业集群和经编产业集群都具有较强的集聚优势和竞争优势。产业集群内部的社会往来和业务合作频繁,社会资本较为充分地渗透于中小企业的业务和融资合作过程之中。

中国皮革城和中国家纺城都是当地皮革产业集群和家纺产业集群中的门户枢纽节点,都有地方国有企业背景,较为深入地参与到当地产业集群发展的重要投资事件之中。宏达高科则是当地经编产业中的巨头,与当地经编产业集群休戚相关,集群内部业务关联错综复杂。同时,宏达高科作为地方经济的翘楚,积极参与了中国皮革城和中国家纺城的股份制改革,并成为两者的主要股东。由此,宏达高科、中国家纺城和中国皮革城三者之间通过持股关系形成了紧密的三角闭合回路,居于 JX - 2 派系的核心位置,其余关联企业围绕三家企业形成核心—边缘网络结构(见图 11 - 3)。

总体上看,该派系相对整体性更强,很难强行分解为几个区分度较高的支系。核心企业之间的融资结网关系呈多元化,抱团更为紧密,闭合回路也明显要更多一些。从网络结构上分析派系内部的科层结构较不明显,权力分布也更为扁平化。从凝聚系数的测量结果来看,该派系是嘉兴融资网络内凝聚系数最高的派系。

三 嘉兴 JX - 7 派系

嘉兴派系 JX - 7 是地方融资网络中规模最大的派系。该派系是由新湖中宝系、民丰集团系、加西贝拉、天通控股系和嘉欣丝绸系五个支系结盟

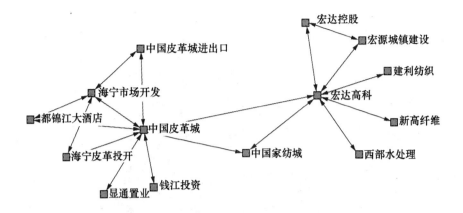

图 11 - 3　嘉兴 JX - 2 派系融资网络结构

而成。上述五个支系的核心企业，新湖中宝、民丰特种纸、加西贝拉、天通控股和嘉欣丝绸（见图 11 - 4）的注册地址全部在嘉兴市区。核心企业之间地理邻近，企业在各方面的互动学习较为频繁，企业高层联系较多。同时，各自在嘉兴地区都具有较好的社会声望，企业实力也大体相当。五个支系内部大都呈现出星状网络结构，支系内部具有一定的科层结构，集团控股公司和上市企业等两三家企业在支系中处于核心地位，其余企业处于从属地位。核心企业与从属企业之间一般都是参股合资的融资关系链条。因此，核心企业对从属企业具有一定的影响力，在必要时可以主动改变从属企业之间的融资结网关系。

更有意义的是该派系内部各个支系的结网方式。新湖中宝支系与民丰支系的结盟是基于两个集团之间的互保关系，加西贝拉与新湖中宝支系、嘉欣丝绸支系之间的结盟也是通过互保关系达成的。而民丰支系与天通控股支系的结盟则是由于两方都参股了同一家上海企业。五个支系之间相互抱团并不是非常紧密。除上述支系之间的融资结网关系外，就很难再找到连通上述支系的融资结网关系了。同时，由于支系内部存在较为明显的科层结构，因此，该派系内部的抱团凝聚程度并不高，闭合环路的数量也不是很多，这体现在该派系较低的凝聚系数上。派系内的新湖中宝是嘉兴融资网络内中心度最高的企业，拥有 26 条融资关系链。该企业融资结网活动频繁，在嘉兴、杭州、湖州等多个地区的融资关系网络之中均有它的身影。

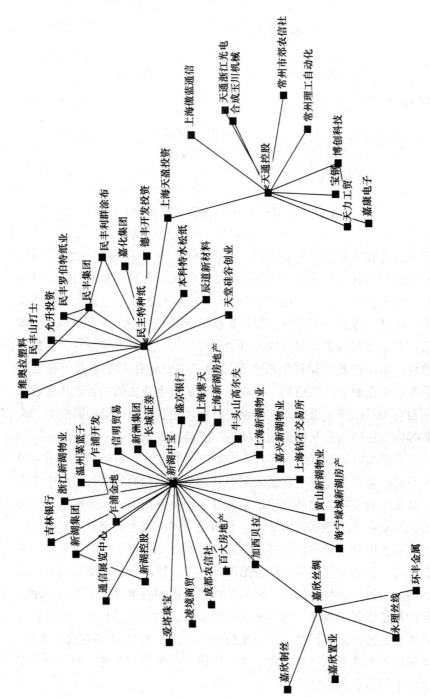

图 11 - 4　嘉兴 JX - 7 派系融资网络结构

第十二章　湖州地方融资圈实证考察报告

第一节　湖州地方经济总体情况

湖州地处浙江北部，位于长三角中心区域，下辖德清县、长兴县、安吉县、吴兴区和南浔区。2015年，湖州全年实现地区生产总值为（GDP）2084.3亿元。分产业看，第一产业增加值为122.4亿元；第二产业增加值为1026.7亿元，其中工业增加值为926.2亿元；第三产业增加值为935.1亿元。三次产业结构比例为5.9∶49.2∶44.9。按户籍人口计算，人均GDP为79025元，折合12688美元；按常住人口计算，人均GDP为70899元，折合11383美元。2015年，湖州规模以上工业实现增加值770.6亿元，其中，轻工业348.3亿元、重工业422.2亿元。33个大类行业中，有28个行业增加值实现增长，6个行业超过40亿元。其中，纺织业105.5亿元，增长5.3%；电气机械及器材制造业75.0亿元，增长9.7%；非金属矿物制品业69.3亿元，下降1.6%；电力热力的生产和供应业53.5亿元，增长7.3%；通用设备制造业51.9亿元，增长9.3%；家具制造业41.1亿元，增长5.5%.

本书实证考察期间，2010年全市生产总值达到1300亿元，规模以上工业总产值超过2600亿元，其中有纺织业、电气机械及器材制造业、黑色金属冶炼及压延加工业、木材加工及木竹藤棕草制品业、非金属矿物制品业、电力热力的生产和供应业、化学原料及化学制品制造业、家具制造业和通用设备制造业九大行业产值超百亿元。区域内长兴蓄电池、德清生物医药、南浔木地板和安吉椅业四大块状集聚经济在全国有一定的知名度。

第二节　湖州地方融资圈网络结构分析

湖州地方融资网络以该地区 11 家上市企业为初始节点经提名法拓展而成。这 11 家企业包括升华拜克生物、德华兔宝宝、美欣达集团、栋梁新材、久立特材科技、尤夫高新纤维、金洲管道科技、美都控股、华盛达实业 9 家在中国上市的企业以及天能动力和超威动力两家在中国香港上市的企业。经过提名法拓展之后，整个地区的融资网络共有 61 个节点。经过梳理，该区域融资网络共鉴别出 74 条融资关系链，平均每个节点的程度中心度为 2.426，最小值为 0，最大值为 16，方差为 6.179。区域内中心度最高的是美都控股。本章应用社会网络分析描述了湖州地方融资网络，具体可以见图 12 - 1。湖州地方融资网络也是一个等级结构较为明显且权力分布不平衡的网络，其网络中心度为 23.0。这一点也同样反映出网络的度分布情况（见表 12 - 1）。网络内有近 92% 节点的中心度不超过 4，有 3 个节点（美都控股、升华拜克生物、华盛达实业）在该融资网络内处于绝对的核心地位，成为融资关系网络的焦点企业。该网络的密度为 0.040，是一个关系较为密集的融资网络。网络的平均凝聚系数为 0.396，表明该地区企业抱团融资结网的倾向较为明显。

表 12 -1　　　　　　　　湖州地方融资网络分布情况

中心度	频数	百分比（%）	累计百分比（%）
0	2	3.28	3.28
1	26	42.62	45.90
2	16	26.23	72.13
3	3	4.92	77.05
4	9	14.75	91.80
5	1	1.64	93.44
7	1	1.64	95.08
8	1	1.64	96.72
16	1	1.64	—
合计	61	—	—

注：因四舍五入，表中百分比之和不等于 100%。

第三节　湖州地方融资圈派系构成分析

湖州地方融资网络有9个派系（见图12-1），派系结构的详细测量数据见表12-2。规模最大的派系由升华集团、美都控股及其关联企业组成，共包含27家企业，节点规模占整个地区融资网络的44.3%。另外，规模最大的前三个派系在网络内的规模占75.5%。上述测量数据说明湖州地方融资网络整体性较高，网络破碎程度相对较低。融资网络内包含两个孤立点，都是该地区2006年在深圳中小企业板上市的后起之秀，在公司历史、社会地位等能反映企业社会资本储量水平的方面与其他上市企业相比有一定的差距。社会资本对于湖州地方融资网络的结构形成存在着重要影响。本书将结合派系的具体情况展开分析。

表 12-2　　　　　　　　湖州地方融资网络派系构成

派系编号	核心企业	派系规模	规模占比（%）	派系内平均中心度	派系内平均凝聚系数
HU-1	德华集团	3	4.9	2.000	1.000
HU-2	华盛达实业	9	14.8	2.889	0.575
HU-3	升华集团、美都控股、新湖中宝	27	44.3	2.741	0.370
HU-4	美欣达集团、久立集团	10	16.4	2.800	0.599
HU-5	栋梁新材	1	1.6	0.000	0.000
HU-6	尤夫高新纤维	1	1.6	0.000	0.000
HU-7	金洲管道	3	4.9	1.333	0.000
HU-8	天能动力	2	3.3	1.000	0.000
HU-9	超威动力能源	5	8.2	1.600	0.000

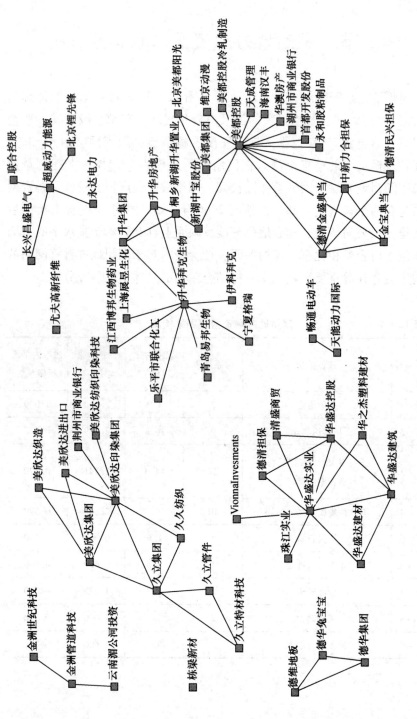

图 12－1 湖州地区融资网络结构

升华—美都派系（编号 HU‐3）和美欣达派系（编号 HU‐4）是湖州地方融资圈中规模较大的两个派系，两者的规模合计占到整个地方融资圈的 60% 以上。这两个派系的具体情况将在随后做典型派系分析。此外，湖州地区融资网络还存在 5 个小规模派系（2 个孤立点除外）。这些小派系的共同特点是派系内融资关系链基本上是合资参股关系链。虽然其中有不少关系链属于合资参股和担保合作的复合关系链，实际上由于焦点企业对参股合资企业具有较强的决策影响力，相互之间的担保合作更多的是合资参股基础上的关系延伸。关系链的内容性质决定了这6 个小规模派系内部存在明显的科层权威结构，上市公司和集团公司在其中扮演着更为强势的焦点企业的角色。但在结构上，这 6 个小规模派系还是存在着较为明显的区别。例如，华盛达实业所在的派系（编号HU‐2）成员数量较多，内部融资关系较为复杂，融资闭合回路也较多。而编号为 HU‐8 和 HU‐9 的派系则属于较为纯粹的星状网络或链式网络，不存在内部闭合回路，网络规模也较为有限。编号为 HU‐1的派系由德华集团等三家企业组成，成员都属于德华集团旗下企业，相互间都存在融资关系链，构成一个三元组。由于焦点企业对从属企业具有较强的影响力，往往可以根据成员企业的资金需求和集团层面的战略考虑在派系网络的局部增加闭合回路。因此，在具体的结构上往往会出现一些不同的变化，但是，它们融资结网的基本形式就是以股权关系为基础形成的小规模网络。

总体上看，湖州地区融资网络平均中心度较高，派系内部凝聚抱团较为突出，但派系构成基本上以股权关系为架构，不同企业集团之间的联盟结网相对较少。因此，整个网络更多的是由若干个内部抱团紧密的派系组合而成的，网络破碎程度不高。

第四节　湖州地方融资圈典型派系研究

一　湖州 HU‐3 派系

湖州升华—美都派系（编号 HU‐3）是湖州地方融资圈中规模最大的网络派系，可以进一步解构为两个支系。该派系内部的平均中心度为 2.741，平均凝聚系数为 0.370，这表明该派系的内部关系网络密度较高，抱团凝聚倾向也较为明显。

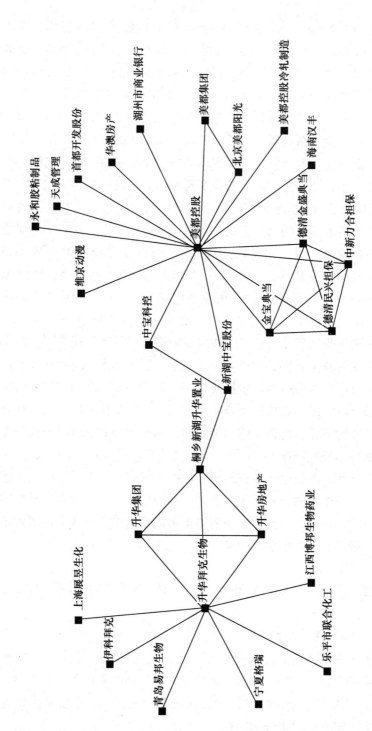

图 12 - 2 湖州升华—美都融资派系网络结构

升华支系主要是由升华集团、升华拜克及其参股企业构成，内部融资关系也较为复杂，该支系基本上是一个星状结构网络，主要的闭合关系发生在涉及房地产的几家企业之间。升华集团经营规模位居中国制造业企业 500 强、中国民营企业 500 强、浙江省百强企业，在全国行业或区域市场中积累了较高的知名度和美誉度。升华集团涉及房地产行业，与省内房地产业巨头新湖中宝共同成立桐乡新湖升华置业，共同开发房地产项目。同时，新湖中宝和美都控股都将房地产投资作为主营业务之一，相互之间的投资合作和融资合作较为频繁，两者共同签订了互保协议。美都支系基本上也是一个星状关系网络，围绕着美都控股的是其参股企业，主要的闭合关系出现在由其参股的几家典当和担保企业之间。正如前文所述，将两个支系串联在一起的是一家湖州地区以外的企业——新湖中宝。新湖中宝与升华支系存在融资关系链条是由于新湖中宝与升华房产合资成立了桐乡新湖升华置业，而新湖中宝与美都控股则是长年存在着相互担保协议。近年来，浙江省内实体经济中的龙头企业纷纷参与房地产项目投资。许多企业通过与省内外的房地产巨头合资成立项目公司，来弥补自身房产项目开发能力的不足。新湖中宝不仅是省内知名的房产开发企业，同时也是资本市场和融资合作领域的活跃者，在省内多个区域与地方龙头企业展开了较多的合资和项目合作。

二 湖州 HU-4 派系

美欣达派系（编号 HU-4）则是由美欣达集团及其关联企业和久立集团及其关联企业相互抱团而成（见图 12-3）。浙江美欣达印染集团始创于 1993 年，主要从事棉、涤/棉、麻的染色、印花、涂层面料的设计开发与生产，在其发展历程中曾先后兼并和收购湖州当地的多家国有企业，在湖州当地拥有较高的社会资本积累。经过多年经营，美欣达形成了一个以上市公司为平台，集团公司掌控于其后，一系列关联公司处于边缘位置的融资合作小圈子。股权关系是串联这个小圈子的联系本质，由此形成了美欣达集团及其上市平台在该圈子中不可动摇的核心地位。湖州 HU-4 派系中另一个核心成员是湖州当地的不锈钢行业龙头企业久立集团。久立创建于 1987 年，主要从事工业用不锈钢及特种合金管材等产品，是浙江省龙头骨干企业，国家级高新技术企业、浙江省三名企业、湖州市明星企业。美欣达集团和久立集团的融资结网是通过两个集团达成相互担保协议的形式形成的。两者的融资抱团并不仅限于在美欣达集团与久立集团之间构建融资关系链条，而是在两个集团主要成员之间均搭建了相互的担保关系链。这种的融资抱团形式在浙江省其他地区也较为常见。

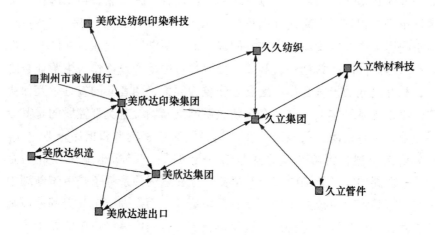

图 12 – 3 　湖州美欣达派系融资网络结构

第十三章 金华地方融资圈实证考察报告

第一节 金华地方经济总体情况

金华地处浙江省中部，下辖婺城、金东两个市辖区和东阳、义乌、永康、兰溪、武义、浦江、磐安七个县市。2015 年金华全市实现生产总值（GDP）为 3406.48 亿元。其中，第一产业增加值为 141.21 亿元，第二产业增加值为 1538.94 亿元，第三产业增加值为 1726.33 亿元。全市人均生产总值达到 71478 元（约为 11476 美元）。第一、第二、第三产业增加值占生产总值的比重由上年的 4.3：47.0：48.7 变化为 4.1：45.2：50.7，三次产业比重首次超过 50%。2015 年金华市完成规模以上工业企业增加值为 973.63 亿元。规模以上工业企业总产值为 4927.50 亿元，销售产值为 4630.01 亿元。全年规模以上工业企业实现利税为 352.48 亿元，其中利润为 210.86 亿元。金属制品业，纺织业，医药制造业，电气机械和器材制造业，纺织服装、服饰业，汽车制造业六大行业实现利润占全市规模以上工业企业利润总额的 49.5%。另外，全市建筑业总产值达 3162.93 亿元，完成建筑业税收收入 39.06 亿元，占全市税收总收入的 8.3%。

本书实证考察期间，2010 年金华市实现生产总值超过 2000 亿元，完成工业总产值 3393 亿元，工业增加值 938 亿元。另外，金华也是建筑业较为发达的地区，东阳素有"建筑之乡"的美誉，2010 年全市建筑业总产值达到 1563 亿元，从业人数达 73 万余人。金华各县市经济均有典型的集聚经济特征，拥有自己的特色产业。金华汽车及零部件产业集群、永康五金产业集群、义乌小商品产业集群、东阳建筑产业集群和横店磁性材料产业集群等块状经济体均在金华市区、永康、义乌和东阳等地经济中占据着十分重要的位置。

第二节　金华地方融资圈网络结构分析

金华是浙江省内最早拥有上市企业的地级市之一。金华地方融资网络是以当地 2010 年 12 月之前上市的 11 家上市企业为初始节点拓展而成的。这 11 家上市企业包括尖峰集团、康恩贝制药、中国小商品城、浙江广厦、金利华电气、横店东磁、东晶电子、万里扬变速器、金字火腿、华谊兄弟 10 家在中国内地上市的企业和在中国香港上市的浙江世宝。这些企业都分散于金华的各个地市，均为区域内的或行业内的龙头企业。金华地方融资网络共涉及 99 家企业，113 条融资关系链。网络内节点平均中心度为 2.283，最小值为 1，最大值为 29，方差为 15.718。区域内融资关系最多的是广厦股份。金华地区融资网络的具体结构如图 13-1 所示。金华地区部分上市企业（如尖峰集团、广厦集团和康恩贝集团）都是较早在 A 股上市的企业，存续时间长，参与区域社会交往程度较深，都拥有很高的社会声望和社会地位，具有比较高的社会资本。因此，这些企业在区域融资网络内也占据了其他企业无法企及的权力中心位置，在整个网络中处于核心地位。金华地方融资网络也因此成为一个等级结构十分明显，权力分布更为不平衡的网络，其网络中心度为 27.54。该网络内中心度不超过 3 的节点占 92.93%，只有尖峰集团、广厦股份、广厦建设、广厦集团、广厦房地产、康恩贝制药和东晶电子 7 家企业拥有 4—29 条关系链。

金华地方融资网络的密度为 0.023，网络平均凝聚系数为 0.298，与其他地区相比密度和凝聚系数都不是很高。这是因为该网络的大规模派系大多是星状网络结构或是由呈星状网络结构的支系结盟而成。

第三节　金华地方融资圈派系构成分析

金华地方融资网络中共有 8 个派系。以广厦集团—康恩贝集团—东晶电子为核心的派系（编号 JH-2）涉及 54 个节点，规模占地区融资

网络的 54.6%，是该网络中最大的派系。规模最大的 3 个派系包含该
网络内 82.8% 的节点，整个网络内不存在孤立点，反映出金华地方融
资网络整体性较高，网络破碎程度较低。8 个派系的结构测度结果请详
见表13－2。同时，金华地方融资网络的各个派系，尤其是小规模派系
的平均凝聚系数都比较高，表明该地区企业具有较强的抱团凝聚意识，
比较讲究小团体合作。

表 13－1　　　　　　　　金华地方融资网络分布情况

中心度	频数	百分比（%）	累计百分比（%）
1	59	59.60	59.60
2	28	28.28	87.88
3	5	5.05	92.93
4	1	1.01	93.94
5	1	1.01	94.95
7	1	1.01	95.96
8	1	1.01	96.97
20	1	1.01	97.98
23	1	1.01	98.99
29	1	1.01	100.00
合计	99	100.00	—

表 13－2　　　　　　　　金华地方融资网络派系构成

派系编号	核心企业	派系规模	规模占比（%）	派系平均中心度	派系平均凝聚系数
JH－1	横店东磁	4	4.0	2.000	0.583
JH－2	东晶电子、广厦股份、康恩贝集团	54	54.6	2.519	0.280
JH－3	万里扬变速器	2	2.0	1.000	0.000
JH－4	金字火腿	4	4.0	2.500	0.667
JH－5	华谊兄弟	4	4.0	1.500	0.000
JH－6	金利华电气	3	3.0	2.000	1.000
JH－7	中国小商品城	4	4.0	2.000	0.583
JH－8	尖峰集团	24	24.2	2.083	0.167

编号为 JH－2 和 JH－8 的派系是该地区融资圈中规模最大的两个派系，这两个派系不仅规模大，而且内部关系较紧密，闭合回路多，呈现出较高的凝聚抱团特性。此外，金华地方融资网络内还存在着 4 个内部凝聚系数较高的小规模派系（编号分别为 JH－1、JH－4、JH－6 和 JH－7）。其网络规模为 3—4，派系内部存在一个或两个三角回路。表明这些小群体抱团合作的意识比较强。总体上看，金华地方融资网络属于整体性比较强、网络破碎程度较低，派系内部抱团程度较高的区域融资网络。

第四节　金华地方融资圈典型派系研究

一　金华 JH－2 派系

图 13－1 中编号为 JH－2 的派系是该网络内规模最大的派系。整个派系可以解构为 3 个相对独立的支系：广厦支系、康恩贝支系和东晶电子支系。广厦股份是一家起家于建筑业的大型综合性民营企业，擅长资本运作，也很注重社会资本的积累与使用，并与地方政府保持着较为紧密的政商关联。其创始人楼忠福曾担任第十届全国人民代表大会代表、中国经济社会理事会常务理事、中国企业联合会副会长、全国工商联执委、中国建筑业协会理事、浙江省工商联副会长、浙江省民营企业发展联合会执行会长等一系列社会职务，拥有十分丰富的社会关系资源。广厦支系内部融资关系较为复杂，其中核心成员为广厦控股、广厦股份、广厦房产和广厦建设 4 家企业。借助于企业家和企业本身在长期社会交往中累计的社会资本，作为广厦集团上市旗舰的广厦股份获得了很多的参股合资机会，使得其在自我中心网络内具有很强的优势地位。然而，支系内部并非简单的星状网络结构，主要成员之间更多地表现为更加扁平化的抱团模式，即主要成员之间存在着多个闭合回路，从结构上看并没有某一个或某几个节点占据着其他节点无法获得的优势地位。

而康恩贝支系和东晶电子支系的结构形态则是另一种情况，两个支系各自都表现出十分典型的星状网络结构，上市公司康恩贝制药和东晶电子在各自支系中扮演着焦点企业的角色。康恩贝制药是浙江省医药行业老牌的知名企业，在金华当地具有较强的社会影响，在省内外多地均

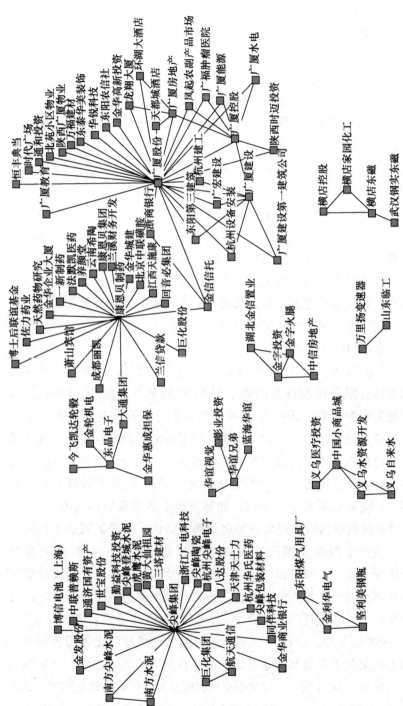

图13-1　金华地方融资网络结构

有相关的产业投资。同时，其创始人胡季强是第十三届、第十四届、第十五届兰溪市人大常委，第五届、第六届金华市人大代表，第十届浙江省人大代表，第十二届全国人大代表，并兼任了中国中药协会副会长、浙江省民营企业发展联合会执行会长等一系列社会职务。康恩贝支系的网络规模要比东晶电子支系的网络规模要大得多，这也是由于与两个焦点企业的社会资本有紧密联系。与广厦股份和康恩贝集团相比，东晶电子在社会资本积累上还稍显不足。但东晶电子主要经营地位于金华市区，其社会资本积累也主要集中于金华市区地带，与金华地方政府保持了较好的政商关系，在当地也具有较好的社会声望。

这三个支系之所以能够结盟成为一个派系，是因为该支系之间存在着以参股合资为内容的桥链接。广厦支系与康恩贝支系之间的融资结网是因为两家企业都投资参股了金信信托。而康恩贝支系与东晶电子支系之间的融资结网也是因为两家焦点企业共同参股投资了大通集团。值得一提的是，东晶电子支系主要是通过互保关系来维持的，而其他两个支系则更多的是通过参股合资实现结网。

二　金华 JH-8 派系

尖峰集团派系（编号为 JH-8）是网络内规模第二大派系。浙江尖峰集团股份有限公司前身为创建于 1958 年的金华水泥厂，1988 年 11 月完成股份制改造后，1993 年公司股票在上海证券交易所上市，成为中国水泥行业第一家上市公司。作为一家老牌地方国有企业，尖峰集团在浙江省内和金华市区具有很强的社会影响力，尖峰集团与区域内外其他地方国有企业和地方企业集团（如巨化集团），保持了较好的业务合作关系，社会资本积累十分丰富，能够获得很多宝贵的参股投资机会。JH-8 派系的网络结构表现为一种星状网络结构，尖峰集团处于其核心位置，一系列参股企业围绕在尖峰集团周边，形成一个权力分布的核心—边缘结构，尖峰集团与外围融资结网伙伴之间大多是一种参股关系，对外围企业具有较强的社会控制能力。该派系内的闭合回路均出现在尖峰集团与外地融资结网伙伴之间。巨化集团公司原名衢州化工厂，创建于 1958 年 5 月，1993 年经国家经贸委批准组建巨化集团公司，是全国最大的氟化工先进制造业基地和浙江省最大的化工基地。与尖峰集团的发展背景十分相近，巨化集团也是在地方上具有较高社会影响力的老牌国有企业，拥有十分丰富的社会资本积累，与区域内外诸多的集团企业

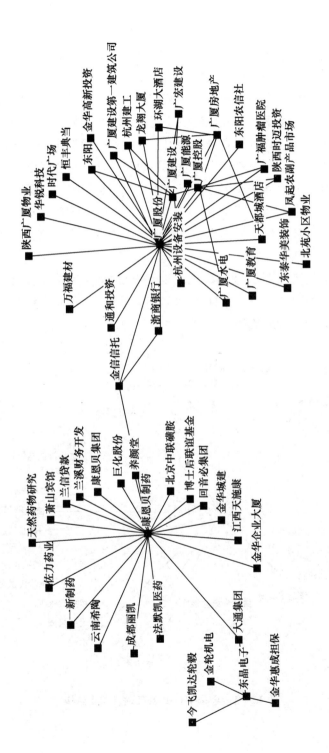

图 13 - 2　金华 JH - 2 派系融资网络结构

保持着较好的社会关系。尖峰集团、巨化集团和航天通信之间的融资链关系内容是三家企业之间签订相互担保协议，这一融资链回路的形成与三家企业之间共同的国有企业背景和社会资本运作都有着直接的联系。该派系中另一个闭合回路出现在尖峰集团、南方水泥和尖峰水泥之间。南方水泥是央企中国建材股份有限公司水泥业务板块中的核心企业。尖峰水泥的国有企业背景和自身在水泥产业中的行业地位是其能够参股南方水泥的重要因素，尖峰和中国建材集团随后合资成立了浙江金华南方尖峰水泥有限公司强化业务合作。总体上看，金华 JH－8 派系具有较为强烈的国有企业背景，是省内国有企业融资合作网络在金华地区的投影，具有丰富社会资本的国有企业在该派系中占据核心位置。区域内外的核心企业（尖峰、南方水泥、巨化、航天通信）之间以参股和担保等形式构成较为扁平化的小圈子结构，相互之间网络地位较为平等。其余企业则围绕着位于金华本地的尖峰集团形成一个星状网络结构，网络权力分布集中于尖峰集团。

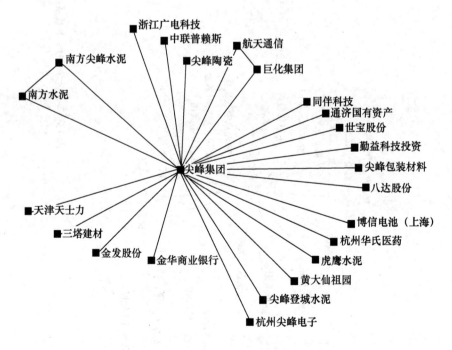

图 13－3 金华 JH－8 派系融资网络结构

第十四章　地方融资派系的结网模式考察

第一节　社会资本与融资派系的形成

本书在第七章至第十三章中应用社会网络分析方法测度了浙江7个地市融资圈的网络结构。浙江各地融资圈的结构形成都与社会资本的运用存在关联，派系本身就是社会资本参与的产物。机会获取是社会资本运行机制的重要产出形式。浙江中小企业也偏好于借助社会资本获取投、融资机会。其中，寻求企业间相互担保的机会和分享区域内重大投资的机会就是浙江企业间以社会资本载体进行机会配置的重要表现。分析浙江各地融资派系构成可以清晰地发现诸多社会资本参与派系构建的痕迹。例如，宁波规模最大的 NB–2 派系的各个支系之间就是通过企业间共同分享地方银行和地方重大基建投资项目而实现融资结网，最终构建成派系的。绍兴和嘉兴两地的最大派系（JX–7 和 SX–2）则是由企业间的相互担保实现各个小支系之间的串联和结盟的。无论是企业寻找担保伙伴还是获取分享稀缺的投资机会都需要社会资本的参与。社会资本是上述融资关系链最终建立的信任载体。

担保关系可细分为集团成员间的担保关系和非集团成员间的担保关系。前者是集团成员间直接或间接股权关系的衍生产物，接受集团母公司的权威指导，担保关系指向和担保金额大多不是建立在互惠交往的基础之上的。而后者则是以血缘、亲缘、地缘、业缘和学缘等社会交往关系为纽带，以社会信任为基础构建的互惠型社会网络关系。后者的关系形态更明确地表现为企业之间订立的"担保协议"。这类协议书会明确规定双方企业在协议期间的最大担保额度的权利，并遵循互惠原则，将双方的担保额度设定为同一金额。然而，实际发生的担保额度可能并不是完全对等的。有的企业会比较充分地使用对方提供的担保限额，而有的企业则会使用部分甚至是完全不使用对方提供的担保额度的权利。然而，这些没有存在直接或间接股权关联的企业在订立担保协议的时候，都会很注意将双方的额度设定为同一个数值。其潜台词是："我可以只使用部分额度，甚至不使用额度，但你必须给我在某个不确定的时点全额使用的担保额度的权利，因为我们之间是互惠的。"这更多地折射出社会交往的互惠性原则。

区域内重大投资机会的分享更多地表现为社会资本对成员身份的价值体现。类似于地方银行、农信社、重大基建等投资项目对我国中小企业来说大多是十分稀缺的投资机会，社会资本往往渗透于此类投资机会的配置过程。社会关系网络是浙江中小企业获取各类经济信息的重要渠道，通过亲属、同学、朋友等各类关系人企业家可以接触到更多、更新的投资信息，而且长期社会交往形成的社会信用体系充当着交易过程的润滑剂，有助于交易双方便捷地完成信用评估和风险评估，促进交易的完成。除一些企业规模、财务实力等"硬实力"之外，企业和企业家的社会声望、社会地位等"软实力"也决定着稀缺投资机会的配置过程。区域内重大的投资机会往往只会在某一群精英企业内进行分配，精英"俱乐部"的成员身份成为能否接触此类稀缺投资机会的关键因素。

然而，社会资本在促成企业间融资结网的同时，也限制了结网对象的选择。第三章对213家浙江上市企业的调查为这一观点提供了直接的证据。由于社会资本渗透于投资机会获取和分配的过程之中，融资结网的对象往往被限定于企业或企业家长期社会交往的伙伴群体之中。其结果是企业间的融资结网最终构成了一个个相互孤立的派系。对浙江7个地区融资网络的结构分析表明，破碎化派系构成是社会资本参与的浙江各地融资网络最为醒目的共同结构特征。社会资本是促使融资派系形成和成员拓展的重要因素，也是浙江融资网络呈现出破碎化结构的重要成因。这一观点可以从对浙江融资网络和其他市场化融资网络的结构对比中得到支持。

第二节　与其他网络类型的结构比较

社会资本的参与对区域融资网络结构产生了什么影响呢？本章选取了 Chirgui（2007）对欧洲智能卡行业的企业网络研究以及贝克和阿塔利（Bech and Atalay，2010）对美国联邦储备资金市场交易网络的研究作为参照对象。研究中涉及的企业网络是较为典型的产业价值链网络和高度市场化的交易网络，具有很强的代表性，社会资本的参与程度相对较低，可以作为浙江融资网络结构的良好参照。

一　节点和关系链

浙江融资网络的节点选取以地理位置为基本界限，并按关系链进行拓展，均为浙江各区域的上市企业及其融资结网对象。关系链为融资合作关系，具体包括银行贷款的担保关系和参股投资关系。其关系链为双指向关系。欧洲智能卡产业网络的节点均为欧洲地区智能卡行业的 311 家业内企业，包括整个价值链上下游。关系链为产业联盟关系，包括供应链、生产外包链、研发合作及联盟、市场合作协议等。关系链也为双指向关系。美国联邦资金市场交易网络的参与者主要为美国的 7000 多家各类从业银行。关系链为联邦资金市场上的转账交易行为。其关系链为单指向关系。

二　关系网络的稳定性

浙江融资网络的融资关系链持续时间大多在一年以上，甚至会持续数年。整体网络结构形态较为稳定，每年有小的变动，但不会改变整个地区的整体网络结构特征。欧洲智能卡产业网络的关系链受到经济环境影响较大，部分关系链持续时间较长，能够维持一年甚至更长的时间，但实证研究结果表明，1997—1998 年、1999—2001 年和 2002—2003 年 3 个期限内的产业网络结构存在显著的区别，结网方式也在不断演变，网络结构会发生趋势性的变化。美国联邦资金市场交易网络的关系链本身持续时间很短，在同一个交易日内就会发生十分显著的结构变化，动态性很强。同一个节点的交易对象更换频繁，长期合作对象只是统计意义上的概念。其长期合作关系是由频繁变动的超短期交易行为累积而成的。

三　中心度与网络密度

浙江各地融资网络的中心度均值为 1.7—2.6，关系网络密度不高。欧洲智能卡产业网络在 3 个研究时期的平均中心度为 5.75、4.3 和 3.4，关系网络密度也不高。美国联邦资金市场交易网络的中心度动态变化特征明显，且分布差异巨大。全年平均的日交易对象数量的均值存为 3.3。不同凝聚群体的均值存在显著差异，入度最大的均值为 19.1，最小的均值为 0.2；出度最大的均值为 9.3，最小的均值为 0.2。

四　派系化的结构特征

浙江融资网络的派系特征十分明显，每个地区均有数量不等的非连通派系，且派系的网络规模集中度并不高，最大派系的节点集中度最高的为 47.2%，最小的为 16.7%，网络破碎程度较高。欧洲智能卡产业网络派系特征会随产业发展而演化。产业发展初期派系特征较明显，产业发展成熟后，小派系被边缘化，大多数节点同属于一个大规模派系。派系特征在产业发展中后期均不明显。美国联邦资金市场交易网络基本上不存在非连通派系，按交易频率、关系强度和指向关系可以区分为不同的凝聚群体，群体之间交易发生频率相对于群体内部交易频率要低一些。通过与其他类型企业关系网络的结构比较可以发现，社会资本的参与使浙江融资网络的关系链更加稳固，呈现出更为浓烈的派系化结构特征，使融资网络表现为破碎化的网络结构。

第三节　浙江企业间融资派系的结构归类

作为派系内部各个支系抱团结盟的信用载体，社会资本是派系扩展的机会源泉，是企业之间抱团凝聚的黏合剂。本章从派系内部结构的视角进一步观测社会资本对企业间融资结网的影响，并归纳和提炼企业间融资结网的结构（不妨称为融资结网模式）。本章借用模式这一概念，用于表述在社会资本参与下的企业间融资结网模式上的共性或规律。本章所讨论的结网模式就是指企业间融资结网形成的较为典型派系结构模式。这些结网模式代表了几类在区域融资网络内具有代表性的派系结构类型。

一　融资结网模式的结构维度

浙江 7 个区域融资网络结构中共发现有 140 个大小不等、结构各异的融资派系。本章将就这 140 个派系结构进行归类分析，并从中归纳出具有代表性的结构模式。一谈到归类或类型划分，必然就涉及分类标准。本章将从派系规模、平均中心度和凝聚系数三个结构维度对上述 140 个派系进行测度，并为结构类型梳理提供可靠的分类依据。

（一）派系规模

派系规模是描述派系网络结构最为常用的结构指标之一，它不仅表明了派系节点数量的大小，还会影响到其他结构属性的解读。一般来说，大规模网络的结构属性和小规模网络的结构属性存在较大的差异。在解读其他结构属性的测量值时必须考虑网络规模因素。例如，在仅包含 3—5 个节点的小规模派系相对容易出现高凝聚系数，只要存在几个三角形闭合回路即可实现大于 0.6 的高凝聚系数。相比之下，在 30—50 个节点的较大规模派系中就较少发现高凝聚系数的存在。然而，对于这些较大规模的派系而言，类似于 0.4 左右的较低凝聚系数就已经说明数量众多的闭合回路的存在，说明整个派系已经具有很高的凝聚抱团程度了。此外，派系规模本身也是衡量网络结构的重要指标，影响派系的风险、绩效和协同性。因此，本章将派系规模作为分析结构模式的一个重要维度。

（二）平均中心度

如前所述，平均中心度在本章实证中是网络密度的代理指标。平均中心度直接说明了企业在融资网络内的关系链的平均数量，即企业外部融资结网伙伴的平均数量。可以直接反映派系内企业对融资结网的热衷程度，以及派系内企业获得融资结网机会的多寡。平均中心度刻画的网络密度向来是社会网络理论和其他相关管理理论中最为关心的结构属性，在融资网络研究中反映了企业间融资安排的密度，对于派系整体绩效表现影响甚大。因此，本章选择将平均中心度也作为结构模式分析的重要维度。

（三）凝聚系数

凝聚系数主要是测量派系内部成员抱团凝聚的程度，也反映派系中闭合三角回路的存在情况。由于社会关系网络具有很典型的派系结构特征，融资结网派系本身就是企业之间通过各种形式达成财务联盟，抱团凝聚以获得更多的融资和投资机会，应对财务风险的产物。凝聚系数能够较好地反映出派系内部凝聚抱团的紧密程度，是测量派系结构的重要维度。

本章对浙江 7 个地区融资网络内 140 个派系的上述三个结构属性进行了相关性分析（见表 14 – 1）。相关性分析结果表明，派系规模与平均中心度显著正相关。这符合本章的理论预期，说明平均中心度的提高十分有利于派系规模的扩张。相关性分析也显示，平均中心度与凝聚系数显著正相关，且相关系数较大。这也符合理论预期。社会资本的参与将会限制企业对融资伙伴的选择，使结网行为具有一定的关系黏性。派系内部关系数量的增加会提高成员间三角闭合回路，强化企业间相互抱团凝聚的程度。另外，相关性分析没有发现凝聚系数与派系规模之间显著相关的证据。

表 14 – 1　　　　　　　140 个派系融资结构属性的相关性分析

	派系规模	平均中心度	凝聚系数
派系规模	1	0. 324 **	0. 051
平均中心度	0. 324 **	1	0. 619 **
凝聚系数	0. 051	0. 619 **	1

注：采用 Pearson 相关性检验，** 表示在 0.01 的水平（双侧）下显著相关。

二　派系结构的聚类分析

根据对浙江 140 个派系融资结网的派系规模、平均中心度和凝聚系数的测量数据，本章采用 SPSS 软件中的系统聚类法对其进行了初步归类，为后续融资结网模式的提炼提供基础。

聚类分析结果列于表 14 – 2 中。通过对各聚类成员结构属性和具体结构形态的复核，本章认为，基于派系融资结构属性的统计归类已经区分了典型的派系结构类型，也反映了不同类型的融资结网模式，可以为提炼融资结网模式提供有力的支撑。

表 14 – 2　　　　　　　140 个派系融资的聚类分析结果

聚类编号	派系数量	平均网络规模	平均中心度	平均凝聚系数
C – 1	67	4. 6	1. 380	0. 000

续表

聚类编号	派系数量	平均网络规模	平均中心度	平均凝聚系数
C-2	1	211.0	2.148	0.135
C-3	19	21.1	2.234	0.250
C-4	21	7.7	2.569	0.604
C-5	6	3.0	2.000	1.000
C-6	24	1.0	0.000	0.000
C-7	2	78.0	2.929	0.229

　　表 14-2 中的统计数据也支持了上述论点。聚类 C-6 中的 24 个成员派系的平均中心度和平均凝聚系数均为 0，平均网络规模为 1。聚类 C-6 的所有成员均为各个融资网络内的孤立点。聚类 C-5 中 6 个成员派系平均网络规模为 3，平均中心度为 2，平均凝聚系数为 1。其成员均为典型的闭合三角结构，即派系由 3 个节点组成，每个节点成员都与其他节点存在融资关系链，从而构成一个完全封闭的三角回路。聚类 C-1 最为醒目的结构特征是其成员派系的平均凝聚系数为 0，派系网络规模偏小，但至少有 2 个节点。这类派系内部结构完全不存在三角回路，其结构形态要么是链状结构，要么是星状网络结构。聚类 C-3 和聚类 C-4 代表了两类网络规模更大、闭合回路更多的派系结构。这两个聚类的区别在于，聚类 C-3 的成员派系具有更大的网络规模和更低的抱团凝聚程度，而聚类 C-4 的成员派系虽然网络规模相对要小一些，但凝聚系数却要显著高于聚类 C-3 中的派系。换言之，聚类 C-3 代表了大而松的派系结构，而聚类 C-4 则代表了小而紧的派系结构。聚类 C-2 只有 1 个成员，其结构属性接近于聚类 C-3。而聚类 C-1 的规模更大，凝聚系数也更低，是更为显著的大而松的派系结构。聚类 C-7 也只有 2 个成员，不仅规模较大，而且平均中心度也较大。考虑到聚类 C-7 较大的网络规模，其平均凝聚系数（0.229）暗示这两个派系内部存在着数量众多的闭合回路，派系内部凝聚抱团程度可能较高。

　　上述聚类分析主要是从网络规模、平均中心度和凝聚系数的测量数据统计基础上进行的，并没有关注派系内部的成员构成、关系链性质和结网形态。本章将在聚类分析的基础上对派系融资的结网模式进行提炼和归纳。

第四节　企业间融资结网模式

结合对浙江 7 个地区融资网络中派系结构形态观测和 140 个融资派系的聚类分析，本章归纳、提炼了 4 种企业间融资结网模式：孤立模式、明星模式、抱团模式和结盟模式。各个结网模式对应的聚类类型和成员派系编号都汇总于表 14 - 3。孤立模式共包括 24 个派系，均为聚类 C - 6 中的成员，是浙江 7 个地区融资网络内的孤立点。明星模式共有 67 个成员，均为聚类 C - 1 的成员。聚类 C - 4、聚类 C - 5 和聚类 C - 7 中的所有成员统归为抱团模式，共有 29 个成员。聚类 C - 2 和聚类 C - 3 中的成员统归为结盟模式，共有 20 个成员派系。上述四种融资结网模式在成员构成、关系链组成和内部结构上均存在显著差异。尤其是派系内部结构的差异较为明显，将会对派系的稳健性和脆弱性造成影响。在此，本章将对上述四种融资结网模式进行概念化描述和讨论。

（一）孤立模式

符合孤立模式的企业并没有与外部其他企业发生融资结网关系，这些企业在区域融资网络内均以孤立点的形式存在。但需要注意的是，孤立模式并不意味着符合这一结网模式的企业没有不发生担保或对外投资等行为，或不存在相应的关系网络。实际上，很多符合这一结网模式的企业内部存在总公司与控股子公司之间的复杂的融资关系网络。然而上述关系网络是企业集团内部的权威关系网络，控股子公司的融资行为是受母公司操纵的，社会资本在内部网络的构建中作用很小，也不是本章关注的重点。因此，在区域融资网络的层面上可以简化为一个孤立点。孤立模式的结构形态十分简单，企业风险完全来自自身的个体风险，与其他企业不存在直接关联。孤立模式不仅折射了企业对待外部融资结网的谨慎态度，符合孤立模式的派系数量和比例也在一定程度上反映了区域融资合作的活跃程度。在对各地融资网络结构的分析过程中，本章也注意到各个地区符合孤立模式的孤立点大多是一些社会资本储量水平较低的企业。

表14-3　浙江企业的融资结网模式

模式类型	模式名称	涉及聚类	结网特征	成员派系
P-1	孤立模式	C-6	均为各融资网络内的孤立点，没有参与对外融资结网，企业网络仅以控股形式进行内部拓展	HZ-13, HZ-15, HZ-18, HZ-21, HZ-25, HZ-27, HZ-39, HZ-43, NB-10, NB-11, NB-16, NB-25, NB-30, NB-32, NB-33, SX-6, TZ-5, TZ-7, TZ-12, TZ-13, TZ-14, TZ-15, HU-5, HU-6
P-2	明星模式	C-1	整个派系围绕1家或几家焦点企业（明星）呈星状结构或链状结网，派系内平均中心度不高，内部也不存在闭合回路，既有参股合资链也有担保关系链，以参股合资链为主	HZ-1, HZ-5, HZ-6, HZ-7, HZ-8, HZ-11, HZ-12, HZ-14, HZ-17, HZ-19, HZ-22, HZ-23, HZ-24, HZ-26, HZ-31, HZ-33, HZ-34, HZ-35, HZ-36, HZ-38, HZ-41, HZ-44, HZ-45, NB-1, NB-3, NB-4, NB-6, NB-7, NB-8, NB-9, NB-14, NB-23, NB-26, NB-27, NB-29, NB-31, SX-4, SX-5, SX-7, SX-8, SX-9, SX-10, TZ-3, TZ-4, TZ-6, TZ-8, TZ-9, TZ-16, TZ-17, TZ-18, TZ-19, TZ-21, TZ-22, TZ-23, JX-4, JX-5, JX-6, JX-8, JX-11, JX-12, HU-7, HU-8, HU-9, JH-3, JH-5
P-3	抱团模式	C-4	派系成员具有很强的地缘、业缘等特征，担保关系扮演着更为重要的角色，派系平均中心度和平均凝聚系数均较高，网络凝聚抱团程度很高。网络封闭性和凝聚系数随网络规模增加而有所减少，但闭合回路相对较多	HZ-4, HZ-9, HZ-20, HZ-29, HZ-30, HZ-32, HZ-40, NB-5, NB-13, NB-19, NB-22, NB-24, TZ-20, JX-1, JX-2, JX-10, HU-2, HU-4, JH-1, JH-4, JH-7
		C-5		HZ-10, HZ-28, HZ-42, NB-12, HU-1, JH-6
		C-7		SX-1, SX-2
P-4	结盟模式	C-2	成员派系大都可以解析为若干个支系，支系之间通过相互担保或参股合资关系实现串联，构成一个大规模结派系，平均中心度和凝聚系数适中	HZ-2
		C-3		HZ-3, HZ-16, HZ-37, NB-2, NB-15, NB-17, NB-18, NB-20, NB-21, SX-3, TZ-1, TZ-2, TZ-10, TZ-11, JX-7, JX-9, HU-3, JH-2, JH-8

（二）明星模式

明星模式最大的特点是派系融资内部不存在任何的闭合回路。核心企业在明星模式中发挥着重要作用，其他企业大多处于从属地位。从社会网络结构的分析来看，这些核心企业占据着派系内部的显要位置，具有更强的网络权势，可以在一定程度上影响其他节点的行为，并充当中介者。明星模式在结构上还可以细分为链状结构模式和星状结构模式。符合链状结构模式的派系，如编号为 HZ – 6、NB – 1、SX – 7、TZ – 4、JX – 3、HU – 7、JH – 3 的派系，这些派系的规模相当有限，大多为 2—4 个节点。该类派系的企业成员大多具有很强的地缘特征，其关系链有的为参股关系链，有的为担保关系链，复合型的关系链也较多。总体上看，符合链状结构模式的派系的内部融资活跃度相对有限，而且企业对融资伙伴的选择面十分狭窄，大多局限于亲密的本地伙伴或具有同一集团背景的关联企业。

核心企业在星状结构模式中占据着更为显赫的位置，派系的其他成员都处于从属地位。整个派系构成了一个众多从属节点围绕 1 个或若干个少数节点的星状网络结构。参股关系链往往在符合这一结网模式的派系结构中扮演着更为重要的角色。担保关系链的比例相对较小。符合这一结网模式的派系，如 HZ – 1、NB – 27、JX – 5 等，大多由 1 家实力超群的上市企业充当"明星"企业，其他参股企业或担保伙伴担当从属企业。成员的地缘特征相对于链状结构模式略有淡化，时常会出现区域外企业。总体上看，符合这一模式的派系内部融资活跃程度有了明显提高，企业会积极借助社会资本寻求融资合作机会，部分派系规模多达 25 个节点，如 HZ – 12。但这些派系的核心企业也十分注意构建自身的网络权利优势，并不轻易参与更为复杂也更为闭合的融资结网。

（三）抱团模式

符合抱团模式的派系往往都是内部抱团凝聚程度较高的。这些派系拥有更高的凝聚系数，在网络结构中也会出现更多数量的闭合回路，使派系内部呈现出错综复杂的关系网络。凝聚系数高，闭合回路多是抱团模式的主要特征。具体来说，抱团模式又可以细分为铁三角模式、小抱团模式和大抱团模式三种子类型。符合铁三角模式的派系，如 HZ – 10、NB – 12、HU – 1 和 JH – 6 等，在结构上十分简单，规模为 3，平均中心度为 2，凝聚系数为 1，具有最高程度的抱团凝聚特性。整个派系由三个相互存在融资关系链的节点组成，结构呈现出一个闭合的三角形。

符合小抱团模式的派系的网络规模相对偏小，为4—18个节点。成员企业具有很强的地缘特征。派系内有多个核心企业，但派系内部很难在结构上简单划分为几个相对独立的支系，成员间关系较为复杂，闭合回路较多，从而凝聚系数均值较高。担保关系链在该类融资结网模式的结构形成中起到了关键作用。往往是几个核心企业之间达成了相互担保协议，约定双方为彼此及其参股公司实施担保，从而使多个企业群体实现全面抱团。这类派系在浙江各地融资网络内均有出现，如 HZ－4、NB－5、TZ－20、JX－1、HU－2和JH－1。符合这一融资结网模式的派系规模虽小，但内部凝聚力很高，具有很强的社会规范压力。

最后一种大抱团模式的凝聚系数并不是很高。然而，考虑到符合这类模式的派系规模较大，中等的凝聚系数会使派系内部出现数量众多的闭合回路。浙江融资网络内符合这一融资结网模式的典型派系是绍兴的 SX－1 派系和 SX－2 派系。以绍兴县纺织企业为主要成员的 SX－1 派系虽然平均凝聚系数只有0.262，但整个派系内部关系错综复杂，闭合回路众多。从绍兴融资网络图中可以观测到，整个派系完全是一个抱团的整体。同样，符合这一结网模式的派系的企业成员大多也具有明显的地缘特征，派系内部也很难进一步解析为相对独立的支系。担保关系链扮演着更为重要的角色。社会资本参与的痕迹较为明显。

（四）结盟模式

结盟模式的抱团凝聚程度要高于明星模式，却要小于抱团模式。符合结盟模式的派系在结构上可以进一步划分为相对独立的支系。最为典型的就是杭州融资网络内的 HZ－2 派系和宁波融资网络内的 NB－2 派系。HZ－2 派系由若干个具有星状网络结构特征的支系串联而成，最终构成了211个节点的超大规模派系。支系内部往往会具有明星模式的特征，核心企业在支系中处于十分优越的位置，其他企业大多从属于该核心企业。支系内部凝聚抱团程度相对有限。而支系之间则是通过共同参股同一家企业或核心企业之间的担保关系链实现串联的。支系之间的关系链数量要远远小于各支系内部的关系链数量。担保关系在这类模式内往往并没有上升为企业群与企业群之间的战略性协议，只是在核心企业之间存在，并不太会扩散到从属节点。支系之间更多的是由于区域内多个核心企业运用社会资本共同分享稀缺的投资机会造成的。例如，宁波的 NB - 2 派系中各个支系就是由于几家核心企业共同参股投资了宁波银行或共同参与了宁波跨海大桥的建设而实现结网，最终归属于同一个派系的。社会资本的参与也是结盟模式形成的重要原因。

上述四种融资结网模式在派系结构上存在显著的区别。这种结构性差异与社会资本的参与程度有着直接关联。随着社会资本参与程度的变化，企业间的融资结网模式也会发生演变。本章根据浙江 7 个地区融资网络的结构分析，归纳和提炼了这四种融资结网模式。这对其他地区社会资本参与的融资网络也有一定的意义。四种融资结网模式给企业间融资结网行为带来了完全不同的结构性约束，将会直接影响融资网络的运作效率，也会影响到融资网络的抗风险能力。

第五节　实证考察结论

本章应用社会网络分析方法对浙江省杭州、宁波、绍兴、台州、嘉兴、湖州和金华 7 个地区融资网络进行了定量化的结构测度。除对 7 个地区融资网络的网络规模、中心度、凝聚度、网络密度等结构指标的测量外，本章的结构测度更加关注破碎化的派系构成。本章不仅对各个融资网络内的派系数量、规模、平均中心度和平均凝聚系数均做了定量分析，还对各融资网络内的主要派系进行了更为详细的讨论。浙江省 7 个地区融资网络结构测度的实证揭示了，社会资本参与构建的地区融资网络将呈现出更为鲜明的派系化结构特征，网络整体也表现出更为显著的破碎化结构特征。以台州地区为例，最大的派系仅占网络总规模的 16.7%，前三大派系合计也仅占网络总规模的 38.3%，网络破碎程度很高。由于各地社会资本参与程度和地区经济环境等都不尽相同，7 个地区融资网络的破碎化程度也存在明显差异（见表 14 - 4）。总体上看，杭州融资网络、宁波融资网络和台州融资网络均属于更为破碎化的网络结构，整个网络内分布着大量的小规模派系。绍兴融资网络、嘉兴融资网络、湖州融资网络和金华融资网络则是整体性更强的网络结构。

表 14-4　　　　　　　　浙江 7 个地区融资网络结构测度结果汇总

地区	网络规模	派系数量	平均中心度	网络中心度	平均凝聚系数	最大派系规模占比（%）	前三大派系规模占比（%）
杭州	464	45	2.1897	3.66	0.214	45.50	56.70
宁波	228	33	1.965	9.31	0.18	25.40	41.60
绍兴	212	10	2.5236	6.42	0.192	47.20	81.50
台州	102	23	1.745	7.25	0.148	16.70	38.30
嘉兴	117	12	2.0855	20.79	0.212	46.20	70.20
湖州	61	9	2.426	30.00	0.412	43.50	70.90
金华	99	8	2.283	27.54	0.298	54.60	82.80

　　更令人关注的是，7 个地区融资网络内存在的 140 个融资派系的内部结构。派系内部结构将会直接影响派系的稳健性和抗风险能力，也会影响派系内部成员之间的融资合作方式。本章在结构测度的基础上从网络规模、平均中心度和平均凝聚系数这三个结构维度对所界定的 140 个融资派系进行了聚类分析。并通过比对不同聚类之间派系内部结构的差异，提出了浙江省各地企业间融资结网的四种模式：孤立模式、明星模式、抱团模式和结盟模式。并详细讨论了归属于这四大类模式的融资派系在内部结构上具有的共同特征。本章对融资结网模式的归纳和提炼主要是从派系内部结构入手的，不同的结网模式对应了一种或几种鲜明结构类型。因此，归属于不同的融资结网模式的派系可能会在稳健性和抗风险能力方面存在显著差异。融资结网模式和破碎化网络结构特征将共同决定地区融资网络的稳健性和抗风险能力。这一论点将在接下来的企业间风险传染效应的仿真实验中得到进一步证实。

第三篇
地方融资圈风险传染效应仿真实验研究

第十五章　个体风险、风险传染与系统性风险

本书第一篇和第二篇的实证研究已经探讨了社会资本对企业间融资结网行为的影响，以及社会资本参与下区域融资网络的结构形式。接下来本篇将进一步探讨社会资本对区域融资网络结构施加的影响将如何改变融资网络的风险传染效应。首先，本篇回顾企业网络风险问题的相关研究文献，梳理融资网络内的风险传染机理。风险传染是个体风险演变升级为系统性风险的关键，是决定融资网络系统性风险形成的重要一步。为了更好地理解融资网络内的风险传染机理，本篇采用随机微分方程构建了一个动态理论模型。其次，本篇将研究重点聚焦在个体风险（某企业破产）引发的风险传染效应上，并以风险传染机理研究为基础，构建了仿真模型用于测算个体风险爆发后（某家企业破产）在融资网络内引发的风险传染效应。最后，本篇结合浙江7个地区融资网络的结构测度数据，对浙江各地融资网络的风险传染效应进行了仿真测算，并进一步探讨融资网络结构对风险传染效应的影响，以及融资结网模式对风险传染效应的影响。

第一节　风险传染与系统性风险的
相关研究回顾

关于企业网络风险的研究主要源于产业集群生命周期理论。产业区或产业集群的衰退问题一直是理论界和政策界关注的热点问题。国内外有很多知名产业区趋向衰退的典型案例。国外知名案例包括美国底特律汽车城的衰落、澳大利亚 Stytia 地区钢铁工业的败落等。国内也有很多类似的产业集群衰退、迁移或崩解的案例，如在 20 世纪 80 年代盛极一时的温州桥头的纽扣集群在 90 年代之后就逐渐陷入发展困境，同样曾

经名声赫赫的温州碧山袜业的大部分企业不是转行就是外迁到义乌等地。蒂奇（G. Tichy，1998）在弗农的产品生命周期理论基础上提出了产业集群生命周期理论，并将产业集群风险聚焦于长期的衰退风险和与之相关的技术风险。后来，弗里茨（O. M. Fritz，1998）又进一步分析了经济周期波动对企业集群发展带来的风险冲击，并将之称为周期性风险。另外，也有学者通过网络模型来探讨产业集群风险问题，认为产业集群风险源于其结构性问题。我国学者对集群或中小企业网络的风险问题也做过很多研究。蔡宁等（2003）将企业集群风险区分为结构性风险、周期性风险和网络性风险。结构性风险与产业集群生命周期有关，是指集群老化或衰退后对当地经济的危害（蔡宁等，2003）。周期性风险就是弗里茨（1998）提及的由经济周期波动引起的风险冲击。而网络性风险则是指由于过度嵌入（Granovettor，1985）、制度同构（DiMaggio and Powell，1983）或宏观文化（Abrahamson and Fombrun，1994）引起的技术锁定、区域锁定等僵化风险。总体上看，相关领域中的风险研究文献将研究重心放在长期的技术衰退风险上。这类长期风险问题在技术创新网络、产业分工网络中较为常见。然而，理论研究中对于我国中小企业群内经常发生的个体风险经风险传染快速演进为系统性风险，并形成"多米诺骨牌效应"的现象关注不多，偶尔提及也仅是简单描述，对于此类困扰中小企业群健康发展的现象尚未进行严肃的学理分析。

而在复杂网络研究领域内，对类似问题的研究文献较多，且较为深入。鲁棒性和脆弱性一直是复杂网络研究中的主要议题。复杂网络理论围绕着小世界特征和无标度性质，与社会网络研究一样借鉴图论中平均路径长度、聚类系数等概念描述网络结构，大量使用计算机仿真模型对网络系统的稳定性、安全性问题进行了持续关注。艾伯特和巴拉巴西（Albert and Barabasi，2000）表明，大规模的无标度网络由于网络度分布极端不均匀，绝大多数节点的度都相对较小，对于随机故障及随机的节点去除具有鲁棒性，即随机性的风险冲击不会影响网络系统的稳定性；然而，对于蓄意攻击策略，即有意识地去除网络中一部分度数最高的节点，则会对整体网络的连通性产生重大影响，甚至可能会使整个网络处于崩溃和解体的边缘。不同领域科学家的研究表明，"鲁棒但又脆弱"是复杂系统和复杂网络的最重要和最基本的特征之一（Carlson and

Doyle，2000）。复杂网络研究中十分关注单个节点的故障导致网络系统风险的可能，并认为在网络度分布不均匀时，负载中心节点的故障会更容易引发系统性崩溃（Motter and Lai，2002；Crucitti et al.，2004）。Buldyrev 等（2010）将脆弱性的研究拓展至几个相互耦合的网络之间，并认为相互耦合会面临比单个网络更大的脆弱性，个体风险可能会导致若干个耦合网络的崩溃。复杂网络理论中，关于网络脆弱性的研究更注重网络的动态性，为社会科学中的相关研究提供了更为有力的分析工具。鲁棒性和脆弱性研究较为关注网络内节点去除后引发的直接风险，并没有深入考察节点去除后引发的连锁反应。复杂网络中关于相继故障等问题的研究则弥补了以上不足，较为充分地讨论了相互依赖关系网络中的灾难性的"瀑布效应"问题。复杂网络领域内风险问题研究的对象大多是互联网、电力网络等物理网络，相关研究结论对于更加复杂多变的社会关系网络很难适用。但该领域的研究为社会科学领域的研究提供了很好的参考。

正是受益于复杂网络领域的相关研究，近年来金融领域的学者借鉴了网络概念和网络分析技术特别关注了信贷网络的稳定性和信贷网络崩溃问题。其中，影响最大的阿伦和盖尔（Allen and Gale，2000）应用银行间市场的网络模型提出了金融传染理论，分析了金融风险的网络传递。而加蒂等（Gatti et al.，2006）分析了信贷关系在网络经济体破产风潮中的角色。类似的应用网络模型研究商业圈的相互依赖性和直接传染的文献不断增加（Aguais et al.，2000；Westgaard and Wijst，2001；Lucas et al.，2001）。目前，这一类的文献主要关注金融信贷网络中银行挤兑和银行间市场的金融传染、共同资产的贬值或资产价格传染、连锁信贷风险的爆发三种类型的财务困境传递渠道。上述文献也强调了风险传染与结构特征之间的关系。例如，阿伦和盖尔（2000）认为，风险传染的可能性会随着网络连通性（密度）的提高而降低，若信贷网络中任意节点只与一个邻近节点发生关联，所有节点都由单个信贷链环路所联结，那该网络将十分容易因为单个节点的风险冲击而整体崩溃；然而随着节点联结数量增加，网络图趋于完备，节点受益于风险分散将具备更强的风险抵御能力，由单个节点引发的系统性崩溃的可能性趋近零。阿伦和盖尔（2000）的逻辑在于行动者的关联个体越多，共同分散其风险的个体也越多，行动者就越不容易陷入绝境，系统也更具有韧性。巴蒂斯顿等（Battiston et al., 2009）提出了不同的观点，认为提高网络连通性（密度）更可能的是在个体风险和系统风险之间进行权衡。增加网络连通性（密度）会强化风险分散，降低个体风险，却会通过财务困境传递加速增加系统风险。在网络连通性（密度）较低时可显著降低个体风险，在网络连通性（密度）较高时，则会显著增加系统风险。而且当连通性超过临界值后，危机发生的频率和严重性都会增加。

风险传染和经济网络的系统性风险问题一经提出，就受到了理论界和决策界的高度关注。我国也有一定学者借鉴了国外研究成果对金融领域，尤其是银行系统的稳定性，展开了风险传染的研究。但总体上看，相关研究还处于起步阶段，研究重点也还是银行系统或借贷组合的安全性，且偏重于理论探讨，缺少相应的实证支持。本书关注的网络风险主要是指区域融资网络内发生的风险传染问题。发生于单个企业的个体风险会经风险传染演进升级为系统性风险，对风险传染问题的研究将有助于加深对中小企业群风险问题的理解。

第二节　从个体风险到系统性风险的传染机制

企业参与融资结网具有明显的利益动机。首先，企业可以借助于融资关系网络获取更多的资金支持，从事在没有获得这类资金支持情况下无法进行的投资项目，促进企业的发展。另外，融资关系网络也有利于企业在蒙受重大市场损失时有效地分散风险。例如，A 企业由于遭受重大经营损失，无力按期支付银信借贷时，它的经营损失很可能会转移到为 A 企业担保的 B 企业和 C 企业，在短期内缓解 A 企业的经营压力。然而，融资关系也将合作双方进行了风险捆绑，客观上造成融资结网双方的风险依赖。财务风险很容易通过融资关系网络进行传染，个体风险的分担和转移其实质也是风险在网络内的传染过程。置身于融资关系网络内的企业除了承担自身的经营风险外，还要分担同伴的经营风险。例如，上述例子中的 B 企业和 C 企业就可能面临着分担合作伙伴 A 企业带来的额外损失。在这一过程中，个体风险通过伙伴间的风险分担转移、传染至网络内邻近节点，从而产生风险传染。在更为严重的情况下，A 企业由于经营问题而破产，并拖累了 B 企业和 C 企业，其中 B 企业也随之破产，风险进一步累积并转移至与之关联的 D 企业、E 企业、F 企业，触发了破产的连锁反应，造成了"多米诺骨牌效应"，形成系统性风险。例如，美国第四大投资银行雷曼兄弟于 2008 年 9 月 15 日提交破产保护之后，便在全球金融市场掀起一轮猛烈的金融风暴，席卷了世界各国的金融市场，堪称个体风险透过金融交易链条迅速传染并升级为系统性风险的经典案例。本书研究的个体风险主要是指企业破产风险，个体风险爆发是指某家企业破产。

防范系统性风险是维护区域金融网络安全和产业网络安全的焦点。然而，现有文献却一直缺少明确的系统性风险定义及其测度手段。这主要是由两方面的原因造成的，一方面，对系统性风险的研究本身就是一个十分困难的技术难题；另一方面，客观上也很难找到相应的完整数据来支持和验证相应的研究。考夫曼（Kaufman，1995）将系统性风险定义为："源于一个单独事件引发的沿着一连串的关联机构或市场链条造成一系列连续损失的累计损失概率。"而迪班特和哈特曼（de Bandt and Hartmann，2000）认为："系统性风险可以定义为经历强烈的系统性事件的风险。"国际清算银行（BIS）在其 1993—1994 年年报中提出："系统性风险是一个参与者不能履行合同债务导致其他参与者违约，由此造成的连锁反应将导致更为广泛的财务困难的风险。"同时，欧洲中央银行也在 2004 年度报告中将系统性风险描绘为"一家机构失去偿还债务的能力，并导致其他机构也出现偿债困难。这类事件将导致显著的流动性或信贷问题，甚至危及市场稳定和市场信心的风险"。施瓦茨（Schwartz，2008）对金融研究文献中系统性风险的定义进行了综合，并提出了一个较为宽泛的定义，其重点也在于个体违约造成的机构破产、市场崩溃或连锁损失的风险。由上述广为接受的"系统性风险"的定义可以获知，风险传染是个体风险引发系统性风险的关键所在。企业间融资结网的网络情景为个体企业风险最终升级为系统性风险提供了土壤。

那么，个体风险是通过怎么样的风险传染机制升级为系统性风险的呢？通过对现有研究文献的梳理（Allen and Gale，2001；Freixas et al.，2000；Furfine，2003；Boss et al.，2004；Elsinger et al.，2006；Iori et al.，2006；Nier et al.，2007；Shin，2008；Battiston et al.，2007 等），

可以发现企业间风险传染机理包含以下三种网络机制：

一 风险依赖机制

从阿伦和盖尔（2001）到申（Shin，2008）的一系列风险传染的最新研究文献都强调了这样一个基本事实，经济网络中的一个机构的财务健康状况受到网络内与之关联的融资结网伙伴的财务状况的影响，并与该机构在网络中的位置直接相关。风险依赖是融资网络的重要特征。例如，A 企业将部分资金借贷给 B 企业，那么 B 企业的财务困境必然会导致 A 企业估值的变化，进而可能拖累 B 企业。实践中，企业间的风险依赖取决于诸多因素，会以股权投资、信贷担保、委托贷款等不同的形式出现。而且，在社会资本参与下，这类企业间的相互依赖往往会以双向依赖的形式存在，也就是说，A 企业的财务状况依赖 B 企业的财务状况，而 B 企业的财务状况也同样依赖 A 企业的财务状况。

二 风险传递机制

风险依赖机制是风险传递机制的必要条件，融资网络内的风险传递路径就是存在风险依赖性质的关系链条。A 企业在受到外部冲击（损失）后，可以通过融资网络将部分损失转移给其合作伙伴，从而实现自身风险的分散和分担。一般而言，A 企业在融资网络的近邻越多，风险分散效应也就越显著。融资结网的风险分散和风险分担效应是传统研究文献中着重强调的。如果不考虑接下来要讨论的风险加速机制，也就是说 A 企业的风险损失只是透过其伙伴 B 企业和 C 企业向整个关系网络转移，而不会在传递过程中衍生出新的风险损失，那么风险传递机制只会通过风险损失的转移分布，缓解 A 企业的破产压力，并提高整个网络内所有节点应对个体风险的能力，以及提高网络稳定性。

三 风险加速机制

风险加速是指破产风险在传递过程中不断增殖的过程。风险加速包括多米诺骨牌加速效应和风险正反馈效应。在网络情景中，风险加速机制往往通过闭合回路发挥作用。以闭合三角回路为例，A 企业个体风险爆发后会直接影响 B 企业和 C 企业财务状况。而对于 C 企业而言，它不仅要面对 A 企业破产造成的风险损失，还要受到 B 企业受 A 企业拖累后对 C 企业施加的财务压力。这在借贷担保关系网络中显得尤为明显。银行的紧缩行动扮演着网络加速机制的执行者。A 企业破产后，银行为了信贷安全往往会把 B 企业、C 企业列入观察名单，并采取措施重组信贷，从而恶化 B 企业、C 企业的财务困境。若 B 企业也破产，那么风险加速效应将会更为明显。另外，风险加速还包括风险的正反馈机制。A 企业在 t 时期的财务困境通过融资关系网络传递到其他节点之后导致其他节点财务状况恶化，这又反过来恶化了 $t+1$ 时期或稍后的某个时期 A 企业的财务困境。也就是说，在网络的风险传递过程中存在着正反馈机制，A 企业的财务境况会受到前期财务状况的影响。财务状况的变化具有顺周期性，在蒙受风险损失后，A 企业的财务状况可能会每况愈下。莫里斯和申（Morris and Shin，2008）在信贷网络背景下探讨了风险加速机制。当 A 企业遭遇风险损失后，为了应对借贷方提出清偿部分债务的要求，A 企业被迫廉价处理部分资产和产品以保持流动性。而廉价出售行为可能导致 A 企业资产以更快的速度贬值，无意中提高了负债率，进一步增加了清偿要求，从而导致风险状况进一步恶化。另外，伯南克等（Bernanke et al.，1999）则探讨了另一种风险加速的情况。A 企业在 t 时期遭受风险袭击，借贷方和商业伙伴在 $t+1$ 时期中提出更为严厉的借贷条件和商业合作条件，要求更高的风险升水。这样的要求可以视为对 A 企业的再次打击，加速其经营状况的恶化。如果说风险传递导致个体风险向网络转移，从而使风险传染在空间上扩散的话，风险正反馈还会在时间上加速企业风险状况的同方向变动。

第三节　风险传染过程的阶段模型

个体风险不仅会透过融资结网关系转移、扩散，还会在过程中增殖、放大，最终可能酿成系统性风险。个体风险向系统性风险演进升级是上述三种机理相互交织作用的结果。其演进过程涉及各类因素，具有很强的不可预测性和高度复杂性。本章提供了一个简化的概念模型来刻画个体风险向系统性风险演进过程中三种网络机制的交织作用。整个演进过程涉及三个阶段（见图 15 - 1）。

一　危机爆发前阶段（阶段 1）

假定 A 企业受到市场冲击，遭遇重大损失，个体风险持续上升。为了避免破产，A 企业通过融资关系链向 B 企业和 C 企业寻求财务支持。在这一阶段，A 企业实质上是不断地向 B 企业和 C 企业转移风险，结果是 A 企业与 B 企业、C 企业之间的关系强度持续加强。A 企业与 B 企业、C 企业之间的融资互助动机可以解释为事先业已存在的风险依赖对双方的风险捆绑。B 企业、C 企业的援助行为可能会增加自己的个体风险，但是，如果任由 A 企业破产可能会导致更为严重的风险后果。同时，如果社会资本参与其中，A 企业、B 企业、C 企业之间基于社会规范压力本身就具有很强的"利他动机"从事此类风险援助行为。然而，客观上 B 企业、C 企业本身的财务状况会因此受到负面影响，并会在下一时期通过正反馈机制恶化 A 企业的财务状况，初步形成风险加速。

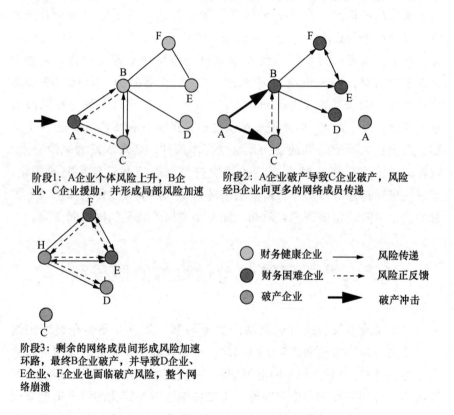

阶段1：A企业个体风险上升，B企业、C企业援助，并形成局部风险加速

阶段2：A企业破产导致C企业破产，风险经B企业向更多的网络成员传递

阶段3：剩余的网络成员间形成风险加速环路，最终B企业破产，并导致D企业、E企业、F企业也面临破产风险，整个网络崩溃

图 15-1　个体风险向系统性风险的演进

二　风险传递扩散阶段（阶段2）

假定最终 B 企业、C 企业的援助未能使 A 企业免予破产，B 企业、C 企业蒙受更大的风险损失，并导致风险向其他网络成员传递。假定 C 企业的近邻只有 A 企业和 B 企业，此时 C 企业不仅要面临 A 企业破产

带来的损失，还需要面临另一个同伴 B 企业财务困境带来的负面影响，最终受拖累破产。而 B 企业由于拥有更多的融资结网关系，可以将 A 企业、C 企业破产的负面冲击分散给 D 企业、E 企业、F 企业，从而暂时免予破产。风险传染的重点转移到 B 企业、D 企业、E 企业、F 企业等，在网络中逐步扩散。

三　风险加速阶段（阶段 3）

B 企业的财务困境在 t 时期内将部分风险损失转移至 D 企业、E 企业、F 企业，而这次风险损失最终在 $t+1$ 时期内通过网络回路重新传递至 B 企业，或通过基于风险依赖的正反馈机制重新对 $t+1$ 时期 B 企业的财务困境再次产生负面影响。最终，假定 B 企业在风险加速阶段遭受到进一步的打击，最终也申请破产。此时，B 企业的破产又对 D 企业、E 企业、F 企业形成更为直接的风险冲击。D 企业由于只与 B 企业存在关联关系，过于依赖 B 企业，因此，在 B 企业破产后，D 企业也很快陷入破产或成为孤立点。而 E 企业、F 企业也与 B 企业处于一个封闭回路中，B 企业的破产对两家企业的生存构成巨大威胁，最终 E 企业、F 企业也趋于破产。整个网络完全崩溃。

上述阶段分析只是用于说明个体风险在风险依赖、风险传递和风险加速三种网络机制作用下演进为系统性风险的可能路径。事实上，演进过程受到很多因素的影响，具有很强的不可预测性，且任何一个类似风险事件的演进过程都是很难简单重复验证的。但是，上述分析依然可以帮助我们理解个体风险是如何演进为系统性风险的。

第十六章　风险传染的动态理论模式研究

为了进一步理解融资网络中个体风险向系统性风险的演进过程，在现有研究文献（Hull and White，2001；Battiston，2009）基础上，本书构建一个网络动态演进模型用以理解融资网络情景中个体风险向系统性风险演进的传染机理。风险传染和系统性风险等具有很强的不可预测性和复杂性。本书构建的网络模型旨在借助金融学领域的数学模型和分析工具，梳理融资网络内企业间风险传染的理论机理。本书提出的简化的动态理论模型可以容纳风险依赖、风险传递和风险加速等多种网络机制，并允许探讨网络内个体风险向系统性风险的演进机理，有助于更好地理解风险传染现象的理论机理。

第一节　地方融资圈的网络环境设定

首先，本章借鉴了赫尔和怀特（Hull and White，2001）、巴蒂斯顿（2009）的做法，为融资网络内的每一个节点设计一个财务健康指标 β_i，用以测度节点 i 的债务信誉或离实际违约的距离。$\beta_i \in [0,1]$，如果 $\beta_i = 0$ 则表明该节点已经破产。财务健康指标 β_i 可以理解为股权比率或其他的财务指标。为了刻画演进过程的动态性，模型采用了随机微分方程（SDE）来描述网络内各节点 β_i 指标随时间动态变化的过程。之所以选择随机微分方程来构建模型，是因为应用这种方式模型可以容纳风险依赖和风险加速两种作用机理，并考察它们的交互作用对系统性风险的影响。

在构建模型之前，还需要对网络关系和相关概念进行一番界定。我们考察这样一个含有 N 个节点的相互连通的融资关系网络，将该网络定义为 $G = (N, R)$，其中，N 代表网络内的节点集，而 R 则代表网络内的关系集。网络图也同样可以用一个相邻矩阵 $M = [M_{ij}]$ 来表示，其中 $M_{ij} = 0$ 代表不存在从 i 指向 j 的指向关系，即节点 i 没有向节点 j 提供某种类型的投资或借贷；而 $M_{ij} = 1$ 代表存在从 i 指向 j 的指向关系，即节点 i 向节点 j 提供某种类型的投资或借贷。另外，我们再为关系网络设计一个权重矩阵 $H = [H_{ij}]$，其中，$H_{ij} \in [0, 1]$。当 $M_{ij} = 1$ 时，$H_{ij} > 0$。同时，我们对权重矩阵的取值进行了规定。根据模型构建的需要，将权重矩阵视为行向量矩阵，规定对于任何一个节点 I，都有 $\sum_j H_{ij} = 1$。权重 H_{ij} 可以理解为 i 节点向周围近邻节点分散投资（借贷）的比例分布，也表明当邻居节点发生破产等个体风险时将承担的损失。例如，当邻居 j 节点受到攻击时，其 i 节点将与其分担 H_{ij} 比例的损失。这样，节点 i 的出度越多，就越能有效地分散风险。本章的动态理论模型讨论的是规则网络的系统性风险，这就直接限制了融资网络的基本结构。在规则网络中，所有节点都可以通过一定的路径与其他任何节点相互联系，同时，每一个节点都有 D 个网络邻居（也就是融资结网伙伴）。同时，我们进一步将关系矩阵限定为对称矩阵，也就是如果两个节点之间存在着风险依赖关系，那么这类依赖关系就是一种相互的关系。考虑到企业间融资结网本身大都具有相互依赖的性质，企业在寻求担保、合资等融资合作时，也大都考虑到了合作双方互惠性的要求，这样的进一步假定并没有过于偏离现实的情况。为此，我们假定节点 i 的出度为 D_i，那么 i 节点将对外投资或信贷分散于它的 D_i 个近邻。D_i 代表了该节点风险分散水平。而整个网络的平均中心度则代表了整个网络的风险分散水平。在上述假定基础上，整个融资网络的平均中心度也就等于每一个节点的中心度 D，由于网络规模不做变化，中心度 D 也同时可以作为网络密度的代理变量。这样的情景设定可以使我们尽量简化理论模型，更好地理解一个健康的融资网络系统如何在随机性风险的影响上，造成个体风险爆发，并进而在随机过程中演进为系统性风险。同时，也可以使我们先集中讨论和观察网络平均中心度对系统性风险形成的影响。

第二节 风险传染机理的模型化

通过上述网络关系的设定，理论模型已经可以容纳风险传递和风险依赖机制在其中发挥作用了。接着我们将在随机微分方程中引入风险加速机制，即让任何一个节点 i 的财务健康指标 β_i 顺周期地依赖于它之前时期的健康指标。关于风险加速的作用机理和事实表现形式，我们已经在第十五章讨论过了，在此就不再赘述。在动态理论模型中，风险加速机制以随机微分方程中的漂移项的形式出现，使 i 节点的财务健康指标变化取决于之前时期的随机实现结果。为简单起见，模型将 t 时期 i 节点的 β_i 系数取决于 $t' = t - T$ 时期自身的 β_i 系数。考虑方程 $L[\beta(t), \beta(t')]$ 并将财务鲁棒性 β_i 的运动规律设定为以下时滞随机微分方程：

$$\mathrm{d}\beta_i = L[\beta(t), \beta(t')]\mathrm{d}t + \sigma\mathrm{d}\varepsilon_i \tag{16-1}$$

其中，方程 $L[\beta(t), \beta(t')]$ 的取值不大于 0，σ 代表节点 i 遭受的个体风险冲击的方差，$\mathrm{d}\varepsilon_i$ 代表个体风险的维纳（Wiener）随机过程。在后续讨论中，将对上述运动规律的随机微分方程形式做出具体规定。让我们先考察一下引入风险加速机制后对个体的风险影响。如果没有引入风险加速机制，也就是假定 $L \equiv 0$，则随机微分方程到达 0 值的期望首中时（first passage time）为 $T_f \sim 1/\sigma^2$。而在引入了风险加速机制之后，可以预期负值漂移项的存在将使随机微分方程的首中时变得更短，即 $T_f(L < 0) < T_f(L = 0)$。也就是说，风险加速机制的引入将增大个体企业违约或破产的概率。但到目前为止，我们还没有讨论风险分散效应和风险加速效应中哪种效应将会占据上风，起主导作用。

接下来，模型将对风险依赖机制做出更为明确的规定。参照诺埃（Noe，2001）、申（2008）、巴蒂斯顿（2009）等研究采用的方法，本章考虑这样一个融资关系网络。任一节点 i 持有的资产分散于与之关联的近邻手中或其价值与这些近邻相关联，不妨将由 i 节点持有的与 j 节点相关联的资产记为 C_{ij}，例如 i 节点将价值为 C_{ij} 的资产借贷给 j 节点。i 节点的这部分资产价值将取决于 j 节点的偿付能力和财务健康状况。不妨进一步假定，这一部分资产价值 C_{ij} 直接取决于节点 j 的财务健康指标，即 $C_{ij} = C_{ij}^0 \times \beta_j$，其中，$C_{ij}^0$ 代表这部分资产的账面价值。$t+1$ 时期节

点 i 的总资产就取决于 t 时期其他关联节点的财务健康状况。即：

$$C_i(t) = \sum_j C_{ij}(t-1) = C_i^0 \sum_j H_{ij}\beta_j(t-1) \qquad (16-2)$$

其中，C_i^0 为 i 节点对外投资或借贷的账面价值。H_{ij} 成为衡量由于邻居 j 企业财务健康状况发生恶化引起的风险损失相对于 i 企业资产的比例，也可以理解为邻居 j 企业财务健康指标恶化对节点 i 产生的冲击强度。而 i 企业的财务健康状况也取决于邻居的财务状况。

模型假定在没有发生企业破产的情况下，企业的财务健康指标只是与其他节点的财务健康指标线性相关，具体为：

$$\beta_i(t) = \sum_j H_{ij}[\beta_j(t-1)] + \sigma\varepsilon_j(t-1) \qquad (16-3)$$

假定融资网络内所有节点的财务健康指标都遵循相同的、独立的正态分布随机过程。这样，当节点 i 遭受个体风险冲击时，自身只需要承担一定比例的风险损失，其他部分风险损失将转移、传递至与之相关联的其他节点。同时，当其网络邻居节点 j 遭受风险冲击时，节点 i 也需要为之分担 H_{ij} 比例的损失。这样，进一步推演，可得：

$$\beta_i(t) - \beta_i(t-1) = \sum_j H_{ij}\beta_j(t-1) - \beta_i(t-1) + \sigma\sum_j H_{ij}\varepsilon_j(t-1) \qquad (16-4)$$

将方程（16-1）代入方程（16-4）后稍加变化，可得：

$$d\beta_i = \left\{ \sum_j H_{ij}\beta_j(t) - \beta_i(t) + L[\beta(t),\beta(t')] \right\}dt + \sigma\sum_j H_{ij}d\varepsilon_j \qquad (16-5)$$

由于 $d\varepsilon_j$ 为独立的维纳随机过程，其线性组合也依然是一个维纳随机过程。因此，方程（16-5）可以进一步改写为：

$$d\beta_i = \left\{ \sum_j H_{ij}\beta_j(t) - \beta_i(t) + L[\beta(t),\beta(t')] \right\}dt + \sigma d\tau \qquad (16-6)$$

其中，$d\tau_i = \sum_j H_{ij}d\varepsilon_j$。

破产发生在节点的财务健康指标低于某个临界值时，节点残余的财务健康指标将被自动调整为0。

第三节　演进模型的具体化

现在，对模型的随机微分方程系统的具体形式进行进一步的假设。

假定融资网络内的财务健康指标可以在一个很短的时滞内（$t' = t - \mathrm{d}t$）完成调整，并采用以下调整机制：

$$L[\beta(t),\ \beta(t-\mathrm{d}t)] = \begin{cases} -\theta & \text{当 } \beta_i(t) - \beta_i(t-\mathrm{d}t) < -\epsilon\dfrac{\sigma}{\sqrt{D}}\mathrm{d}t \\ 0 & \text{当 } \beta_i(t) - \beta_i(t-\mathrm{d}t) \geq -\epsilon\dfrac{\sigma}{\sqrt{D}}\mathrm{d}t \end{cases}$$

$$(16-7)$$

其中，ϵ 代表融资网络中的企业对其结网邻居 i 财务健康指标下降的敏感程度，调整机制中允许节点财务健康指标存在正常幅度的随机性变动，而不会影响其他节点的财务健康指标。只有当 i 节点财务健康状况超过了个体风险随机过程标准差 $\left(\dfrac{\sigma}{\sqrt{D}}\right)$ 的 ϵ 倍时，调整机制才会发挥作用。而 θ 表示其他节点对节点 i 财务健康指标超范围变动的反应强烈程度。一旦调整机制发挥作用，i 节点的邻居将做出反应，例如提高借贷成本或收回部分信贷等，最终结果是 i 节点的财务健康指标向下调整 θ 量值。

另外，上述调整机制也考虑了融资网络的密度问题。根据方程（16-6），融资网络密度越高，成员间敏感程度也就越高。这一描述具有一定的现实基础。首先，从风险分散的角度来看，外部融资关系越多，向外分散和转移风险损失的可能性越大，自己需要承担的比例也就越少。因此，高密度的融资网络具有某种风险分散的优势。然而，过于密集的融资关系网络和错综复杂的关系回路，使融资网络内的各个节点很难对邻居们的财务状况进行良好的监督。很多情况下，高度数节点的财务健康指标发生异常变化往往意味着其邻居们陷入更为严重的麻烦。因此，更可能会对高度数节点的财务健康指标的变动更加敏感。从而，随着融资网络密度的提高，调整机制也就变得更为敏感。

注意到方程（16-6）中 L 在 t 时期的取值独立于随机过程，与 $\mathrm{d}\tau_i$ 在 t 时期的实现值并无关系，实际上，仅与 $t-\mathrm{d}t$ 和 $t-2\mathrm{d}t$ 时期的随机实现有关。方程（16-6）的取值与 $\dfrac{\sigma}{\sqrt{D}}$、ϵ 和 θ 等参数有直接关系。但是，$LD(t)$ 是独立于 t 时期 $\mathrm{d}\tau_i$ 取值的随机变量。$L(t) = -\theta$ 的概率是确定的，不妨记为 α，那么随机变量 $L(t)$ 的数学期望就是 $-\theta\alpha$，是一

个负值的常数。既然我们设定模型的目的是考察个体和系统的稳定性，在技术上研究系统的平均首中时即可，那么我们就可以进一步地将风险加速机制简化为具有固定漂移项的随机微分方程系统。具体来说，设定为：

$$\mathrm{d}\beta_i(t) = \left[\sum_j H_{ij}\beta_j(t) - \beta_i(t) - \theta\alpha(D,\sigma,\theta,\epsilon) \right]\mathrm{d}t + \frac{\sigma}{\sqrt{D}}d\,\tau_i$$

$$(16-8)$$

概率 α 的取值与融资网络的平均中心度或密度有关，其理由在之前的讨论中已经介绍了。这一概率函数的具体结构将在稍后的段落中做详细的介绍。

由于上述方程系统中，财务健康指标的演进是通过线性系统来描述的，那么对于给定的节点 i 的财务健康指标分布概率就属于高斯分布。虽然这一论点并不能得出推论说，某一时期的融资网络中财务健康指标在所有节点中符合高斯分布的规律。但借助伊藤引理（Ito lemma），依然可以在离散随机微分方程系统中测算出任一时期融资网络内所有节点的财务健康指标随机分布的方差为 $v(t) = \sum_j \lceil \beta_i(t) - \overline{\beta}(t) \rceil^2/N$。该方差的期望值将随时间迅速增加并接近于极限值 $\frac{\sigma^2}{D} - \frac{\sigma^2}{N}$。因此，不同节点的财务健康指标的时间演进轨迹将随着 K 值的增加而愈加相似。接下来，可以认为，随着时间演进的进行，不同节点的财务健康指标的分布规律可以大致估计为方差为 $\frac{\sigma}{\sqrt{D}}$ 的高斯分布。

第四节　多米诺骨牌式传染演进

埃森伯格和诺埃（Eisenberg and Noe, 2001）、巴蒂斯顿等（2007）、申（2008）等的理论模型都对由一家企业或机构破产（违约）引起其他企业或机构接连破产（违约）的现象进行了研究。这类个体风险经风险传染演进为系统性风险的现象常被称为"多米诺骨牌效应"。连锁式的破产（违约）现象是典型的高烈度的风险传染过程，风险传染速度更快，造成后果也更为严重，更容易演进为系统性风险。

为了更清晰地梳理和描述企业间风险传染和风险演进的复杂过程，有必要将这类"多米诺骨牌效应"和那些更为平缓的风险传染过程分开描述，使之和风险传递机制和财务健康指示的随机演进机制结合起来。

为了模型的简化起见，我们假定破产引发的连锁反应会比之前介绍的风险传递过程演进更加迅速。这样的话，模型就可以将两个演进过程相互分离开来讨论。而且，这也比较符合现实的情况。企业可能会对伙伴的财务状况的缓慢恶化做出周期性的反应，但却会对伙伴的破产做出剧烈且迅速的应急回应。假定一家或几家企业在 t 时期破产，接下来所有的节点在破产连锁反应所经历财务健康指标的递归调整过程将在 $[t, t+dt]$ 期限内完成。将多米诺反映的离散调整过程记为一个离散变量，$\tau = 1$，$\cdots$，n_τ，所有节点的相关变量都将同时按照以下规则做一次更新：

$$\beta_i(\tau) = \beta_i(t) - \frac{a}{D}\sum_j H_{ij}\omega_j(\tau) \tag{16-9}$$

其中，$\omega_j(\tau)$ 是表明节点 j 是否破产的函数，其取值规则为：

$$\omega_j(\tau) = \begin{cases} 1 & \text{当 } \beta_j(\tau') < 0，\exists\, \tau' \leqslant \tau \\ 0 & \text{当 } \beta_j(\tau') \geqslant 0，\exists\, \tau' \leqslant \tau' \end{cases} \tag{16-10}$$

在多米诺连锁反应调整结束之后，也就是再也没有新的企业在连锁反应中破产时，模型将对所有节点的健康指标进行更新，使 $\beta_i(t) = \beta_i$ $(\tau = n_\tau)$。紧接着，融资网络将重新进入从 t 时期到 $t+dt$ 时期的风险传递和风险加速的演进轨道。直到在风险加速过程中有新的企业破产，进行新一轮的多米诺连锁反应。多米诺反应的调整机制实质上就是计算由于某些企业破产导致融资网络内所有节点财务健康指标的直接扣除。参数 a 代表了企业 j 破产给整个融资网络带来的损失程度。例如，$a=1$ 表示企业 j 破产后所有的资产都归零。由于风险依赖关系的存在，这些损失将由企业 j 的融资结网伙伴共同分担，根据模型之前的假设，每个融资结网伙伴是平均分担了 $\frac{a}{D}$ 比例的损失，导致自己的财务健康指标做出相应的扣减。多米诺效应的循环计算过程估计将在较短的步长内完成，最多将不超过 $N-1$ 步。如果考虑到现实融资网络内存在的小世界特征，那么计算步长很可能接近于 $\log(N)$ 步。此前模型考虑的风险加速机制主要是 i 节点自身财务鲁棒性的变动通过融资网络风险依赖机制最终在滞后期对自身财务状况形成正反馈的情况。而模型在此讨论的多米诺效应则是考虑节点 i 由于其他节点破产导致的财务健康指标的调整。这一调整的力度取决于两个节点之间的融资结网的强度。

接下来，需要解决的问题是如何测量系统性风险。本章考虑以大规模企业倒闭的概率作为测算的依据。记 P^μ 为至少引起 $\mu \in [0, 1]$ 比例以上的节点破产的大规模多米诺效应发生的概率。模型主要使用这一概率指标来测量系统性风险的大小。

不妨设 S 为经过风险传染调整过程（包含风险传递、风险加速和多米诺效应）之后最终破产的企业比例。

还是考虑较为简单的正则网络结构，任何一个节点的中心度均为 D。并假定在初始阶段（$\tau = 0$）融资网络内各节点间健康指标服从均值为 μ 方差为 σ_β^2 的高斯分布。并将其累计概率分布记为 $\emptyset_{\mu, \sigma_\beta}$，将在初始阶段其财务健康指标小于 0 的节点比例记为 S_0。

方程（16-9）也可以记为更为常见的形式：

$$\beta_i(\tau + 1) = \beta_i(0) - \frac{a}{D_i} \sum_{j=1}^{D_i} \omega_j^s(\tau) \qquad (16-11)$$

其中，当节点 j 在 $[0, \tau]$ 期间内已经破产时赋值 $\omega_j^s(\tau) = 1$。那么在 τ 时期已经破产的节点比例可表示为以下联合概率分布形式：

$$S(\tau + 1) = \text{Prob}\{\beta_i(\tau + 1) < \theta\} = \text{Prob}\{\sum_{j=1}^{D_i} = 1\omega_j^s(\tau) > \beta_i(0)\}$$
$$(16-12)$$

对于正则网络结构而言，节点 i 的破产取决于在 $\tau + 1$ 时期之前 D 个融资结网对象中已经破产的数量 D_f。可能的概率事件包括 $D_f = \sum_{j=1}^{D_i} \omega_j^s(\tau) = 1, 2, 3, \cdots, D$，在每一个概率事件中，节点 i 是否破产又取决于初期的财务健康指标的赋值大小。而根据之前的假定，所有节点的赋值和破产都是独立的概率事件，因此可以采用二项式分布规律来描述事件发生的概率。即：

$$\text{Prob}\{D \text{ 个邻居中恰有 } D_f \text{ 个破产}\} = \binom{D}{D_f} p^{d_f} (1-p)^{D-D_f} \qquad (16-13)$$

其中，p 代表节点在该时期已经破产的概率。当网络规模足够大时，该概率值接近于 $S(\tau)$。另外，模型假定短期内受到破产风险冲击的节点无法自动恢复其财务健康状况，所以，$S(\tau)$ 也肯定是一个非递减函数。因此，破产企业比例可以表述为：

$$S(\tau + 1) = \max\left\{ S_0, \sum_{D_f=1}^{D} \binom{D}{D_f} p^{D_f}(1-p)^{D-D_f} \times \text{Prob}\left[\beta_i\left(\tau 1 \leqslant \frac{aDf}{D}\right)\right]\right\}$$

$$(16-14)$$

至此，系统性风险规模的求解就变成了对 $S(\tau+1) = F(S(\tau))$ 形式的递归方程，这完全可以通过不动点求解方式加以解决。模型之前已经假定 β_i 服从均值为 μ 方差为 σ_β^2 的高斯分布。因此，可得：

$$S(\tau + 1) = \max\left\{ S_0, \sum_{D_f=1}^{D} \frac{D}{D_f} p^{D_f}(1-p)^{D-D_f} \times \frac{1}{\sigma \sqrt{2n}} \int_{-\infty}^{\frac{aD_f}{D}} \exp\left(-\frac{(u-\mu)^2}{2\sigma^2} \right) \right\}$$

$$(16-15)$$

注意到模型已经假定 $F[S(\tau)]$ 为非递减函数，对于 $\mu < \infty$ 且 $\sigma > 0$ 时必定有 $F[S(\tau)] \geqslant S_0$，所以必然存在至少一个不动点。而且，无论方程有几个不动点解，必定只有唯一的一个最小的固定点。

第五节　动态理论模型的进一步讨论

由上述分析注意到，当初始节点财务健康指标高斯分布的均值 μ 如果过低的话，$S(\tau)$ 将最终趋向于 0。例如，通过 Matlab 计算可知，若将参数设定为 $\sigma = 0.25$，$D = 10$，那么对于 $\mu \leqslant 0.2$ 的任何情况，最后阶段的 $S(\tau) \cong 1$。也就是说，如果融资网络内各节点的财务状况普遍低于某一较低水平时，整个融资网络将最终经受不住随机的财务扰动，最终都将趋于崩溃。借助于软件计算工具，不难算出给定参数 (σ, D) 下的融资网络财务健康指标均值到达水平的时间，可以用网络内一个典型的节点演进轨迹从 $\beta_i = 1$ 为起点到达 $\beta_i = m$ 的首中时进行估计。由于演进系统中存在均值回复的特性，这样的估计方法具有较好的合理性。因此，涉及 S 比例以上节点破产的系统性风险发生的频率可以用到达 $\beta_i = m$ 的首中时倒数来进行估计。而融资网络的财务鲁棒性均值一旦到达 $\beta_i = m$ 水平，将引发涉及 S 比例以上节点破产的系统性风险。以这种方式估算出来的系统性风险概率将是代表风险分散程度的网络中心度

（D）的非单调函数。

　　图 16 – 1 描述了融资网络密度，即平均中心度 D 与系统性风险发生频率之间的关系的"U"形曲线。

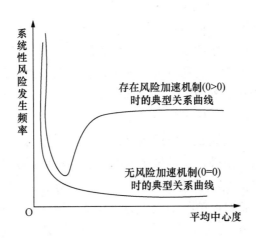

图 16 – 1　平均中心度与系统性风险概率关系曲线

　　根据具体参数的不同，曲线形状会有变化，但曲线形式并不会改变。曲线可以通过计算机在设定参数条件下变换 D 值（网络平均中心度）计算而得。θ 值越大，系统性风险的频率越高，曲线"U"形更加陡峭，最低点对应的 D 值越为偏小。基于动态理论模型的研究，可知：（1）没有风险加速机制的情况下，融资网络的平均中心度越高，风险分散效应将使得网络愈加稳定，越不可能出现系统性风险。（2）当存在风险加速机制时，融资网络的平均中心度与系统性风险的发生规模及发生频率均呈"U"形关系，即在最初阶段随着平均中心度的增加，系统性风险的规模（按涉及节点的比例计算）和发生频率都迅速下降，但当平均中心度超过某个临界值后，系统性风险的规模（按涉及节点的比例计算）和发生频率又将快速增加。（3）存在一个最优的网络密度水平（即平均中心度）使融资网络系统性风险处于最低水平。融资网络的结构属性和派系结网模式将会直接影响风险传染效应。在简化动态模型中，网络的结构特征被简化为一个主要指标，即网络中心度 D。根据模型研究发现，网络中心度的提高将在两个方面影响系统性风险，网络中心度提高将增强企业个体向外分散和转移风险的能力，也将增强派系内的风险加速效应和"多米诺骨牌效应"。系统性风险与网络中心度呈"U"形关系，这说明网络中心度的提高最终将使风险加速效应和多米诺效应超过风险分散所带来的好处。现实生活中的区域融资网络结构更为多样化，派系结网模式也存在显著差别，融资网络结构也很难用单一的结构属性指标加以描述。因此，网络结构属性和派系结网模式对最终风险传染效应的影响也更为复杂和深刻。另外，动态模型容纳了个体财务健康指标的随机变化过程，这可以更全面地描述和理解风险传染机理和个体风险向系统性风险的演进过程。但本书更关心这样一个问题：假定某家企业的个体风险爆发后，即该企业破产后，会在区域融资网络内引发多大程度或破坏力的风险传染效应。为此，本书将在风险传染机理的理论研究基础上，根据企业间风险传染特点构建一个风险传染效应的仿真测算模型。通过对浙江融资网络的仿真测算验证网络结构属性和派系结网模式对风险传染效应的影响。

第十七章 风险传染的仿真模型研究

第一节 仿真环境设计与假设前提

仿真测算的实验对象为浙江杭州、宁波、绍兴、台州、嘉兴、湖州和金华7个地区的融资关系网络，其实验主体为融资关系网络内的节点（即企业），实验目标是为了测算在7个地区融资网络内个体企业破产后在该网络内引发的风险传染效应，仿真模拟的是企业间的风险传染过程。融资网络的节点均为当地企业，并不包含当地各类金融机构。金融机构的行为方式将以外生传染规则的形式影响风险传染过程。我国的金融体系的资源配置具有较为明显的国有化和城市化倾向（Park and Sehrt，2001；钱水土、翁磊，2009），各类金融机构的行事规则受到同一化的政策指导，其市场行为和对信贷违约风险的反应也大致趋同，这为将金融机构行为方式外生化为仿真测算的行为规则提供了便利。金融机构行为的外生化可以在保障仿真模拟有效性的前提下简化仿真模拟过程。

一 融资网络环境设计

风险传染效应的仿真测算是在不同结构的关系网络情景中进行的。其网络环境设计与随机微分方程的动态机理模型的网络设定大体是一致的。仿真对象的关系矩阵来源于第二篇对浙江7个地区融资网络的关系梳理和社会网络分析。也就是说，仿真测算是在浙江7个融资网络的真实结构下进行实验的。同时，实验对其他网络环境要素的设计进行了如下的前提假设：

（一）融资关系链同质化假定

假定地区融资网络内所有的融资关系链的风险特征都是一样的，都是双指向关系的，即双方节点之间存在着相互依赖关系。企业间实际融资关系链包括参股关系链和担保关系链等。融资关系链条的风险特征都不尽相同。虽然，担保关系链和参股关系链的风险传染功效存在区别，但对外生化的贷款银行而言，其结果都是相关企业财务健康状况短期内迅速恶化，都可以简化为这些企业财务健康指标的直接扣减。而且，这两类融资关系链都具有相互风险依赖特征，关系链的一方出现破产等财务状况严重恶化的情况都会直接且迅速地影响另一方。因此，融资关系链的同质化假设还是有一定的现实基础的。

（二）融资关系强度的均质化假定

关系强度的均质化是一项强假设。关系强度的异质化分布会对风险传染过程产生影响，会加速或减缓风险传染过程，并对最终风险传染效应造成影响。然而，关系强度的异质化对风险传染效应的影响方向和影响程度均不明确。相对而言，关系强度的异质化对风险传染过程的扰动较为有限。因此，关系强度的均质化假设虽然是一项强假定，但却依然可以接受，且较为接近现实情况。同时，关系强度的均质化假定可以简化仿真模型，使之能更为清晰地测量和分析网络结构对风险传染效应的影响程度。

（三）财务负债率水平的均质化假定

假定区域内所有企业的负债率水平是相同的，主要通过类似于负债率指标的区域负债率参数 ρ 加以体现。2008 年，浙江省 213 家上市企业的总资产负债率水平平均为 57.36%，标准差为 0.92（即 92%），存在一定的异质性。然而，财务负债率水平的均质化可以有效地简化对风险传染复杂过程的讨论与分析，并排除随机性因素的干扰。这一强假定也可以和关系强度的均质化假定一样，简化仿真模型，使仿真模拟更加关注网络结构对风险传染效应的影响。虽然，企业个体之间的负债率会存在差异，但同一区域经济内的企业在负债率的变动受到地方宏观经济的共同影响，存在趋同性的方向变动。从这一角度来看，财务负债率的均质化假定具有一定的现实基础，是一个可以接受且不会对研究结果产生重大扰动的前提假定。

二　仿真研究的假设前提

仿真实验针对浙江 7 个地区的融资网络分别展开，在每一次实验中，都根据仿真对象的网络结构进行融资关系网络情景依序模拟，测算网络内每一个节点破产后对当地融资网络引发的风险传染效应。因此，每一次仿真实验的关系网络均对应于某个地区的融资网络，其关系矩阵直接取自本书对浙江 7 个地区融资网络的社会网络分析的研究结果。7 个地区融资网络的具体结构可以参见本书第二篇中的相关网络图。所有的融资关系链均为双指向关系，关系链的双方存在相互风险依赖关系。同时，根据上述前提假定，仿真测算实验对企业间融资关系网络环境进行了如下设计：

（一）关系强度

将每一条融资关系链的关系强度设计为 1。因此，任意一个节点借入（或股权筹集）和借出（或投资）的外部融资金额都可以直接表示为该节点的程度中心度 D。

（二）财务健康指标

以借贷情景为例，假设某节点的净资产为 E。因为我们已经假设融资关系链为双指向的，且关系强度均为 1。那么，该企业的借入金额和借出金额均取决于其借、贷关系链数量，均为 D。那么，该企业在不能及时追回债权时能及时用于补充流动性偿还债务的金额为 $(E-D)$，不妨称之为财务健康指标，记为 X。负债率参数可以表示为 $\rho = D/X$。这样一来，财务健康指标的计算公式为 $X = D/\rho$。根据仿真模型的前提假定，企业财务健康指标与其在融资关系网络内的节点中心度成正比。这样，融资网络内各节点的财务健康指标将是异质化的，而且与其融资渠道数量（即中心度）成正比。

（三）区域负债率参数

假定某一地区的所有企业具有同样的负债率水平 ρ。为了控制区域负债率水平对风险传染效应的影响，仿真实验设计了高、中、低三个档次的参数水平。根据对浙江 213 家企业 2008 年财务状况的统计分析发现，浙江上市企业当年的总资产负债率为 57.36%，标准差为 0.921。仿真实验中将参数设计为 80%（低档）、100%（中档）和 120%（高档），借贷情景（借入 D，借出 D）中三个参数水平对应的总资产负债率大致为 21.4%、33.3% 和 37.5%，而在担保贷款情景（借入 D，对外担保 D）中，对应的总资产负债率大致为 44.4%、50.0% 和 54.5%。对应下述三个档次的负债率参数水平，节点 i 财务健康指标分别为 $X_i = D_i/0.80$（低档）、$X_i = D_i$（中档）和 $X_i = D_i/1.2$（高档）。总体上看，三个档次的负债率参数水平较为接近浙江各地企业的实际情况，也较为保守，还远未到达某些极端恶劣的情况。因此，从负债率参数的设计水平上推测，仿真模拟的测算结果依然是偏保守的。

第二节 评价指标及评价方法

一 风险传染的评价指标

风险传染源于网络内个体风险的爆发，其最终影响是提高系统性风险。之前的动态理论模型以通过某家企业破产引起的 $\mu \in [0, 1]$ 比例以上的关联企业破产的大规模"多米诺骨牌"连锁反应事件的发生概率 P_μ 为系统性风险的测量指标。仿真测算实验针对的是个体风险爆发之后引发的风险传染效应。在关系网络结构、关系强度、负债率参数水平和节点实力均已确定的情况下，一旦企业破产，其风险传染路径和路径中关联企业的连锁反应均是确定的，个体破产引发的风险传染效应也将是确定的。也就是说，整个仿真过程将是一个确定性事件，不再有随机因素存在。因此，原有的概率指标已不能再用于风险传染效应的仿真测算。为此，本书重新设计了衡量风险传染效应的评价指标，具体测量指标为：

（一）风险传染强度

风险传染强度是指由于某家企业破产引发风险传染，最终受此影响而倒闭的企业数量。受到风险传染但未倒闭的企业并不计算在内。"多米诺骨牌"式破产连锁反应中受风险传染而倒闭的企业数量是衡量风险传染效应最为直观的评价指标。该指标是仿真测算实验中的关键性指标，可以客观地反映在特定网络结构情景中个体风险经风险传染升级、演进为系统性风险造成的破坏性。

（二）网络传染比率

网络传染比率是指受风险传染影响而倒闭的企业数量占整体网络规模的比率。由于作为仿真实验对象的浙江 7 个地区融资网络的网络规模存在较大的差异，网络规模最小的仅包含 61 个节点，而网络规模最大的则涉及 464 个节点。为了消除网络规模差异对风险传染强度的影响，本书除了采用风险传染强度评价指标外，还辅助以网络传染比率，用于评价风险传染对网络整体的破坏程度。

（三）派系传染比率

派系传染比率是指受风险传染影响而倒闭的企业数量占个体风险爆发所在派系的网络规模的比率。由于非连通派系的存在，各地融资网络往往呈现出破碎化的网络结构。非连通派系之间由于不存在融资关系链，也就不存在风险传染的路径，风险传染总是局限于派系内部。因此，本书也设计了派系传染比率作为辅助评价指标，用于评价风险传染对派系的破坏程度。

（四）风险传染步长

风险传染步长是指由于某家企业破产开始到传染过程结束为止仿真程序的运算步长。这一指标可以衡量个体风险在融资网络内传染的持续性。传染步长越大，说明风险传染会在融资网络内持续更长的时间，涉及的传染范围也更大，影响也可能更为恶劣。

（五）风险传染损失倍数

风险传染损失倍数是指风险传染对网络造成的净资产损失与爆发个体风险节点的净资产之间的比值倍数。仿真测算实验的假定起点是融资网络内某家企业的破产，个体风险冲击的大小并没有容纳在仿真过程中。节点财务实力的异质性暗示着造成个体企业破产的风险冲击力度也会存在着较为明显的区别。因此，本书仿真测算的评价指标中也设计了损失倍数这一指标用于更明确地评价与比较风险传染造成的净资产损失程度。

二 风险传染的评价方法

复杂网络的抗风险能力包含网络脆弱性和稳健性两个方面。网络脆弱性表明复杂网络在某些特定的具有系统重要性的核心节点被去除后面临网络崩溃的概率。脆弱性指标评价了网络抵抗针对特定对象的"蓄意攻击"的能力。很多类型的复杂网络都具有脆弱性的特征，即部分核心节点的去除就可能使整个网络面临崩溃。而稳健性指标则是评价复杂网络抵抗随机性风险攻击的能力。它测量了随机性个体风险的爆发引发网络整体崩溃的概率。"稳健且脆弱"是许多复杂网络抗风险能力的共同特征。本书将从这两个方面全面评价浙江7个地区融资网络的抗风险能力。具体的评价方法如下：

（一）脆弱性评价

为了仿真测算地区融资网络的脆弱性，仿真测算实验将模拟一套"蓄意风险攻击"。首先，根据风险传染效应的仿真测算结果，筛选风险传染效应最高的前1、前3和前5个系统重要性节点。若这些节点的传染对象有重复则顺序替进，直到选满前1、前3和前5个传染对象完全不同的系统重要性节点。然后，仿真测算这些节点在一次"蓄意风险攻击"中全部破产时会引发的风险传染效应。以此评价融资网络应对"蓄意风险攻击"的能力。派系和网络脆弱性的仿真评价都将采用这种方法，用前1、前3、前5位系统重要性节点一次性去除时的派系传染比率或网络传染比率作为评价指标。

（二）稳健性评价

稳健性评价主要衡量融资网络抵抗随机性个体风险冲击的能力。在进行稳健性评价之前，还需要再引入一个前提假定。假设融资网络内任一节点破产的概率都是相等的，即个体风险爆发的概率在融资网络各成员之间是均匀分布的。个体风险的爆发受到各种因素的影响，是一个相当复杂的问题。仿真模拟测算将破产概率均一化是一种大家都易于接受的简化。这样，稳健性评价又进一步简化为风险传染强度超过特定阈值的节点数量与网络规模之间的比值。具体地，用个体风险的网络传染比率超过阈值（10%、20%和30%）的节点比例来评价整体网络的稳健性。派系稳健性评价则直接应用了派系内所有节点的个体风险派系传染比率均值作为衡量指标。

第三节　仿真测算模型构建

一　仿真环境的初始化

首先，根据仿真测算的前提假定对各个地区融资网络的关系情景进行了环境设计，根据7个地区融资网络的关系矩阵确定仿真模拟对象的网络结构，将融资网络内所有关系链强度设计为1、根据外生负债率参数和节点中心度，确定各个节点的财务健康指标。仿真测算中将计算所得的财务健康指标作为节点抵抗风险传染的最大载荷。

同时，为了仿真测算方便，事先确定了两个空集 B 和 S，分别代表已破产企业的集合和受风险传染企业的集合。上述两个集合的元素都遵循"只入不出"的规则，即某家企业一旦被归入 B 集合或 S 集合，那么该企业将在整体风险传染过程的循环测算中都归属于 B 集合或 S 集合。

设计破产指示信号 α_2^k，其赋值规则为：

$$\alpha_i^k = \begin{cases} 1 & \text{在 } K-1 \text{ 阶段时节点 } i \text{ 已经破产} \\ 0 & \text{在 } K-1 \text{ 阶段时节点 } i \text{ 尚未破产} \end{cases} \tag{17-1}$$

其中，上标 K 代表风险传染效应测算过程中的仿真循环阶段的序次，而下标 i 则表示融资网络内的节点编号。

当 $\alpha_i^k = 1$ 时，则在 K 阶段循环之前将节点 i 归入破产企业集合 B 中；否则认为节点 i 不属于集合 B。在仿真测算开始之前，令所有节点的破产指示信号为 0，即令 $\alpha_i^0 = 0$。则此时集合 $B = \phi$，代表仿真测算前所有企业财务状况健康良好，没有任何企业破产。

设计感染指示信号 β_i^k，其赋值规则为：

$$\beta_i^k = \begin{cases} 1 & \text{在 } K-1 \text{ 阶段时节点 } i \text{ 已经受到领导节点的风险传染} \\ 0 & \text{在 } K-1 \text{ 阶段时节点 } i \text{ 尚未受到领导节点的风险传染} \end{cases}$$

$$\tag{17-2}$$

其中，上标 K 代表风险传染效应测算过程中的仿真循环次序，而下标 i 则表示融资网络内的节点编号。当 $\beta_i^k = 1$ 时，则在 K 阶段循环之前将节点 i 归入受传染企业集合 S 中；否则认为节点 i 不属于集合 S。在仿真测算开始之前，令所有节点的感染指示信号为 0，即令 $\beta_i^0 = 0$。则此时集合 $S = \phi$，代表仿真测算前所有企业都未受到风险传染。

二　风险传染机理的仿真模拟

风险传染的网络机制包括风险依赖机制、风险传递机制和风险加速机制。风险传染机理的仿真基本上依据动态理论模型设计。其传染机理的模拟过程设计为风险冲击和风险传染两个阶段。风险冲击阶段（$K = 0$ 阶段）模拟个体风险爆发，确定受外部风险冲击而破产的具体企业。风险传染阶段模拟风险传递和"多米诺骨牌"式连锁反应过程。由于融资网络的网络结构、关系强度和节点抗风险载荷在仿真环境初始化阶段就已确定，因此，只要受外部风险冲击而破产的企业名单确定下来，后续"多米诺骨牌"式风险传染的最终结果也将是确定性事件，并不存在随机性扰动，整个传染过程的最终破坏效应也是确定且唯一的。仿真模拟的网络情景规范了风险传染路径就是融资网络的关系链路径，个体风险爆发后的风险传染和加速都只能沿着关系链路径传染和扩散。融资关系链的性质就规范了关系链双方彼此间存在着明确的风险依赖机制。设计的关系网络情景也十分明确地规范了风险传递机制，财务风险仅会通过融资关系链路径传递。同时，关系强度的均质化假定和节点财务实力的异质化假定共同体现了这样一个规律：拥有更多融资关系链的企业将拥有更多向外分散风险的能力，因此也具备更强的抗风险载荷。这不仅符合动态理论模型的设定，也符合企业间风险传染的实际情况。因此，仿真模型的环境设计本身就已容纳了风险传染机理中的风险依赖和风险传染网络机制。

风险传染的行事规则假定由外生的金融机构监督执行。企业在风险传染过程中是否破产的判断依据是其净资产是否为正值。一旦某企业的净资产为零或为负值，则该企业被判定为破产。

一旦企业 i 破产，它将被列入破产企业集合 B 中。同时，融资网络内所有 i 企业的邻居都将受到一定程度的风险传染，并被列入感染企业集合 S 之中。在 K 阶段，对于没有被列入 $i \notin S \cup B$ 的节点均将执行以下判别：

$$\beta_i^k = \begin{cases} 1, 若 \sum_{j \in B} (d_{ji} + d_{ij}) > 0 \\ 0, 若 \sum_{j \in B} (d_{ji} + d_{ij}) = 0 \end{cases} \quad (17-3)$$

即 K 阶段与破产企业集合 B 内任何元素存在风险关系链的节点都将被列入感染企业集合。

融资网络内 i 企业破产将会对其网络邻居的财务健康造成影响。金融机构将对列入破产集合的企业采取全面的资产冻结，也就是说，一旦 i 企业破产，其所有资产，包括其他企业对它的投资和借贷以及它对其他企业的股资和借贷，都将在短期内削减流动性价值。i 企业的破产将使其网络邻居投资于 i 企业的股权价值或借贷给 i 企业的债权价值受损，作为外生的规则执行者的金融机构将迫使其网络邻居计提相应的风险损失，减计相应额度的净资产价值。同时，金融机构出于保护自身贷款安全，将进一步要求冻结破产企业（i 企业）的对外投资或对外债权，例如要求其网络邻居兑现担保责任、偿还债务或准备拍卖股份。这意味着破产企业的网络邻居在短期内将遭受双重打击。仿真模拟过程依据企业间风险传染的现实特征进行了简化设计，能够体现出企业间风险传染和风险加速的基本行事规则。

同时，金融机构将对列入感染集合的企业进行临时的保护性资产冻结，但其冻结内容仅包括部分资产。其行事规则简化为所有感染企业的股权价值需要计提风险损失。也就是说，受感染但尚未破产的企业将使其网络邻居暂时性地损失它们对自身的股权（或债权）价值。这是对破产企业引发风险传染后，金融机构采取的一种恐慌性收缩行为，这在企业间风险传染的很多案例中都可以观察到。这类临时性的风险计提或冻结简化准确描述了企业间风险传染的加速机制。这样，在 K 阶段 i 企业是否会破产将遵循以下判别规则：

$$\alpha_i^k = \begin{cases} 1,\text{若}\sum_{j \in B} d_{ij} + \sum_{j \in S} d_{ij} \geqslant U_i \\ 0,\text{若}\sum_{j \in B} d_{ij} + \sum_{j \in S} d_{ij} < U_i \end{cases} \qquad (17-4)$$

注意，集合 B 中的元素也将是集合 S 的元素。那么 $\sum_{j \in B} d_{ij} + \sum_{j \in S} d_{ij}$ 代表 i 企业在风险传染过程中蒙受的净资产损失。而 U_i 则代表 i 节点的抗风险载荷，即 i 企业的净资产价值。如果企业的风险传染损失大于或等于净资产价值，则该企业将破产，并被归入破产企业集合 B 之中。

上述风险传染模拟在仿真过程中将被多次循环使用，其循环次数将取决于爆发个体风险企业所在派系的网络结构。

三　仿真测算程序

根据上述风险传染机理的仿真设计，个体风险的风险传染效应的仿真测算程序如下所示。脆弱性评价实验和稳健性评价实验的测算程序也大致相同，只是在部分细节上略作修改。程序的具体步骤为：

步骤一：令 $B = \phi$，$S = \phi$，对于任何节点 i，都令 $\alpha_i^0 = 0$，$\beta_i^0 = 0$。输入仿真测算对象的 0—1 关系矩阵 $[d_{ij}]_{N \times N}$，输入依据负债率参数水平和节点中心度确定的节点抗风险载荷（即对应企业的净资产价值）。令仿真状态 $K = 0$。选取节点集 $L = 1$ 为受外部风险冲击破产的节点。

步骤二：令 $\alpha_L^0 = 1$，将 L 列入集合 B 中。设计 $N_B^0 = \sum_1^N \alpha_i^0$，代表集合 B 的元素数量。设计 $N_S^0 = \sum_1^N \beta_i^0$，代表集合 S 的元素数量。

步骤三：令 $K = K + 1$。

步骤四：更新集合 S 和集合 B，对不属于 $S \cup B$ 的节点，进行以下判别计算：

$$\beta_i^k = \begin{cases} 1, 若 \sum_{j \in B}(d_{ji} + d_{ij}) > 0 \\ 0, 若 \sum_{j \in B}(d_{ji} + d_{ij}) = 0 \end{cases} \qquad (17-5)$$

按照节点编号顺序，分别对符合要求的 i 进行判别计算，然后更新 S 集合。

步骤五：对于 $i \in S$ 且 $i \notin B$ 的节点再进行以下判别计算：

$$\alpha_i^k = \begin{cases} 1, 若 \sum_{j \in B} d_{ij} + \sum_{j \in S} d_{ji} \geq U_i \\ 0, 若 \sum_{j \in B} d_{ij} + \sum_{j \in S} d_{ji} < U_i \end{cases} \qquad (17-6)$$

按节点编号，分别对符合要求的 i 进行判别计算，然后更新 B 集合。

步骤六：重新计算 N_B^K 和 N_S^K。

步骤七：如果 $N_B^K = N_B^{K-1}$，则进入步骤八；否则重新从步骤三开始。

步骤八：计算最终净资产损失。设计 $LOSS_L = \sum_{j \in B} U_j$，代表个体风险爆发引发的风险传染造成的最终损失。记录 L、K、N_B^N、N_S^N 和 $LOSS_L$。

步骤九：令 $L = L + 1$，清空 B 集合和 S 集合，重新从步骤二开始。

步骤十：当 $L > N$ 时，终止本次仿真测算。

上述程序的仿真测算通过 Matlab 2010（a）版本软件进行运算。

第四节　仿真测算模型的简单验证

为了验证仿真测算程序的有效性，本节对如图 17-1 所示的两个小规模融资网络的风险传染效应进行了模拟测算，将仿真测算结果与人工逻辑推算结果进行比对。

图 17-1 显示了用于验证仿真测算模型和仿真测算程序的两个小规模网络的具体结构。A 网络和 B 网络均由 4 个节点构成，结构上的区别在于 A 网络中节点 2、节点 3 间存在关系链，在网络内部构成了一个三角闭合回路。而 B 网络中节点 2、节点 3 间不存在关系链，整个网络内也就不存在三角闭合回路。根据之前的理论研究，在仿真测算之前，可

以预判 A 网络内的节点 2、节点 3 将具有更强的分散风险的能力。同时，A 网络内存在闭合回路，将会为风险传染的加速提供便利。因此，节点 1、节点 2、节点 3 在风险传染过程中均将受到风险加速现象的影响。风险加速效应更多地表现为闭合回路内的多米诺骨牌式的连锁反应。A 网络具有更为强烈的风险传染加速效应，个体风险爆发后可能会引发更为强烈的风险传染。因此，从理论上说，A 网络的抗风险能力可能要低于 B 网络。

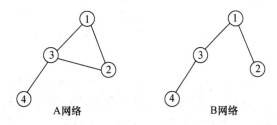

图 17-1　验证仿真测算模型的网络结构示意

　　假定两个网络均为 80% 的负债率参数水平。上述两个网络的结构可以表述为 0—1 关系矩阵。

　　其中，A 网络的关系矩阵为：

$$\begin{bmatrix} 0 & 1 & 1 & 0 \\ 1 & 0 & 1 & 0 \\ 1 & 1 & 0 & 1 \\ 0 & 0 & 1 & 0 \end{bmatrix}$$

　　B 网络的关系矩阵为：

$$\begin{bmatrix} 0 & 1 & 1 & 0 \\ 1 & 0 & 0 & 0 \\ 1 & 0 & 0 & 1 \\ 0 & 0 & 1 & 0 \end{bmatrix}$$

　　依据仿真模型的环境设计，两个网络内各节点的抗风险载荷可以表示为两个行向量。A 网络各节点的抗风险载荷向量为：

$$U_A = [U_1, U_2, U_3, U_4] = [2.5, 2.5, 3.75, 1.25]$$

　　B 网络各节点的抗风险载荷向量为：

$$U_B = [U_1, U_2, U_3, U_4] = [2.5, 1.25, 2.5, 1.25]$$

　　假定个体风险在 1 节点上爆发，仿真测算 1 节点破产后在两个网络

内引发的风险传染效应。首先，仿真测算 A 网络的情况。第 0 阶段
（$K=0$）的 $B=[1]$，S 为空集。$K=1$ 阶段时，节点 1 的破产将使节点
2、节点 3 被列入金融机构的观察名单，并移入受感染企业集合 S 中。
同时，节点 1 的破产给两个节点造成的净资产损失均为 2，由于金融机
构的恐慌性收缩行为，受感染集合内企业的部分资产也将被临时性冻
结，其损失为 1。因此，在第一轮风险传染过程中，节点 2 的风险损失
为 3，节点 3 的风险损失为 3。节点 2 的风险损失超过了自身的抗风险
载荷（2.5），也陷入破产，被列入 B 集合中。节点 3 的风险损失为 3，
还小于自身的抗风险载荷（3.75），在第 1 轮风险传染中还没有破产。
节点 4 尚未受到风险传染波及。

　　$K=2$ 阶段时，$B=[1，2]$，$S=[2，3]$。节点 2 的破产将进一步恶
化节点 3 的财务状况，风险传染给节点 3 造成的财务损失将增加到 4，
高于节点 3 的抗风险载荷（3.75）。节点 3 也将被列入 B 集合。$K=3$ 阶
段时，S 集合经判别测算后进一步更新为 $S=[1，2，3，4]$，B 集合也
更新为 $B=[1，2，3]$。"多米诺骨牌"式连锁反应还在持续。节点 3
破产后给节点 4 造成的损失增加为 2，高于其抗风险载荷（1.25）。节点
4 也被列入集合 B 之中。至此，节点 1 破产引发的风险传染将使 A 网络
完全崩溃。$K=4$ 时，B 集合更新后的元素组成和 $K=4$ 阶段时是一样
的，说明不会有新的风险传染源，符合仿真模型的终止要求，至此风险
传染过程得以终止。实际的风险传染步长为 3。同样的方式，也可以模
拟出节点 2、节点 3 和节点 4 个体风险爆发时的风险传染效应。A 网络
风险传染效应的仿真测算程序计算的结果详见表 17-1。

表 17-1　　　　　　　　　A 网络仿真测算结果汇总

选定破产企业编号	选定破产企业财务健康指标	风险传染强度	B 集合元素	传染步长（K-1）	风险传染损失	损失倍数
1	2.5	4	1，2，3，4	3	10	4.0
2	2.5	4	1，2，3，4	3	10	4.0
3	3.75	4	1，2，3，4	1	10	2.7
4	1.25	1	4	0	1.25	1.0

　　接着，将仿真测算的对象改为 B 网络。$K=0$ 阶段的 $B=[1]$，S
为空集。$K=1$ 阶段时，节点 1 的破产将使节点 2、节点 3 被列入金融机

构的观察名单，并移入受感染企业集合 S 中。同时，节点 1 的破产给两个节点造成的净资产损失均为 2。B 网络不存在闭合回路，也就不存在风险传染加速现象。因此，在第一轮风险传染中，节点 2 和节点 3 的风险损失均为 2。节点 2 的风险损失超过了自身的抗风险载荷（1.25），也陷入破产，被列入 B 集合中。节点 3 的风险损失（2），小于自身的抗风险载荷（2.5），在第一轮风险传染中还没有破产。$K = 2$ 阶段时，$B = [1, 2]$，$S = [2, 3]$。节点 2 的破产将不会影响到节点 3 和节点 4 的财务状况。没有新的节点会被列入 B 集合。$K = 3$ 阶段时，B 集合更新后的元素组成和 $K = 2$ 阶段时是一样的，说明不会有新的风险传染源，符合仿真模型的终止要求，至此风险传染过程得以终止。实际的风险传染步长为 2。同样，也可以模拟出节点 2、节点 3 和节点 4 个体风险爆发时的风险传染效应。B 网络风险传染效应的仿真测算程序计算的结果详见表 17 - 2。

表 17 - 2　　　　　　　　B 网络仿真测算结果汇总

选定破产企业编号	选定破产企业财务健康指标	风险传染强度	B 集合元素	传染步长（K−1）	风险传染损失	损失倍数
1	2.5	2	1, 2	1	3.75	1.5
2	1.25	1	2	0	1.25	1.0
3	2.5	2	3, 4	1	3.75	1.5
4	1.25	1	4	0	1.25	1.0

仿真计算结果符合对上述两个网络风险传染过程的逻辑推理，说明仿真测算程序设计是合理和有效的。同时，根据仿真测算的数据，可以发现 A 网络的风险传染效应要比 B 网络更为明显。A 网络是显得十分脆弱且不稳健，闭合回路上节点 1、节点 2、节点 3 中任一节点受外部风险冲击的影响破产都将导致整个网络完全崩溃。相比之下，B 网络显得更为稳健，也更能抵抗蓄意的风险攻击。任何一个节点破产都不会导致整个网络的崩溃，节点 2、节点 4 的个体风险不会引起明显的风险传染。而节点 1、节点 3 的风险传染也仅限于 1 个邻居。基于仿真测算进行的脆弱性评价和稳健性评价结论符合理论预期。这也表明了仿真模型的设计具有合理性和有效性。

第十八章　浙江融资圈风险传染效应评价

本章对浙江 7 个地区融资网络进行了风险传染的仿真测算实验，每个地区的仿真实验又分别在高（$\rho = 1.2$）、中（$\rho = 1.0$）和低（$\rho = 0.8$）三个档次的参数水平上进行。2008 年 213 家浙江上市企业的平均净资产负债率为 57.36%，仿真实验较为接近现实情况。仿真测算在 Matlab 2010（a）版本的软件环境中进行。

第一节　杭州地方融资圈风险传染效应评价

图 18 - 1 显示了杭州地方融资网络内所有 464 个节点的个体风险传染效应仿真结果，左侧图分别显示了低（$\rho = 0.8$）、中（$\rho = 1.0$）和高（$\rho = 1.2$）三个不同负债率参数水平时，杭州地方融资网络个体风险传染强度的分布情况，而右侧图则显示了对应的个体风险传染的损失倍数。参数 ρ 设计为 0.8 的仿真实验表明，个体风险传染强度最大值为 34，即将有 33 家企业在该节点破产引发的多米诺骨牌式连锁反应中受传染破产；最小值为 1，即该节点破产后并没有引起多米诺骨牌式连锁反应，整个过程中只有爆发个体风险的企业倒闭。实验表明，杭州地方融资网络的个体风险传染强度均值为 2.218，考虑到杭州地方融资网络庞大的规模，这样的传染强度相对处于低位。仿真实验结果也显示，个体风险传染的损失倍数最大值为 11.75，即该节点破产对融资网络造成的风险损失将是该节点财务健康指标的 11.75 倍。风险传染损失倍数的均值为 1.418，也相对处于低位。这说明杭州地方融资网络在 $\rho = 0.8$ 的仿真测算中表现较为稳健，虽然个别特定企业的破产将在局部引发较为明显的风险传染，但都不会对该区域融资网络构成系统性威胁。

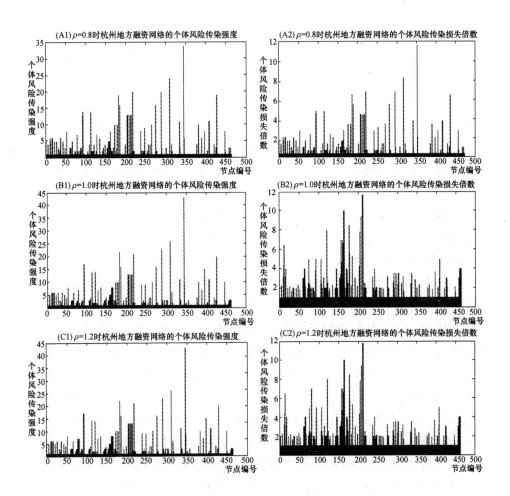

图 18 - 1　杭州地方融资网络的个体风险传染效应仿真结果

　　参数 ρ 设计为 1.0 的仿真实验中，杭州个体风险传染强度最大值为 43，即将有 42 家企业在该节点破产引发的多米诺骨牌式连锁反应中受传染破产；最小值为 1，即该节点破产后并没有引起多米诺骨牌式连锁反应，整个过程中只有爆发个体风险的企业倒闭。实验表明，杭州融资网络的个体风险传染强度均值为 2.547，考虑到杭州地方融资网络庞大的规模，这样的传染强度依然处于低位。仿真实验结果也显示，个体风险传染的损失倍数最大值为 11.75，即该节点破产对融资网络造成的风险损失将是该节点财务健康指标（净资产）的 11.75 倍。风险传染损失倍数的均值为 1.711，与 $\rho = 0.8$ 的仿真结果相近。这说明杭州地方

融资网络在 $\rho = 1.0$ 的仿真测算中表现依然稳健，虽然个别特定企业的破产将在局部引发较为明显的风险传染，但都不会对该区域融资网络构成系统性威胁。

另外，参数 ρ 设计为 1.2 的仿真实验显示，杭州个体风险传染强度最大值为 43，与 $\rho = 1.0$ 的仿真结果相一致；最小值为 1，即该节点破产后并没有引起多米诺骨牌式连锁反应。实验表明，杭州地方融资网络的个体风险传染强度均值为 2.569，传染强度依然处于低位，并没有因为参数 ρ 的提高而显著变化。仿真实验结果也显示，个体风险传染的损失倍数最大值为 11.75，与 $\rho = 1.0$ 的仿真结果相一致。风险传染损失倍数的均值为 1.732，与 $\rho = 0.8$ 和 $\rho = 1.0$ 的仿真结果相近。这说明杭州地方融资网络在参数 ρ 的一定范围内是十分稳健的，个体风险传染效应对参数 ρ 值的变动并不敏感。单个企业破产并不会升级演化为该区域的系统性风险。

上述观点在接下来对传染步长和网络传染比率的分析中将得到进一步验证。仿真结果显示，个体风险传染步长的累计分布在不同参数水平的仿真实验中较为相近，不存在显著差异。个体风险传染步长最大值为 6，参数设计 $\rho = 0.8$、$\rho = 1.0$ 和 $\rho = 1.2$ 的仿真测算平均步长分别为 2.625、2.143 和 1.667。个体风险传染的持续力度不大。即使是在参数 $\rho = 1.2$ 的仿真测算实验中，杭州地方融资网络的个体风险网络传染比率最大值也仅为 0.09267。破坏力最强的节点破产也只能使该网络损失 9.267% 的网络规模，并不会引发危及网络整体的系统性风险。从个体风险网络传染比率的累计分布可知，杭州地方融资网络是一个十分稳健的大规模网络，并不会因为随机性的个体风险而酿成网络系统性风险。

同时，仿真实验结果显示，杭州地方融资网络也具有一定的脆弱性，容易在"蓄意风险攻击"时蒙受重大损失。参数 ρ 设计为 0.8 的仿真实验中，系统重要性前 1、前 3 和前 5 的节点同时破产将会使杭州融资网络 7.33%、16.81% 和 25.22% 的节点倒闭破产。参数 $\rho = 1.0$ 和 $\rho = 1.2$ 的仿真结果是一致的，系统重要性前 1、前 3 和前 5 的节点同时破产引发的风险传染将使杭州地方融资网络损失 9.27%、19.83% 和 29.09%。这暗示，杭州地方融资网络在某些较为极端的恶劣经济环境中可能会表现得较为脆弱。然而，与其他地区的评价结果相比，杭州地方融资网络结构依然稳健且具有一定韧性。

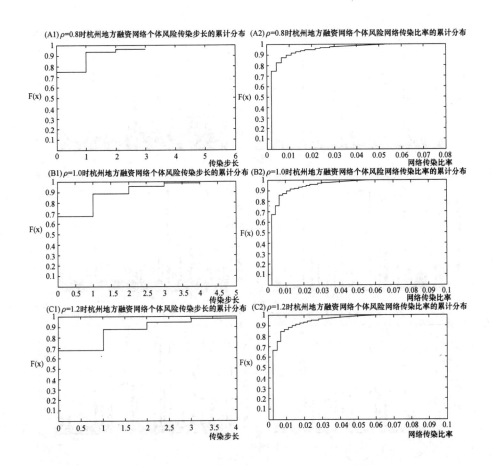

图18-2　杭州地方融资网络个体风险传染步长及网络传染比率的累计分布

第二节　宁波地方融资圈风险传染效应评价

　　图18-3显示了宁波地方融资网络内所有228个节点的个体风险传染效应仿真结果，左侧图分别显示了低（$\rho=0.8$）、中（$\rho=1.0$）和高（$\rho=1.2$）三个不同参数水平时宁波地方融资网络个体风险传染强度的分布情况，而右侧图则显示了对应的个体风险传染损失倍数的分布情况。参数ρ设为0.8的仿真实验表明，个体风险传染强度最大值为23，即在最坏的情况下单家企业破产将使其他22家企业在多米诺骨牌式连

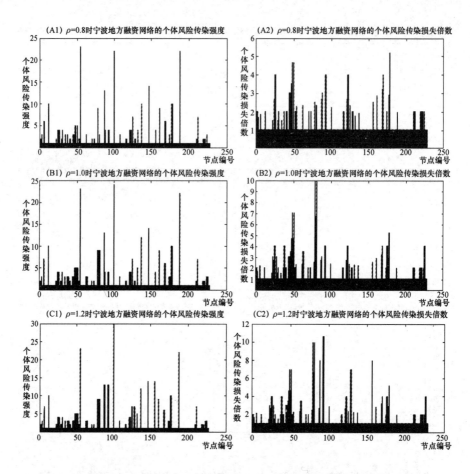

图18-3 宁波地方融资网络的个体风险传染效应仿真结果

锁反应中破产。同时，也有166个节点的传染强度为1，即这些节点破产后并没有引起多米诺骨牌式连锁反应，整个过程中只有爆发个体风险的企业倒闭。实验表明，宁波地方融资网络的个体风险传染强度均值为2.132，考虑到宁波地方融资网络相对较大的规模，这样的传染强度相对处于低位。仿真实验结果也显示，个体风险传染的损失倍数最大值为5.2，即该节点破产对融资网络造成的风险损失将是该节点财务健康指标（净资产）的5.2倍。风险传染损失倍数的均值为1.408，与杭州的情况较为接近，也处于相对低位。上述数据说明宁波地方融资网络结构在 $\rho = 0.8$ 时的仿真实验中表现较为稳健。个体风险并不会对该区域融资网络构成系统性威胁。而且，个体风险传染强度的极端情况也要好于杭州地方融资网络结构，特定企业的破产在局部引发的风险传染在强度和损失倍数上都相对有限。

参数 $\rho = 1.0$ 的仿真实验中，宁波个体风险传染强度最大值为 24，较 $\rho = 0.8$ 时的仿真结果略有增加。另外，还有 152 个节点破产后并没有引起多米诺骨牌式连锁反应。该实验中宁波地方融资网络的个体风险传染强度均值为 2.368，考虑到宁波地方融资网络的规模，这样的传染强度依然处于低位。该仿真实验结果显示个体风险传染的损失倍数最大值为 10，即该节点破产对融资网络造成的风险损失将是该节点财务健康指标（净资产）的 10 倍。风险传染损失倍数的均值为 1.683，比 $\rho = 0.8$ 的仿真结果明显增强。这说明宁波地方融资网络在 $\rho = 1.0$ 时网络抗风险能力会有明显下降，某些核心企业的破产将在局部引发较为明显的风险传染。但个体风险依然不会对该区域融资网络构成系统性威胁。

另外，参数 $\rho = 1.2$ 的仿真实验显示，宁波个体风险传染强度最大值为 30，与 $\rho = 0.8$ 和 $\rho = 1.0$ 的仿真结果相比进一步增强；但依然有 152 个节点破产后没有引起多米诺骨牌式连锁反应。该实验表明，宁波地方融资网络的个体风险传染强度均值为 2.601，传染强度略有增强但依然处于低位，并没有因为参数 ρ 的提高而显著变化。仿真实验结果也显示，个体风险传染的损失倍数最大值为 10.67，与 $\rho = 1.0$ 的仿真结果十分相近。风险传染损失倍数的均值为 1.833，较 $\rho = 0.8$ 和 $\rho = 1.0$ 的仿真结果也略有提高。这说明宁波地方融资网络在参数的一定范围内是十分稳健的，个体风险传染效应会随参数值的提高而略有增强，但对参数值变化的敏感程度并不高。单个企业破产并不会升级演化为该区域的系统性风险。

上述观点在传染步长和网络传染比率的累计分布情况中将得到进一步验证。仿真结果显示，随着参数 ρ 值的提高，个体风险的传染步长分布会发生细微改变，部分节点的传染步长会有所增加。三个仿真实验中，个体风险传染步长最大值为 5。参数 ρ 设计为 0.8、1.0 和 1.2 时仿真实验的平均步长分别为 0.724、0.752 和 0.778。个体风险传染的持续力度不大。即使在参数 $\rho = 1.2$ 的仿真测算实验中，网络传染比率最大值为 0.1316。个体风险传染的最坏情况是某个核心节点的破产将使宁波损失 13.16% 的网络规模。在 $\rho = 0.8$ 和 $\rho = 1.0$ 的仿真实验中，网络传染比率的极值为 0.1009 和 0.1053。三个仿真实验中，个体风险传染强度超过 10% 的网络规模节点比例分别为 1/228、2/228 和 2/228。总体上看，宁波地方融资网络是一个十分稳健的大规模网络，并不会因随机性的个体风险而酿成网络系统性风险。

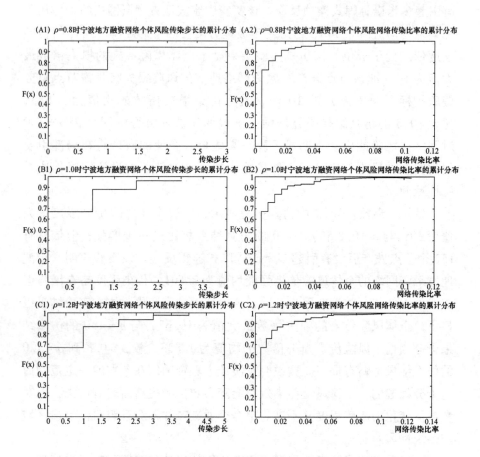

图 18 – 4　宁波地方融资网络个体风险传染步长及网络传染比率的累计分布

同时，仿真实验结果也表明宁波地方融资网络具有一定的脆弱性，容易在"蓄意风险攻击"时蒙受重大损失。参数 ρ 设计为 0.8 的仿真实验中，系统重要性排位前 1、前 3 和前 5 的节点同时破产将会使宁波地方融资网络损失 10.09%、29.39% 和 41.23% 的节点。参数 $\rho = 1.0$ 的仿真实验中，系统重要性前 1、前 3 和前 5 的节点同时破产引发的风险传染将使宁波地方融资网络规模损失 10.53%、30.26% 和 42.11%。而

$\rho = 1.2$ 的仿真结果显示，系统重要性前 1、前 3 和前 5 的节点同时破产将使该网络 13.16%、32.89% 和 45.18% 的节点破产。这暗示，宁波地方融资网络结构具有脆弱性，难以应对针对特定节点的"蓄意风险攻击"。总体上看，宁波地方融资网络结构是稳健且脆弱的。

第三节　绍兴地方融资圈风险传染效应评价

绍兴地方融资网络内所有 212 个节点的个体风险传染效应仿真结果的详细情况参见图 18 - 5，左侧图分别显示了低（$\rho = 0.8$）、中（$\rho = 1.0$）和高（$\rho = 1.2$）三个不同参数水平时绍兴地方融资网络个体风险传染强度的分布情况，而右侧图则显示了对应的个体风险传染损失倍数的分布情况。参数 ρ 设计为 0.8 的仿真实验表明，个体风险传染强度最大值为 17，即在最坏的情况下单家企业破产将使其他 16 家企业在多米诺骨牌式连锁反应中破产。同时，也有 154 个节点的传染强度为 1，破产后没有引起多米诺骨牌式连锁反应。该仿真实验中，绍兴地方融资网络的个体风险传染强度均值为 1.953，传染强度相对处于低位。该仿真实验结果也表明，个体风险传染的损失倍数最大值为 4.33，即该节点破产对融资网络造成的风险损失将是该节点财务健康指标（净资产）的 4.33 倍。损失倍数均值为 1.301，与其他地区情况相比也处于低位。上述数据说明绍兴地方融资网络结构在仿真实验中表现较为稳健。个体风险传染效应并不显著，也不会演进为区域融资网络的系统性威胁。而且，个体风险传染强度的极端情况也并不强烈，特定企业破产引发的局部风险传染的强度和损失倍数都相对有限。

参数 $\rho = 1.0$ 的仿真实验中，绍兴个体风险传染强度最大值为 44，较 $\rho = 0.8$ 时的仿真结果显著增大。另外，还有 133 个节点破产后并没有引起多米诺骨牌式连锁反应。该实验中绍兴地方融资网络的个体风险传染强度均值为 4.335，传染强度较高。该仿真实验结果显示个体风险传染的损失倍数最大值为 37.75，即该节点破产对融资网络造成的风险损失将是该节点财务健康指标（净资产）的 37.75 倍。风险传染损失倍数的均值为 2.601，比 $\rho = 0.8$ 的仿真结果明显增强。这说明绍兴地方融资网络结构的抗风险能力对 ρ 值变化十分敏感，也暗示该网络结构

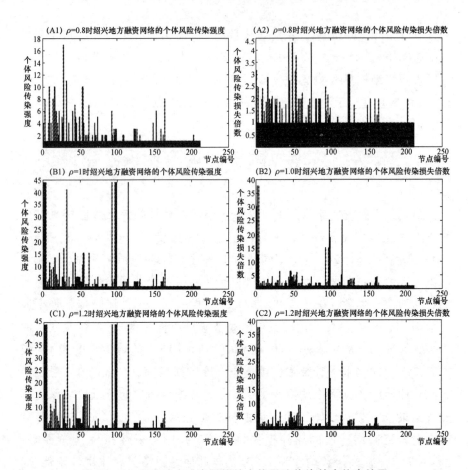

图 18 – 5 绍兴地方融资网络的个体风险传染效应仿真结果

很难应对外部经济环境的恶化。某些核心企业的破产将在局部引发较为明显的风险传染。而且，个体风险可能会对该区域融资网络构成系统性威胁。

另外，参数 $\rho = 1.2$ 的仿真实验显示，绍兴个体风险传染强度最大值为 44，与 $\rho = 1.0$ 的仿真结果相一致；依然有 133 个节点破产后没有引起多米诺骨牌式连锁反应。该实验表明，绍兴地方融资网络的个体风险传染强度均值为 4.505，传染强度较 $\rho = 1.0$ 时又略有增强，并没有因为参数 ρ 的进一步提高而显著变化。仿真实验结果也显示，损失倍数的最大值为 37.75，与 $\rho = 1.0$ 的仿真结果一致。风险传染损失倍数的均值为 2.691，较 $\rho = 1.0$ 的仿真结果略有提高。这说明绍兴地方融资网

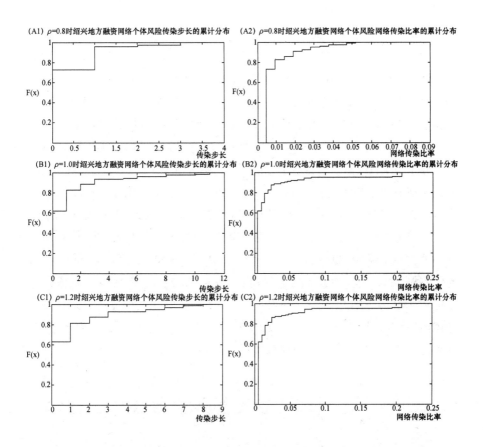

图 18－6　绍兴地方融资网络个体风险传染步长及网络传染比率的累计分布

络结构对参数 $\rho > 1.0$ 之后的变动并不敏感。从上述仿真结果看，绍兴融资网络结构的个体风险传染效应较为显著，个体风险更容易演进为系统性风险。

上述观点在传染步长和网络传染比率的累计分布情况中将得到进一步验证。仿真结果显示，随着参数 ρ 值的提高，个体风险的传染步长分布会发生明显改变，部分节点的传染步长会有所增加。三个仿真实验中，个体风险传染步长最大值为 12。参数 ρ 设计为 0.8、1.0 和 1.2 时仿真实验的平均步长分别为 1.667、4.818 和 4.100。个体风险传染的持续力度较大。在参数 $\rho = 1.2$ 的仿真测算实验中，网络传染比率最大值为 0.2075。个体风险传染的最坏情况是某个核心节点的破产将使绍兴损失 20.75% 的网络规模。在 $\rho = 0.8$ 和 $\rho = 1.0$ 的仿真实验中，网络传染比率的极值为 0.0802 和 0.2075。三个仿真实验中，个体风险传染涉及 10% 以上网络规模的节点比例分别为 0/212、10/228 和 10/228，引发涉及 20% 以上网络规模的风险传染效应的节点比例为 0/212、9/212 和 9/212。总体上看，绍兴地方融资网络结构并不是十分稳健，在经济形势恶化时随机性个体风险容易演化为网络系统性风险。

同时，仿真实验结果也表明绍兴地方融资网络结构较为脆弱，容易在"蓄意风险攻击"时蒙受重大损失。参数 ρ 设计为 0.8 的仿真实验中，系统重要性排位前 1、前 3 和前 5 的节点同时破产将会使绍兴融资网络损失 8.02%、17.92% 和 27.36% 的节点。参数 $\rho = 1.0$ 的仿真实验中，系统重要性前 1、前 3 和前 5 的节点同时破产引发的风险传染将使绍兴地方融资网络规模损失 20.75%、48.11% 和 62.25%。而 $\rho = 1.2$ 的仿真结果与 $\rho = 1.0$ 的仿真实验相一致。这说明，绍兴地方融资网络结构较为脆弱，难以应对针对特定节点的"蓄意风险攻击"，尤其是在整体经济环境恶化的情况下将更容易显示出结构的脆弱性。总体上看，绍兴地方融资网络结构稳健性较差且较为脆弱。

第四节 台州地方融资圈风险传染效应评价

台州地方融资网络内所有 102 个节点的个体风险传染效应仿真结果的详细情况见图 18-7，左侧图分别显示了低（$\rho = 0.8$）、中（$\rho = 1.0$）和高（$\rho = 1.2$）三个不同参数水平时台州地方融资网络个体风险传染强度的分布情况，而右侧图则显示了对应的个体风险传染损失倍数的分布情况。参数 ρ 设计为 0.8 的仿真实验表明，个体风险传染强度最大值为 10，即在最坏的情况下单个企业破产将使其他 9 家企业在多米诺骨牌式连锁反应中破产。同时，也有 70 个节点破产后没有引起多米诺骨牌式连锁反应。该仿真实验中，个体风险传染强度均值为 1.912，传染强度相对处于低位。该仿真实验结果也表明，个体风险传染的损失倍数最大值为 3.833，即该节点破产对融资网络造成的风险损失将是该节点财务健康指标（净资产）的 3.833 倍。损失倍数均值为 1.34，也处于低位。上述数据说明台州地方融资网络结构在 $\rho = 0.8$ 时的仿真实验中表现较为稳健。个体风险传染效应并不显著，也不会演进为区域融资网络的系统性威胁。而且，个体风险传染强度的极端情况也并不强烈，特定企业破产引发的局部风险传染的强度和损失倍数都相对有限。

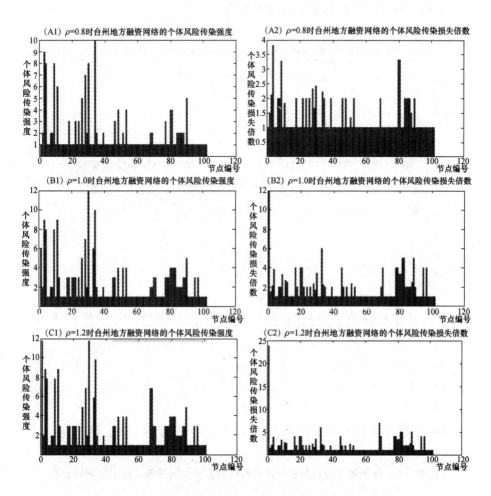

图18-7 台州地方融资网络的个体风险传染效应仿真结果

参数 $\rho=1.0$ 的仿真实验中，台州个体风险传染强度最大值为12，较 $\rho=0.8$ 时的仿真结果略有增大。另外，还有54个节点破产后并没有引起多米诺骨牌式连锁反应。台州地方融资网络的个体风险传染强度均值为2.402，传染强度并不大。该仿真实验结果显示个体风险传染的损失倍数最大值为12，即该节点破产对融资网络造成的风险损失将是该节点财务健康指标（净资产）的12倍。风险传染损失倍数的均值为

1.932，比 $\rho = 0.8$ 的仿真结果略有增强。这说明台州地方融资网络结构在经济环境中也表现稳健。个体风险可能会对该区域融资网络构成系统性威胁，局部风险传染效应也相对有限。

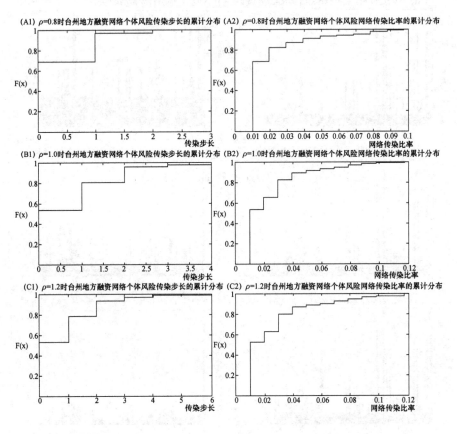

图18-8 台州地方融资网络个体风险传染步长及网络传染比率的累计分布

另外，参数 $\rho = 1.2$ 的仿真实验显示，台州个体风险传染强度最大值为12，与 $\rho = 1.0$ 的仿真结果相一致；依然有54个节点破产后没有引起多米诺骨牌式连锁反应。该实验表明，台州地方融资网络的个体风险传染强度均值为2.559，传染强度较 $\rho = 1.0$ 时又略有增强，但没有因为参数 ρ 的进一步提高而显著变化。仿真实验结果也显示，损失倍数的最大值为24，较 $\rho = 1.0$ 的仿真结果有显著提高。风险传染损失倍数的均值为2.099，较 $\rho = 1.0$ 的仿真结果略有提高。仿真实验结果说明，台州地方融资网络结构对参数 ρ 值的变动并不敏感。台州地方融资网络结构的个体风险传染效应并不显著，个体风险也难以演进为系统性风险。

上述观点在传染步长和网络传染比率的累计分布情况中将得到进一步验证。仿真结果显示，随着参数 ρ 值的提高，个体风险的传染步长分布会发生明显改变，部分节点的传染步长会有所增加。三个仿真实验中，个体风险传染步长最大值为6。参数 ρ 设计为0.8、1.0和1.2时仿真实验的平均步长分别为1.200、1.667和2.286。个体风险传染的持续力度不大。在参数 $\rho = 1.2$ 的仿真测算实验中，网络传染比率最大值为0.1176。个体风险传染的最坏情况是某个核心节点的破产将使台州损失11.76%的网络规模。在 $\rho = 0.8$ 和 $\rho = 1.2$ 的仿真实验中，网络传染比率的极值为0.0981和0.1176。三个仿真实验中，个体风险传染涉及10%以上网络规模的节点比例分别为0/102、1/102和2/102，引发涉及20%以上网络规模的风险传染效应的节点比例为0/102、0/102和0/102。总体上看，台州地方融资网络结构较为稳健，随机性个体风险不会演进为网络系统性风险。

同时，仿真实验结果也表明，台州地方融资网络结构具有一定的脆弱性。参数 ρ 值设计为0.8的仿真实验中，系统重要性排位前1、前3和前5的节点同时破产将会使台州地方融资网络损失9.08%、26.47%和41.18%的节点。参数 $\rho = 1.0$ 的仿真实验中，系统重要性前1、前3和前5的节点同时破产引发的风险传染将使台州地方融资网络规模损失11.76%、30.39%和47.06%。而 $\rho = 1.2$ 的仿真结果与 $\rho = 1.0$ 时的仿真结果相一致。这说明，台州地方融资网络结构较为脆弱，难以应对针对特定节点的"蓄意风险攻击"，在整体经济环境恶化的情况下脆弱性更加明显。总体上看，台州地方融资网络结构既稳健又脆弱。

第五节　嘉兴地方融资圈风险传染效应评价

嘉兴地方融资网络内所有117个节点的个体风险传染效应仿真结果可详见图18-9，左侧图分别显示了低（$\rho = 0.8$）、中（$\rho = 1.0$）和高（$\rho = 1.2$）三个不同参数水平时嘉兴地方融资网络个体风险传染强度的

分布情况，而右侧图则显示了对应的个体风险传染损失倍数的分布情

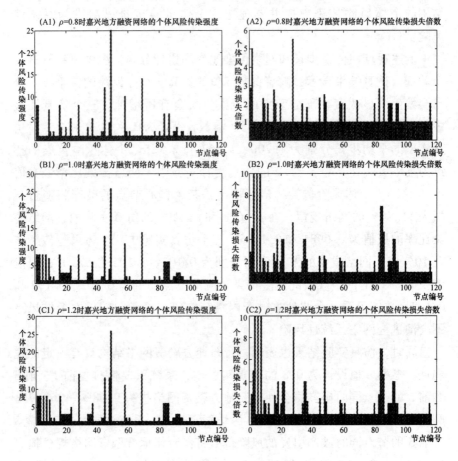

图 18 - 9　嘉兴地方融资网络的个体风险传染效应仿真结果

况。参数设计为 0.8 时，个体风险传染强度的仿真测算最大值为 25，即在最坏的情况下单个企业破产将使其他 24 家企业在多米诺骨牌式连锁反应中破产。同时，也有 85 个节点破产后没有引起多米诺骨牌式连锁反应。该仿真实验中，嘉兴地方融资网络的个体风险传染强度均值为 2.145，传染强度相对较高。该仿真实验结果也表明，个体风险传染的损失倍数最大值为 5.5，即该节点破产对融资网络造成的风险损失将是该节点财务健康指标（净资产）的 5.5 倍。损失倍数均值为 1.349，处于低位。上述数据说明嘉兴融资网络结构在 $\rho = 0.8$ 时的仿真实验中表现较为稳健。个体风险传染效应并不显著，也不会演进为区域融资网络

的系统性威胁。但极端情况的局部风险传染较为强烈，会给融资网络带来较大损失。

参数 $\rho = 1.0$ 的仿真实验中，嘉兴个体风险传染强度最大值为 26，较 $\rho = 0.8$ 时的仿真结果略有增加。另外，还有 72 个节点破产后并没有引起多米诺骨牌式连锁反应。该实验中，嘉兴地方融资网络的个体风险传染强度均值为 2.581，传染强度略有增大。该仿真实验结果显示，个体风险传染的损失倍数最大值为 10，即该节点破产对融资网络造成的风险损失将是该节点财务健康指标（净资产）的 10 倍。风险传染损失倍数的均值为 1.869，比 $\rho = 0.8$ 的仿真结果略有增强。某些核心企业的破产将在局部引发较为明显的风险传染，甚至可能会对整体融资网络构成威胁。

另外，参数 $\rho = 1.2$ 的仿真实验显示，嘉兴个体风险传染强度最大值为 26，与 $\rho = 1.0$ 的仿真结果相一致；依然有 72 个节点破产后没有引起多米诺骨牌式连锁反应。该实验表明，嘉兴地方融资网络的个体风险传染强度均值为 2.709，传染强度较 $\rho = 1.0$ 时又略有增强，但并没有因为参数的进一步提高而显著变化。仿真实验结果也显示，损失倍数的最大值为 10，与 $\rho = 1.0$ 的仿真结果相一致。风险传染损失倍数的均值为 1.946，较 $\rho = 1.0$ 的仿真结果略有提高。这说明嘉兴地方融资网络结构对参数 ρ 值的变动并不敏感。考虑到其较小的网络规模，嘉兴地方融资网络局部个体风险传染效应较为显著，个体风险容易演进为系统性风险。

上述观点在传染步长和网络传染比率的累计分布情况中将得到进一步验证。仿真结果显示，随着参数 ρ 值的提高，个体风险的传染步长分布会发生明显改变，部分节点的传染步长会有所增加。三个仿真实验中，个体风险传染步长最大值为 5。参数 ρ 设计为 0.8、1.0 和 1.2 时仿真实验的平均步长分别为 1.000、1.200 和 1.833。个体风险传染的持续力度不大。在参数 $\rho = 1.2$ 的仿真测算实验中，网络传染比率最大值为 0.2222。个体风险传染的最坏情况是某个核心节点的破产将使嘉兴损失 22.22% 的网络规模。在 $\rho = 0.8$ 和 $\rho = 1.0$ 的仿真实验中，网络传染比率的极值为 0.2137 和 0.2222。三个仿真实验中，个体风险传染涉及 10% 以上网络规模的节点比例分别为 3/117、3/117 和 5/117，引发涉及 20% 以上网络规模的风险传染效应的节点比例为 1/117、1/117 和 1/117。总体上看，嘉兴地方融资网络结构较为稳健，但部分核心节点的个体风险可能会演进为网络系统性风险。

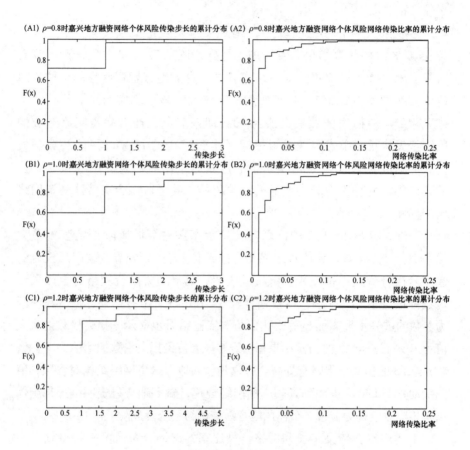

图 18 - 10　嘉兴地方融资网络个体风险传染步长及
网络传染比率的累计分布

　　同时，仿真实验结果也表明，嘉兴地方融资网络结构较为脆弱。参数 ρ 设计为 0.8 的仿真实验中，系统重要性排位前 1、前 3 和前 5 的节点同时破产将会使嘉兴地方融资网络损失 21.37%、43.59% 和 58.97% 的节点。参数 ρ = 1.0 的仿真实验中，系统重要性前 1、前 3 和前 5 的节点同时破产引发的风险传染将使嘉兴地方融资网络规模损失 22.22%、45.30% 和 61.54%。ρ = 1.2 的仿真结果与参数 ρ = 1.0 的仿真实验相一致。上述数据说明，嘉兴地方融资网络结构较为脆弱，难以应对针对特定节点的"蓄意风险攻击"。总体上看，嘉兴地方融资网络结构较为脆弱而且稳健程度也不高。

第六节 湖州地方融资圈风险传染效应评价

湖州地方融资网络内所有 61 个节点的个体风险传染效应仿真结果可详见图 18-11，左侧图分别显示了低（$\rho=0.8$）、中（$\rho=1.0$）和高（$\rho=1.2$）三个不同参数水平时湖州地方融资网络个体风险传染强度的分布情况，而右侧图则显示了对应的个体风险传染损失倍数的分布情况。

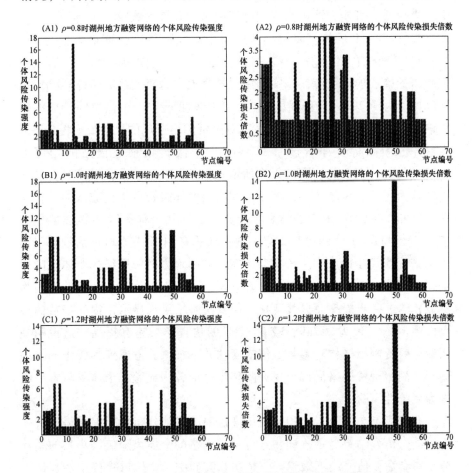

图 18-11 湖州地方融资网络的个体风险传染效应仿真结果

参数 ρ 设计为 0.8 时，个体风险传染强度的仿真测算最大值为 17，即在最坏的情况下单个企业破产将使其他 16 家企业在多米诺骨牌式连锁反应中破产，在 61 个节点的融资网络内这一规模风险传染效应的破坏性不容小觑。同时，也有 34 个节点破产后没有引起多米诺骨牌式连锁反应。该仿真实验中，湖州融资网络的个体风险传染强度均值为 2. 557，传染强度相对较高。该仿真实验结果也表明，个体风险传染的损失倍数最大值为 4，即该节点破产对融资网络造成的风险损失将是该节点财务健康指标（净资产）的 4 倍。损失倍数均值为 1. 74，处于低位。上述数据说明湖州地方融资网络结构在 $\rho = 0.8$ 时的仿真实验中表现较为稳健。但考虑到该网络较小的网络规模，极端情况的局部风险传染较为强烈，可能会演进为区域融资网络的系统性威胁。

　　参数 $\rho = 1.0$ 的仿真实验中，湖州个体风险传染强度最大值为 17，与 $\rho = 0.8$ 时的仿真结果一致。另外，还有 31 个节点破产后并没有引起多米诺骨牌式连锁反应。该实验中，湖州地方融资网络的个体风险传染强度均值为 3. 295，传染强度较大。该仿真实验中，个体风险传染的损失倍数最大值为 14，即该节点破产对融资网络造成的风险损失将是该节点财务健康指标（净资产）的 14 倍。风险传染损失倍数的均值为 2. 523，比 $\rho = 0.8$ 的仿真结果有所增强。某些核心企业的破产将在局部引发较为明显的风险传染，甚至可能会对整体融资网络构成威胁。

　　另外，参数 $\rho = 1.2$ 的仿真实验显示，湖州个体风险传染强度最大值为 17，与 $\rho = 1.0$ 的仿真结果一致；依然有 31 个节点破产后没有引起多米诺骨牌式连锁反应。该实验表明，湖州地方融资网络的个体风险传染强度均值为 3. 639，传染强度较 $\rho = 1.0$ 时略有增强，但并没有因为参数 ρ 的进一步提高而显著变化。仿真实验结果也显示，损失倍数的最大值为 14，均值为 2. 749，较 $\rho = 1.0$ 的仿真结果略有提高。这说明湖州地方融资网络结构对参数 ρ 值的变动并不敏感。考虑到其较小的网络规模，湖州融资网络局部个体风险传染效应较为显著，个体风险容易演进为系统性风险。

　　上述观点在传染步长和网络传染比率的累计分布情况中将得到进一步验证。仿真结果显示，湖州地方融资网络的个体风险传染步长的累计分布对参数 ρ 值变动不敏感。三个仿真实验中，个体风险传染步长最大值为 5。参数 ρ 设计为 0.8、1.0 和 1.2 时仿真实验的平均步长分别为 1. 833、2. 143 和 1. 667。个体风险传染的持续力度不大。在参数 $\rho =$ 1.2 的仿真实验中，网络传染比率最大值为 0. 2787。个体风险传染的最

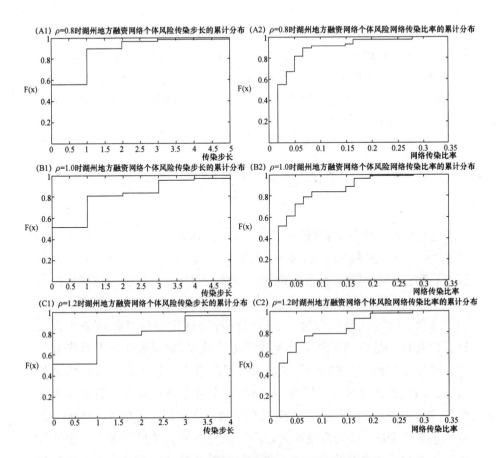

**图18-12　湖州地方融资网络个体风险传染步长及
网络传染比率的累计分布**

坏情况是某个核心节点的破产将使湖州损失27.87%的网络规模。在 $\rho=0.8$ 和 $\rho=1.0$ 的仿真实验中，网络传染比率的极值均为0.2787。三个仿真实验中，个体风险传染涉及10%以上网络规模的节点比例分别为5/61、10/63 和 13/61，引发涉及20%以上网络规模的风险传染效应的节点比例为1/61、1/61 和 1/61。总体上看，湖州地方融资网络结构稳健程度较低，核心节点的个体风险容易演进为网络系统性风险。

同时，仿真实验结果也表明湖州地方融资网络结构较为脆弱。参数 ρ 值设计为0.8的仿真实验中，系统重要性排位前1、前3和前5的节点同时破产将会使湖州地方融资网络损失27.87%、60.66%和83.61%的节点。参数 $\rho=1.0$ 的仿真实验中，系统重要性前1、前3和前5的节点同时破产引发的风险传染将使湖州地方融资网络规模损失 27.87%、63.93% 和 86.89%。$\rho = 1.2$ 的仿真结果为 27.87%、63.93% 和 95.08%。上述数据说明，湖州地方融资网络结构十分脆弱，难以应对针对特定节点的"蓄意风险攻击"。总体上看，湖州地方融资网络结构较为脆弱而且稳健程度也不高。

第七节 金华地方融资圈风险传染效应评价

金华地方融资网络内所有 99 个节点的个体风险传染效应仿真结果可详见图 18 – 13，左侧图分别显示了低（$\rho = 0.8$）、中（$\rho = 1.0$）和高（$\rho = 1.2$）三个不同参数水平时金华地方融资网络个体风险传染强度的分布情况，而右侧图则显示了对应的个体风险传染损失倍数的分布情况。

参数 ρ 值设计为 0.8 时，个体风险传染强度的仿真测算最大值为 30，即在最坏的情况下单家企业破产将使其他 29 家企业在多米诺骨牌式连锁反应中破产。在 99 个节点的融资网络内，这一规模风险传染效应足以酿成系统性风险。同时，也有 72 个节点破产后没有引起多米诺骨牌式连锁反应。该仿真实验中，金华地方融资网络的个体风险传染强度均值为 2.293，传染强度相对较高。该仿真实验结果也表明，个体风险传染的损失倍数最大值为 4，即该节点破产对融资网络造成的风险损失将是该节点财务健康指标（净资产）的 4 倍。损失倍数均值为 1.404，处于低位。上述数据说明金华地方融资网络结构在 $\rho = 0.8$ 时的仿真实验中表现较为稳健，但个别核心节点破产引发的风险传染较为强烈，足以成为区域融资网络的系统性威胁。

参数 $\rho = 1.0$ 的仿真实验中，金华个体风险传染强度的最大值为 30，与 $\rho = 0.8$ 时的仿真结果相一致。另外，还有 70 个节点破产后并没有引起多米诺骨牌式连锁反应。该实验中金华地方融资网络的个体风险传染强度均值为 2.364，传染强度较大。该仿真实验中，个体风险传染的损失倍数最大值为 5，即该节点破产对融资网络造成的风险损失将是该节点财务健康指标（净资产）的 5 倍。风险传染损失倍数的均值为 1.485，比 $\rho = 0.8$ 的仿真结果略有增强。某些核心企业的破产将在局部引发较为明显的风险传染，将对整体融资网络构成威胁。

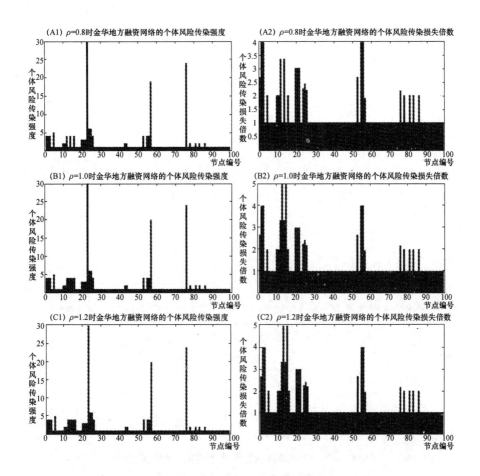

图 18 - 13　金华地方融资网络的个体风险传染效应仿真结果

　　另外，参数 $\rho = 1.2$ 的仿真实验显示，金华个体风险传染强度最大值为 30，与 $\rho = 0.8$ 和 $\rho = 1.0$ 的仿真结果相一致；依然有 70 个节点破产后没有引起多米诺骨牌式连锁反应。该实验表明，金华地方融资网络的个体风险传染强度均值为 2.364，与 $\rho = 1.0$ 时相一致。仿真实验结果也显示，损失倍数的最大值为 5，均值为 1.485，与 $\rho = 1.0$ 的仿真结果相一致。这说明金华地方融资网络结构对参数 ρ 值的变动并不敏感。金华地方融资网络局部个体风险传染效应较为显著，个体风险容易演进为系统性风险。

　　上述观点在传染步长和网络传染比率的累计分布情况中将得到进一步验证。仿真结果显示，金华地方融资网络的个体风险传染步长的累计

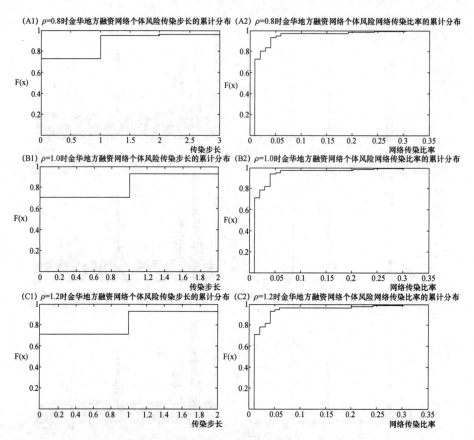

图 18 - 14　金华地方融资网络个体风险传染步长及

网络传染比率的累计分布

分布和网络传染比率的累计分布都对参数 ρ 值变动不敏感。三个仿真实验中，个体风险传染步长最大值为 2。参数 ρ 值设计为 0.8、1.0 和 1.2 时仿真实验的平均步长分别为 1.20、0.75 和 0.75。个体风险传染十分短促。在参数 $\rho = 1.2$ 的仿真实验中，网络传染比率最大值为 0.303。个体风险传染的最坏情况是某个核心节点的破产将使金华损失 30.3% 的网络规模。在 $\rho = 0.8$ 和 $\rho = 1.0$ 的仿真实验中，网络传染比率的极值均为 0.303。三个仿真实验中，个体风险传染涉及 10% 以上网络规模的节点比例均为 3/99；引发涉及 20% 以上网络规模的风险传染效应的节点比例为 2/99、3/99 和 3/99；引发个体风险传染涉及 30% 以上网络规模的节点比例均为 1/99。总体上看，金华地方融资网络结构稳健程度较低，核心节点的个体风险容易演进为网络系统性风险。

　　同时，仿真实验结果也表明金华地方融资网络结构较为脆弱。参数 $\rho = 0.8$ 的仿真实验中，系统重要性排位前 1、前 3 和前 5 的节点同时破产将会使金华地方融资网络损失 30.30%、73.74% 和 85.86% 的节点。参数 $\rho = 1.0$ 的仿真实验中，系统重要性前 1、前 3 和前 5 的节点同时破产引发的风险传染将使金华地方融资网络规模损失 30.30%、74.75% 和 86.87%。$\rho = 1.2$ 的仿真结果与参数 $\rho = 1.0$ 的仿真实验相一致。上述数据说明，金华地方融资网络结构较为脆弱，难以应对针对特定节点的"蓄意风险攻击"。总体上看，金华地方融资网络结构较为脆弱而且稳健程度也不高。

第十九章 网络结构与风险传染效应考察

仿真实验模拟了企业间风险传染机理，测量了个体风险引发的风险传染效应，并对浙江 7 个地区融资网络的稳健性和脆弱性做了定量评估。本章在仿真实验的基础上进一步讨论融资网络结构对风险传染效应的影响。讨论将分两个层面进行。首先，本章将分析派系的结构属性对风险传染效应的影响，比较明星模式、抱团模式和结盟模式的风险传染效应，探讨上述三种融资结网模式的稳健性和脆弱性。其次，本章将在融资网络宏观结构的层面上考虑决定整体融资网络风险传染效应的结构决定因素。讨论派系融资结网模式和破碎化网络结构对融资网络的稳健性和脆弱性的影响。

第一节　派系结构属性对风险传染效应的影响

一　平均凝聚系数

根据凝聚系数的定义，某一节点凝聚系数越高，则表示以该节点为焦点的中心网络内三角闭合回路的数量也就越多。节点 i 的凝聚系数提高会使节点 i 与它的网络近邻之间存在更多的三角闭合回路。这一特性会在两个方面影响节点 i 破产后引发的风险传染效应。三角闭合回路增多将使节点 i 的网络近邻面临更快、更强烈的风险加速效应。网络近邻不仅会直接受到来自节点 i 的直接传染，还会受到三角闭合回路上源自节点 i 并经其他节点传递过来的间接传染。这样，风险传染效应迅速叠加，伙伴之间也更容易形成情绪共振，加剧恐慌。闭合回路也因此成为风险加速效应形成的重要结构要素。凝聚系数的提高将增强多米诺骨牌效应。某个节点是否破产取决于其网络近邻之中有多少处于破产或不利的财务状况之下。节点 i 破产时，其网络近邻伙伴受到风险传染很有可能同时处于财务困境之中，高凝聚系数意味着节点 i 的网络近邻此时不得不面对自身中心网络内多个近邻同时陷入财务困境的局面，从而破产概率大增。所以，节点 i 的凝聚系数越高，其引发的风险传染效应也越大，越容易造成多米诺骨牌效应。

同样的论述也很容易推广到融资派系层面。我们所说的融资派系是指这样的一个子网络，该子网络内任何两个节点都能直接或间接地实现连接，但它们都不与该子网络外的节点彼此连接。派系凝聚系数提高，意味着派系内部三角回路的增多，进而使风险加速得以快速实现，并增强多米诺骨牌效应。闭合回路的数量是决定风险加速效应能否形成的关键结构要素。缺少闭合回路的融资派系由于不会存在明显的风险加速效应，关系网络往往成为分散个体风险的利器。高凝聚系数网络（或中等凝聚系数的大规模网络）中存在大量的三角闭合回路，为个体风险的持续加速、叠加提供了十分有利的结构环境。这也是为何动态理论模型揭示，风险传染效应会随着网络平均中心度的提高而呈"U"形变化的原因所在。也就是说，个体风险很容易在高凝聚系数融资派系中演进升级为派系的系统性风险。单个节点破产引发的风险传染效应将使派系大多数成员在多米诺骨牌式连锁反应中破产倒闭。仿真实验结果的统计分析支持了上述的观点。图 19-1 提供了融资派系平均凝聚系数和 $\rho=1.0$ 时仿真实验中的风险传染效应的散点图。图形显示，平均凝聚系数与派系传染比率均值显著正相关，相关系数为 0.550，显著性水平为 0.01。

二　平均中心度及度分布

平均中心度对风险传染效应的影响方向并不明确。本书构建的随机微分方程动态理论模型揭示风险传染效应与平均中心度之间存在"U"形关系，即当平均中心度处于低位时，提高平均中心度将大大增强网络分散个体风险损失的能力，从而可以很好地降低风险传染效应。然而，随着平均中心度的提高，派系内部凝聚系数也随之增大，闭合回路数量也持续增加，从而使风险加速效应更加明显，甚至于超过之前因平均中心度提高带来的风险分散效应。可以说，凝聚系数在平均中心度对风险传染效应的作用机理中充当着"调节变量"的作用，不仅会调节其作用大小，甚至会改变作用方向。这一点在本书的动态理论模型研究中进行了较为充分的讨论，在此不再赘述。仿真实验结果的统计分析也支持了上述观点。

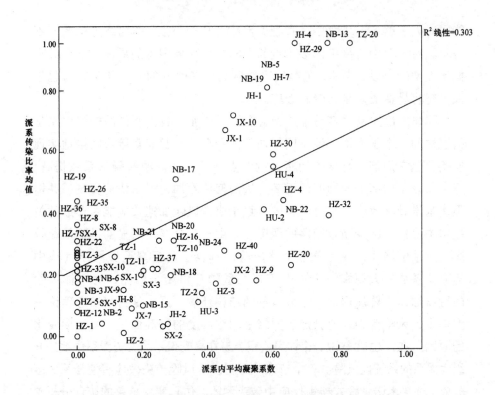

图 19 - 1　派系传染比率均值与平均凝聚系数的散点分布

图 19 - 2（a）显示在凝聚系数为零的派系组别中，派系平均中心度将会与 $\rho = 1.0$ 时仿真测算的风险传染效应负相关。提高平均中心度将可能降低个体风险的派系传染比率。这一组别的相关性检验也发现，两者显著负相关，相关系数为 -0.672，显著性水平为 0.01。而图 19 - 2（b）显示凝聚系数不为零的派系组别中，派系平均中心度和风险传染效应的关联性并不明朗。派系平均中心度与个体风险传染比率大致呈二次 "U" 形曲线关系。相关性检验也证实了这一点。

同时，度分布情况在某种程度上也充当着 "调节变量" 的作用，影响着平均中心度对风险传染效应的作用功效。不均衡的度分布促使融资网络形成 "核心—边缘" 网络结构，并使核心区形成高凝聚系数、高密度的子网络（见图 19 - 3）。在整个派系平均中心度达到 2—3 的水平时，核心区平均中心度可能达到 7—8，甚至更高，并存在大量的三角回路。核心节点破产将在核心区形成严重的风险传染，并使整个派系

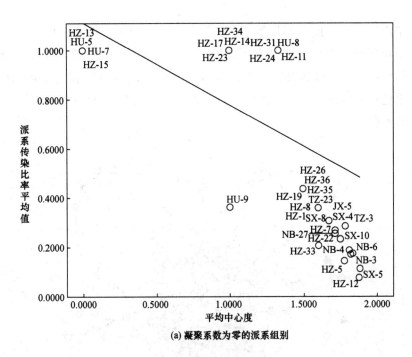

(a) 凝聚系数为零的派系组别

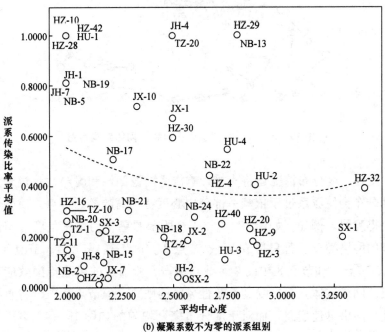

(b) 凝聚系数不为零的派系组别

图 19 - 2 派系传染比率与平均中心度的散点

趋于崩溃。中心度的不均衡分布如果是以这种形式出现的，那么整个派系很难抵抗风险传染，并有可能形成"不鲁棒且脆弱"的网络。因此，度分布不均匀程度越高，派系内越容易形成"核心—边缘"结构，派系稳定性越依赖核心节点。因此，过于严重的度分布不均匀程度将增加派系的脆弱性。

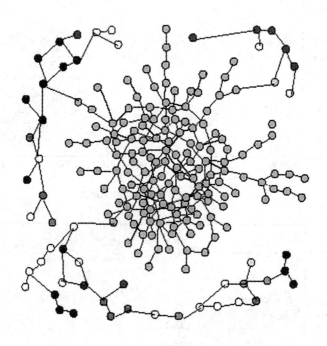

图 19 - 3　典型的"核心—边缘"网络结构示意

此外，度分布情况还将直接影响派系的稳健性和脆弱性。过于失衡的度分布会使派系过于依赖一部分中心度特别高的核心节点，使融资网络变得脆弱。例如，如图 19 - 4（A）所示的星状网络图是度分布最不均衡的网络类型。若只是节点1、节点2、节点3、节点4、节点5、节点6、节点7和节点8中的某个节点破产，所引发的风险传染效应较为有限，网络整体并没有受到系统性风险的威胁。但节点9破产将直接导致整个网络迅速崩溃。而对于度分布完全均匀的如图 19 - 4（B）所示的融资网络而言，整个网络并不会特别依赖于某一个节点，因此会更为稳健。如图 19 - 4（A）所示网络会由于针对节点9的蓄意攻击显得十分脆弱。而如图19－4（B）所示网络则并不会由于针对某个节点的蓄意攻击而崩溃，其风险在于某个节点破产后引发的风险传染。

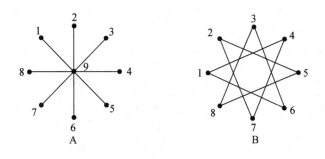

图19－4　星状网络结构与均匀的网络结构示意

第二节　三类融资结网模式的风险传染效应比较

在本书归纳的四种融资结网模式中，孤立模式的风险传染问题较为简单。由于符合孤立模式的派系均为各个地方融资网络内的孤立点，个体风险的爆发并不会引发风险传染，更不会升级为系统性风险。更为重要的是，其他三种融资结网模式的风险传染效应，明星模式、抱团模式和结盟模式具有各自鲜明的结构特征，其成员派系结构属性指标的统计也存在这样或那样的显著差异。其面临的系统性风险类型和风险传染效应也存在较大区别。本书在仿真实验结果的统计基础上比较和讨论明星模式、抱团模式和结盟模式的风险传染效应，以及派系的稳健性和脆弱性。浙江7个地区融资网络内140个派系中从属于明星模式的有67个，从属于抱团模式的有29个，结盟模式有20个。本章将结合 $\rho = 1.0$ 时的仿真实验结果比较和讨论不同融资结网模式的风险传染效应，以及从属成员派系的稳健性和脆弱性。

表 19 - 1　　　　　　　链状结构模式成员派系的风险传染效应

派系编号	派系规模	$\rho = 1.0$ 仿真实验的派系传染比率（%）		
		最小值	最大值	均值
HZ - 6	2	100.00	100.00	100.00
HZ - 11	3	100.00	100.00	100.00
HZ - 14	2	100.00	100.00	100.00
HZ - 17	2	100.00	100.00	100.00
HZ - 23	2	100.00	100.00	100.00
HZ - 24	3	100.00	100.00	100.00
HZ - 31	3	100.00	100.00	100.00
HZ - 34	2	100.00	100.00	100.00
HZ - 44	3	100.00	100.00	100.00
HZ - 45	3	100.00	100.00	100.00
NB - 1	2	100.00	100.00	100.00
NB - 8	3	100.00	100.00	100.00
NB - 9	2	100.00	100.00	100.00
NB - 14	2	100.00	100.00	100.00
NB - 23	3	100.00	100.00	100.00
NB - 26	2	100.00	100.00	100.00
NB - 28	2	100.00	100.00	100.00
NB - 29	2	100.00	100.00	100.00
NB - 31	3	100.00	100.00	100.00
SX - 7	2	100.00	100.00	100.00
SX - 9	3	100.00	100.00	100.00
TZ - 4	3	100.00	100.00	100.00
TZ - 6	3	100.00	100.00	100.00
TZ - 8	3	100.00	100.00	100.00
TZ - 16	3	100.00	100.00	100.00
TZ - 19	3	100.00	100.00	100.00
TZ - 21	2	100.00	100.00	100.00
TZ - 22	2	100.00	100.00	100.00
JX - 3	3	100.00	100.00	100.00
JX - 4	3	100.00	100.00	100.00

续表

派系编号	派系规模	$\rho=1.0$ 仿真实验的派系传染比率（%）		
		最小值	最大值	均值
JX – 6	3	100.00	100.00	100.00
JX – 8	2	100.00	100.00	100.00
JX – 11	2	100.00	100.00	100.00
JX – 12	3	100.00	100.00	100.00
HU – 7	3	100.00	100.00	100.00
HU – 8	2	100.00	100.00	100.00
JH – 3	2	100.00	100.00	100.00

一　明星模式

明星模式可以细分为链状结构模式和星状结构模式。这两种融资结网模式的成员派系在平均中心度和凝聚系数的统计归类中较为一致，但风险传染效应的仿真结果却存在较大差异。链状结构模式多为派系规模较小，各个成员节点串联成为直条式的链状结构。这样的网络规模和网络结构是极不稳定的，每个成员节点的中心度均不超过2，风险分散能力相当有限。一旦某个节点爆发个体风险而破产，其破产风险将会沿着关系链形成多米诺骨牌效应，使整个小规模派系面临崩溃。表19-1汇总了归属于链状结构模式的37个融资派系的仿真结果。这37个派系规模均不超过3个节点，整个网络显得很脆弱且很不稳健，任何一个成员节点的破产都将引起整个派系的彻底崩溃。

表19-2　　　　星状结构模式成员派系的风险传染效应

派系编号	派系规模	$\rho=1.0$ 仿真实验的派系传染比率（%）		
		最小值	最大值	均值
HZ – 1	5	20.00	100.00	36.00
HZ – 5	13	7.69	76.92	14.20
HZ – 7	6	16.67	100.00	30.56
HZ – 8	5	20.00	100.00	36.00
HZ – 12	25	4.00	80.00	7.84
HZ – 19	4	25.00	100.00	43.75

续表

派系编号	派系规模	$\rho=1.0$ 仿真实验的派系传染比率（%）		
		最小值	最大值	均值
HZ－22	7	14.29	100.00	26.53
HZ－26	4	25.00	100.00	43.75
HZ－33	10	10.00	100.00	21.00
HZ－35	4	25.00	100.00	43.75
HZ－36	4	25.00	100.00	43.75
HZ－38	4	25.00	100.00	43.75
HZ－41	4	25.00	100.00	43.75
NB－3	11	9.09	63.64	17.36
NB－4	10	10.00	100.00	19.00
NB－6	12	8.33	100.00	17.36
NB－7	4	25.00	100.00	43.75
NB－27	7	14.29	100.00	25.53
SX－4	6	16.67	100.00	30.56
SX－5	17	5.88	100.00	11.42
SX－8	6	16.67	100.00	30.56
SX－10	8	12.50	100.00	23.44
TZ－3	9	11.11	100.00	28.40
TZ－9	5	20.00	100.00	36.00
TZ－17	4	25.00	100.00	43.75
TZ－18	4	25.00	100.00	43.75
TZ－23	5	20.00	100.00	36.00
JX－5	5	20.00	100.00	36.00
HU－9	5	20.00	100.00	36.00
JH－5	4	25.00	100.00	43.75

　　星状结构模式大多具有较为典型的星状网络结构，派系规模也相对较大。融资派系内部"核心—边缘"结构十分明显，1个或若干个节点处于核心地位，具有很高的中心度，其余节点分布于派系边缘，中心度均为1。如果个体风险发生于边缘节点，往往不会引发强烈的风险传染，不会危害到派系整体。如果个体风险发生在核心节点，个体风险往

往会引发强烈的风险传染，拖累与该核心节点直接关联的大部分节点，往往会使整个派系完全崩溃。

表19-2汇总了30个归属于星状结构模式的派系的仿真实验结果。仿真实验中派系传染比率的最大值的分布情况表明，这30个融资派系都具有脆弱性，很难应对核心节点破产引发的风险传染。传染比率均值则说明，这类融资结网模式总体上表现出一定的稳健性，引发派系系统性崩溃的概率相对较小。而且，随着网络规模的提高，这种稳健且脆弱的特征会表现得更为明显。

二　抱团模式

抱团模式的结构特征是派系内部凝聚系数较高，平均中心度也较高。共有铁三角抱团模式、小抱团模式和大抱团模式三个子类型。铁三角抱团模式是一种较为特殊的网络结构，派系由3个节点构成，这3个成员节点相互关联构成一个三角形融资子网络。从而，使派系内3个成员节点相互依赖，构成"一损俱损"态势，只要其中任何一个成员破产，其余两个成员必然跟着破产，整个派系也将崩溃。表19-3汇总的仿真结果验证了上述观点。铁三角抱团模式在个体风险传染面前既不稳健又很脆弱。

表19-3　　　　铁三角抱团模式成员派系的风险传染效应

派系编号	派系规模	$\rho=1.0$仿真实验的派系传染比率（%）		
		最小值	最大值	均值
HZ-10	3	100.00	100.00	100.00
HZ-28	3	100.00	100.00	100.00
HZ-42	3	100.00	100.00	100.00
NB-12	3	100.00	100.00	100.00
HU-1	3	100.00	100.00	100.00
JH-6	3	100.00	100.00	100.00

小抱团模式表现为一种"小而紧"的网络结构，即网络规模不大，但平均中心度和平均凝聚系数相对较高。归属于这类融资结网模式的派系大多具有一定的脆弱性，爆发于核心区的个体风险都可能引发全局性的风险传染。而且相较于星状结构模式，能够引发全局性风险传染的节

点从数量和比例上都要多出很多。这也意味着这种"小而紧"的融资模式也会形成"一损俱损"态势。总体上看，小抱团模式较铁三角抱团模式要更为稳健。但和星状结构模式相比稳健性就要差一些。表19－4列出了属于小抱团模式的21个派系的仿真结果。仿真实验验证了之前论述的观点。风险传染效应的最大值分布情况验证了该类结网模式具有脆弱性的观点，而均值分布情况与最大值、最小值分布情况的比较则说明这类融资结网模式的稳健性较差，个体风险比星状结构模式更容易引发大规模风险传染。当然，这类融资结网模式的稳健性还是要好

表19－4　　　　　　　　小抱团模式成员派系的风险传染效应

派系编号	派系规模	$\rho=1.0$ 仿真实验的派系传染比率（%）		
		最小值	最大值	均值
HZ－4	6	16.67	100.00	44.44
HZ－9	17	5.88	100.00	17.99
HZ－20	14	7.14	100.00	23.47
HZ－29	5	100.00	100.00	100.00
HZ－30	8	12.50	100.00	59.38
HZ－32	10	10.00	100.00	39.00
HZ－40	11	9.09	100.00	25.65
NB－5	4	25.00	100.00	81.25
NB－13	5	100.00	100.00	100.00
NB－19	4	25.00	100.00	81.25
NB－22	6	16.67	100.00	44.44
NB－24	10	10.00	100.00	28.00
TZ－20	4	100.00	100.00	100.00
JX－1	8	12.50	100.00	67.19
JX－2	14	7.14	57.14	18.37
JX－10	6	16.67	100.00	72.22
HU－2	9	11.11	100.00	40.74
HU－4	10	10.00	100.00	55.00
JH－1	4	25.00	100.00	81.25
JH－4	4	100.00	100.00	100.00
JH－7	4	25.00	100.00	81.25

于链状明星结网模式和铁三角抱团模式。

大抱团模式也是较为特殊的一类结网模式的子类型。它的网络规模要比前两种抱团模式大得多。平均中心度相对较高，但凝聚系数明显要比前两种抱团模式低，相关结构属性的统计指标上较为接近于结盟模式。但网络结构形态上整体性很强，"核心—边缘"网络结构特征较为明显，核心区内凝聚系数和平均中心度均处于高位。与结盟模式最大的区别就在于从结构形态上不能进一步划分为几个相对独立的支系。这样的网络结构将使该类融资结网模式具有一定的脆弱性，难以抵抗源于核心区的风险传染。而且，能够引发大规模甚至全局性的核心节点数量往往较多。同时，大量边缘节点的存在也增强了它的稳健性。绍兴地区两个派系的仿真实验结果在一定程度上验证了上述观点。仿真结果暗示，大抱团模式的脆弱性可能要好于之前的几种结网模式。但核心区的传染依然可能是致命的。$\rho = 1.0$ 的仿真实验中，有 4 个位于派系 SX - 1 的核心节点破产后将引发全局性风险传染，导致 91.47% 的派系节点损失。而 $\rho = 1.2$ 的仿真实验中将会有 9 个这样的企业，它们任何一家企业破产都将导致该派系损失 91.47% 的节点。然而，表 19 - 5 派系传染比率的均值分布情况则暗示，由于存在大量的边缘节点，这些派系总体表现还是比较稳健的，尤其是规模较大的派系 SX - 2。

表 19 - 5　　　　　　　大抱团模式成员派系的风险传染效应

派系编号	派系规模	$\rho = 1.0$ 仿真实验的派系传染比率（%）		
		最小值	最大值	均值
SX - 1	48	2.08	91.47	20.18
SX - 2	108	0.93	37.96	2.85

三　结盟模式

结盟模式的结构特征是网络规模较大，平均中心度和凝聚系数也相当可观。但凝聚系数要显著低于抱团模式。特别是，归属于结盟模式的派系大多可以清晰地解构为若干个相对独立的支系，而且各个支系之间的融资关系数量较少。因此，个体风险传染往往会被局限于特定的某个支系内。这样的结构模式在很大程度上降低了整个派系的脆弱性，而且提高了派系的稳健性。表 19 - 6 列出了归属于结盟模式的 20 个派系的风险传染效应。结果显示，结盟模式抵抗"蓄意性风险攻击"的能力要比抱团模式和明星模式都更强一些。而且整体网络的稳健性也要好于抱团模式和明星模式。

表19-6　　　　　　　　　　结盟模式成员派系的风险传染效应

派系编号	派系规模	$\rho=1.0$ 仿真实验的派系传染比率（%）		
		最小值	最大值	均值
HZ-2	211	0.47	20.38	1.11
HZ-3	27	3.70	55.56	16.60
HZ-16	7	14.29	100.00	30.61
HZ-37	11	9.09	100.00	22.31
NB-2	58	1.72	41.38	3.57
NB-15	23	4.35	100.00	10.02
NB-17	9	11.11	100.00	50.62
NB-18	13	7.69	100.00	20.12
NB-20	7	14.29	100.00	30.61
NB-21	14	7.14	100.00	30.61
SX-3	13	7.69	69.23	21.89
TZ-1	12	8.33	100.00	26.39
TZ-2	17	5.88	52.94	14.19
TZ-10	7	14.29	100.00	30.61
TZ-11	10	10.00	100.00	21.00
JX-7	54	1.85	48.15	3.94
JX-9	14	7.14	100.00	14.80
HU-3	27	3.70	62.96	10.97
JH-2	54	1.85	55.56	4.15
JH-8	24	4.17	100.00	8.85

　　总体上看，社会资本参与的各种融资结网模式均表现出一定的脆弱性，特定的某些核心节点破产很可能会造成全局性的风险传染，威胁整个派系的生存。考虑到风险传染后，融资网络的稳健性也受到了较大的影响。通过比较可以发现，不同的融资结网模式的稳健性和脆弱性表现不尽相同。总体上看，链状结构模式、铁三角抱团模式的稳健性和脆弱性最差，任何成员的破产都将引起全局性风险传染，并导致派系的崩

溃。小抱团模式的稳健性和脆弱性表现也较差，个体风险很容易演变为系统性风险。大抱团模式稳健性和脆弱性表现都有较大改善，但很难应对源于核心区成员的风险传染。星状结构模式具有脆弱性，但整体还是较为稳健的。而结盟模式则是稳健性和脆弱性表现最好的，既能较好地应对随机性风险，也有一定能力抵抗"蓄意性风险攻击"。

第三节　决定融资网络风险传染效应的结构因素

浙江 7 个地区融资网络结构测度表明，破碎化网络结构是社会资本参与下的融资网络最为醒目的结构特征，整个地区融资网络由数量可观的派系组合而成。个体风险是否会在某个地区融资网络内演进升级为系统性风险取决于两个结构因素：融资结网模式和网络破碎程度。之前的讨论揭示了具有什么样结构特征的派系将会表现出更强的稳健性，也更能应对"蓄意性风险攻击"。那么，由那些本身较为脆弱的派系构成的融资网络是否也必然是脆弱的呢？派系的结构或融资结网模式是否是决定融资网络整体的风险传染效应及其稳定性和脆弱性的唯一结构因素呢？其实不然。网络破碎程度是另外一个至关重要的结构因素，它会在很大程度上影响风险传染效应，并改变融资网络的稳健性和脆弱性。

由于社会资本的运用在一定程度上限制了企业对融资合作伙伴的选择，企业往往是在某个小群体内相互抱团合作，从而使区域融资网络中存在多个不能相互连通的派系。非连通派系的存在是区域融资网络的重要结构特征。由于非连通派系之间不存在风险传染的路径，个体风险引发的风险传染也只能局限于个体所在的非连通派系内部。考虑这样的两个融资网络，A 网络派系集中度很低，网络破碎程度很高，整个网络由很多个小规模派系构成；而 B 网络派系集中度较高，网络破碎程度较低，整个网络由若干个大规模派系组成。由于派系之间的非连通性限制了风险传染的潜在范围，个体风险引发的风险传染很难逾越派系边界。因此，A 网络的派系构成就决定了该网络内不可能发生大规模的风险传染和相应的系统性风险。而 B 网络中的情况就会变得更为复杂。大规模派系的存在为系统性的风险传染提供了条件。如果这些大规模派系本身并不稳健，个体风险很容易引发遍及整个派系的风险传染，那么整个网络系统将始终面临较大的系统性风险。因此，网络破碎程度越低，遏制大规模风险传染的能力越低，融资网络发生大规模系统性风险的可能性也越大。

接下来，本章将对照各地区的仿真实验结果验证上述论点。图19-5（a）显示了杭州地方融资网络结网模式的规模构成情况。55.2%的节点来自4个结盟模式派系，20.8%的节点来自13个星状结构模式派系，15.4%的节点来自7个小抱团模式派系。根据之前的分析，结盟模式和星状结构模式均较为稳健，结网模式的规模构成决定了杭州地方融资网络将具有较高的稳健性。7个小抱团模式派系稳健性欠佳，但每个派系的网络规模占比较小，因此不会对融资网络整体的稳健性构成影响。同时，杭州地方融资网络共有45个派系，网络破碎程度很高。高度破碎化的网络结构不仅进一步增强了网络稳健性程度，而且还极大地改善了网络脆弱性。虽然，明星模式和小抱团模式都具有较强的脆弱性，但高度破碎化的网络结构使这两类模式的单个派系规模占比都很小。虽然某些核心企业破产导致的全局性风险传染会使整个派系崩溃，但却难以对整个融资网络构成严重的威胁。杭州地方融资网络的脆弱性源于4个结盟模式派系。由于这4个派系的网络规模占比相当可观，它们的脆弱性很可能会上升为整个网络的脆弱性。而结盟模式往往会较其他模式具有较强的韧性。因此，杭州地方融资网络结网模式的规模构成和高度破碎化的网络结构改善了整体网络的脆弱性。仿真实验的评价结果也证实了这一点。杭州地方融资网络是浙江7个地区中表现最为稳健的，也是最具韧性的。没有任何一个节点的个体风险引发的风险传染会导致整个网络损失10%以上的节点。同时，前5个核心节点同时受到蓄意攻击也只能使风险传染遍及29.09%的网络规模，表现出较强的韧性，也是脆弱性程度最低的地区。较高的网络破碎程度和融资结网模式的规模构成在很大程度上保障了杭州地方融资网络的稳健性，并降低了整体网络的脆弱程度。

宁波地方融资网络和台州地方融资网络的基本情况与杭州较为类似。宁波地方融资网络规模主要集中在结盟模式派系（6个派系占54.3%）、星状结构模式（5个派系占19.4%）和小抱团模式（5个派系占12.8%）。整个网络共有33个派系，网络破碎程度较高。台州地方融资网络规模主要集中在结盟模式派系（4 个派系占 45.2%）、星状结构模式（5 个派系占 26.4%）和链状结构模式（7 个派系占 18.5%）。整个网络共有 23 个派系，考虑到网络规模因素，其破碎化程度要高于宁波，略逊于杭州。融资结网模式的规模构成和高度破碎化的网络结构保障了两个网络的稳健性。两个网络内仅有 1 个节点和 2 个节点的破产引发的风险传染会造成 10% 以上的网络损失。两地的脆弱性评价结果要稍逊于杭州，前 5 个核心节点同时受到蓄意攻击时引发的风险传染将使两地网络损失 42.11% 和 47.06% 的节点，单个节点引发的风险传染损失均在 11% 上下。

绍兴地方融资网络 73.5% 的节点都集中在 2 个大抱团模式派系（SX - 1 和 SX - 2）中。整体网络的稳健性和脆弱性在很大程度上取决于这两个派系的表现。较低的网络破碎程度使主要派系的抗风险能力与网络整体的抗风险能力直接挂钩，这实际上削弱了整体网络对大规模风险传染的免疫能力。仿真实验显示，SX - 1 派系的稳健性和脆弱性评价结果相对较差，而 SX - 2 派系的评价结果相对较好。总体上看，绍兴地方融资网络的稳健性表现较差，而且较为脆弱。共 212 个成员中有 9 个核心成员的个体风险传染会造成 20% 以上的成员破产。前 5 个核心节点同时受到蓄意攻击时引发的风险传染将使该网络 62.25% 的成员破产。其中，融资结网模式的规模构成和网络破碎程度均起到了关键作用。

嘉兴地方融资网络和湖州地方融资网络的结网模式规模构成较为类似，大多数成员集中于结盟模式和小抱团模式的派系中。同时，这两个地区的网络破碎程度都不高，派系数量相对较少，派系规模集中度相对较高。这样的融资结网模式规模构成和网络破碎程度决定了这两个网络的稳健程度不会很高，而且较为脆弱。仿真实验的结果 ［见图 19 - 5 (e)］ 也验证了上述判断。

金华地方融资网络内 78.8% 的节点都集中在 2 个结盟模式派系中。整体网络的稳健性和脆弱性在很大程度上取决于这两个派系的表现。低网络破碎程度使主要派系的抗风险能力与网络整体的抗风险能力直接挂钩。结盟模式具有稳健且脆弱的风险特征。金华地方融资网络也表现出同样的风险特征。共 99 个成员中有 3 个核心成员的个体风险传染会造成 20% 以上的成员破产。前 5 个核心节点同时受到蓄意攻击时引发的风险传染将使该网络 86.87% 的成员破产。结构因素依然在主导着风险评价。

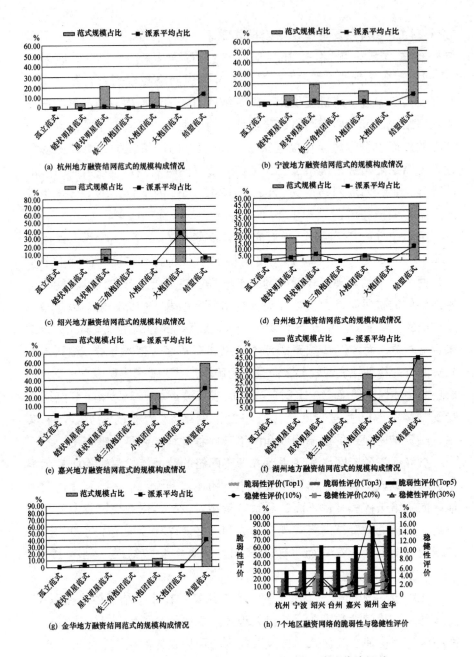

图 19 – 5　各地融资结网模式的规模构成及风险传染评价

　　综上所述，风险传染效应取决于两个关键的结构因素：融资结网模式和网络破碎程度。不同的融资模式具有不同的风险特征，对具体派系的稳健性和脆弱性具有很强的影响作用。因此，融资网络的结网模式及其规模构成就成为决定风险传染效应的关键因素之一。网络破碎程度可以调节结网模式规模构成对风险传染的最终影响。一个由十分脆弱和不稳健的高度破碎化网络，例如全部由链状结构模式派系构成的网络，在整体上可以表现出很好的稳健性和韧性。我们的分析提示，网络破碎程度的提高将有助于增强融资网络的稳健性，并降低其脆弱性。

第四节　浙江地方融资圈的风险传染评价总结

企业间风险传染是个体风险演进升级为区域系统性风险的关键。本书回顾了风险传染的理论机理，并构建了描述企业间风险传染机理的动态理论模型。以理论研究为基础，本书设计了企业间风险传染的仿真模型和具体程序，用于仿真测算浙江 7 个地区融资网络内个体破产在网络内引发的风险传染效应。仿真实验从传染强度、传染损失倍数、传染持续步长和网络传染比率等指标入手，评价分析了这 7 个地区融资网络的稳健性和脆弱性。总体上看，杭州、宁波和台州这三个地区融资网络稳健性程度较高，能够抵抗随机性的风险攻击。随机性个体风险不会轻易地演进升级为系统性风险。绍兴、嘉兴、湖州和金华 4 个地区融资网络的稳健性相对较差，随机性风险引发大规模风险传染的概率相对较大。上述 7 个地区都表现出一定程度的脆弱性，难以应对针对某些核心节点的"蓄意性风险攻击"。仿真实验结果显示，湖州、金华、嘉兴和绍兴的脆弱性程度要高于杭州、宁波和台州。本书在仿真实验基础上对融资网络结构和风险传染效应之间的关联进行了更深入的讨论。我们认为，平均凝聚系数和派系内的风险传染效应正相关。平均中心度则大体上与派系风险传染效应呈"U"形关系，凝聚系数在其中充当着中介变量的作用。平均中心度的提高将增强风险分散能力，也可能增加派系内的闭合回路，增强风险加速效应，并最终扩大风险传染效应。度分布的不均衡将会强化这一"U"形过程。总的来看，凝聚系数是决定风险传染效应的更为关键的结构因素。进一步地，本书认为，融资结网模式会对风险传染效应产生影响。仿真结果表明，除孤立模式之外，链状结构模式和铁三角模式是最为脆弱的，任何成员破产都将使这些小派系完全崩溃。总体上看，网络规模太小的派系显得较为脆弱，这与这类派系的成员不能有效分散风险有关。小抱团模式也同样稳健性较差，而且比较脆弱。个体风险较为容易演进为派系的系统性风险。大抱团模式稳健性表现稍好，但同样难以抵抗源于核心区的风险传染。星状结构模式和结盟模式都具有稳健但脆弱的风险特征。基于上述讨论，本书提出融资结网模式的规模构成和网络破碎程度是决定融资网络风险传染效应，或稳健性和脆弱性的关键结构因素。尤其是网络破碎程度可能会极大地改善整体网络的稳健性和脆弱性。仿真实验结果为本书提出的理论假说5和理论假说6提供了十分有力的证据。

第四篇
地方融资圈风险防范与转型突破对策研究

第二十章 防范三类债务风险集中
爆发的应对建议

第一节 金融危机后的三类债务风险形势

当前需警惕三类债务风险在局部区域的集中爆发。自 2014 年以来，各地债务风险出现回潮迹象，浙江兴润置业、山西海鑫钢铁、河南健丰食品等数十起名企破产事件均在当地引发了程度不一的风险传染。若不加以防范，极有可能重演类似 2011 年温州"跑路潮"式的连环破产危机。更为严峻的是，存在地方政府债务风险、民间金融债务风险和企业部门债务风险在局部区域集中爆发的可能。

一　地方政府债务风险

地方政府债务成为首要风险隐患，基层政府风险应对能力削弱。全国有 99 个市级、195 个县级、3465 个乡镇政府的债务率高于 100%，最高的达到 189%。部分地区信托、BT 融资和违规集资等变相融资问题突出，长债短贷、利息过重、偿付集中等问题则更为普遍。以宁波市为例，2014—2015 年到期债务平摊为日均 1.28 亿元和 0.98 亿元，整体负债率为 108.53%，债务偿还严重依赖土地出让金，其土地财政依赖度高达 85.1%。在土地市场趋冷的情况下，部分市县两级政府只能选择借新还旧，填补债务黑洞，且逾期规模有增加趋势。

二　企业部门债务风险

各地企业间融资关系依然错综复杂，风险传染容易引发连环破产潮。我们对浙江省 213 家上市企业的调研，就发现了 116 个内部担保、股权关系错综复杂的融资关系网，牵涉 1337 家地方骨干企业，最大的涉及 554 家企业。今年以来，山西、浙江、江苏、福建、河南等地再次频现风险事件，单个企业破产后，风险往往沿担保链、股权链蔓延，甚至在局部区域演进为系统性风险。

三　民间金融债务风险

影子银行体系近年来膨胀迅速，违约事件极易引发系统性金融风险。我国影子银行体系规模约 27 万亿元，并实现了与传统商业银行体系的有机融合，涉及银行、信托、证券、保险等多个行业，横跨货币、信贷、资本、保险、理财等多个金融市场，极大地增强了金融体系内部关联性和传染性。自 2013 年银行系统出现"钱荒"危机以来，2014 年又相继发生了中诚信托、ST 超日等多个违约事件和射阳农商行挤兑风波，表明现有金融体系内不稳定因素正在集聚。

四　三类债务交叉传染风险

三类债务危机风险同源、交织关联，极有可能集中爆发。房地产市场大幅波动或成为引爆地方债务风险、金融系统风险和企业债务风险的关键因素。倘若房地产市场风险失控，必将影响土地市场，导致部分地方政府无法按期偿还债务。地方债务资金中 50.7% 来自银行贷款，15.3% 来自广义的影子银行体系，风险最终将传导至银行系统，并扩散为金融系统风险。影子银行体系借款也有超过一半流入房地产行业，违约事件一旦集中出现将导致区域性的金融风险。另外，前些年逃离实体领域的资本大多进入了房地产市场和影子借贷系统，个体违约事件容易通过企业间复杂的融资关系网传染，扩散为实体经济的"破产潮"。任何一类债务风险上规模的爆发都将导致三类债务危机更大强度的集中爆发。

第二节　防范三类债务风险集中爆发的对策建议

一　建立防止交叉传染的阻隔机制

及早构建三类债务风险的隔离阻断机制，防范部门间交叉传染。

（1）规范地方融资行为，加速市政债试点，扩大发债规模，开正门堵偏门，置换影子银行体系借款，优化筹资结构，隔断地方债风险与影子银行风险的交叉传染。

（2）清理地方融资平台之间、地方融资平台与地方骨干企业之间的资金链关系，及时依法处置与控制企业债务风险，打破政府对企业债务危机的隐性担保，阻滞地方债务风险与企业债务风险间的双向传导。

（3）加大对实体经济的信贷支持，压缩影子银行放贷规模，重点监测房地产行业和产能严重过剩行业的信贷风险，及时处置个体债务风险，防范风险传染。

二　防范债务风险社会化

警惕金融风险和社会风险的混合传染，防范债务风险社会化。各类债务风险如若处置不当，容易演化为社会风险，引发群体性事件。应当从以下几个方面入手防范债务风险社会化。

（1）第一时间建立权威渠道，公开、透明、及时地统一发布危机处置进展，杜绝谣言、流言干扰危机处理，稳定社会情绪，避免恐慌性社会传染。

（2）加快债务危机处置速度，及早采取止损措施，中止金融传染进程，防止社会预期持续恶化，严防金融传染与社会传染的螺旋式演进。

（3）坚持法治化、市场化处置各类风险事件，打破刚性兑付与隐性担保等非理性预期，合理应对各方诉求，防止将危机矛头引向地方政府。

三　建立风险事件处置的法治架构

建立健全风险事件处置的法治架构，以司法介入取代行政介入。之前的债务风险处置大多是在行政介入下解决的，司法介入仅作为风险处置后期的一个环节。行政强势介入可以营造危机应对的权威体制，便于协调部门利益，沟通金融系统，也可动用公共资源江湖救急。但却脱不开隐性担保的强烈预期，形成刚性兑付，甚至将危机矛头引向政府，加剧群体性抗争。以司法介入取代行政介入，既可以保持危机应对主体的权威性，确立风险事件处置的法治架构，规范利益相关者的行为界限，为市场化处理债务危机创造空间。同时，也可避免隐性担保和刚性兑付，树立正确的风险经营观念。

四　探索新型风险事件处置模式

探索"早介入、快处置、防蔓延、保稳定"的风险事件处置模式。

（1）加强地方政府的风险监测与预警能力，负责做好辖区内企业资金链风险、基层政府债务风险和影子金融体系风险的异常动态数据收集与分析研判。

（2）建立风险处置联席机制，从利于阻遏风险出发实施资产保全措施，采取灵活多样的处置手段，避免资产"速冻"加剧风险传染，规范抽贷、压贷、缓贷、减贷等不利于整体处置的行为，采取行政协调、司法集中管辖、市场化资产重组等手段，实行分类快速处置，防止金融风险蔓延。

（3）提高风险处置的透明度与参与度，有效遏制各类谣言的发生及传播，消除社会负面影响，切实保障媒体的知情权和监督权，提升社会各界对危机化解的信心，形成有利于风险防范与化解工作的良好舆论氛围，防范风险事件社会化、情绪化和非理性化。

第二十一章 杭州破解"转贷难、转贷贵"的探索实践

第一节 中小企业融资难、融资贵问题

近几年，对中小企业来说，普遍面临着"融资难、融资贵"问题；而那些好不容易获得贷款的中小企业，由于"短贷长用""长用短贷"，准确地说，是"转贷难、转贷贵"问题面临着资金链风险。

按我国现行金融制度，无论企业是否正常经营，企业短期贷款到期必须归还以后，方可申请续贷。因此，中小企业必须"借新还旧"，由此额外衍生了大量的转贷资金需求。据调查，17%的小微企业通过亲友拆借获得周转，78%则依赖民间高利贷资金周转。

浙江等地七成以上的"资金链、担保链"风险事件爆发于转贷环节。小微企业"融资难，融资贵"在民间转贷环节上体现得尤为突出。民间转贷利息高，平均周转成本高达3‰/天；周期长，一般需要5—10天；干扰多，选择从投资咨询公司、担保公司、寄售行获取高利贷，存在很大不确定性。这不仅大幅增加了企业负担，每年转贷费用约占企业财务成本的25%；更有甚者承担不了高额民间转贷利息，导致老板跑路，企业倒闭。

第二节 各类转贷基金模式比较

为防范和化解小微企业贷款周转中发生资金链断裂的风险，维护企业有序经营和社会稳定，自2008年以来，浙江各地相继成立各类转贷

基金，主要有政府转贷专项资金、政府参与型的民间转贷资金、行业商会或地区商会成立的民间转贷互助基金、纯粹民间转贷模式等。

一 政府转贷专项资金

萧山、慈溪、丽水、义乌、温州市及所属各县市由财政出资设立，额度视各地的政府财政与经济规模而定，比如，温州10亿元、萧山5亿元、慈溪2亿元、义乌2亿元，主要扶持成长型、实力型的中小企业。使用期限原则上不超过五天，利率参考同期银行贷款利率，一次性定额向企业收取费用。以萧山为例，政府应急专项资金由区财政局和人行萧山支行共同负责，区财政局负责资金筹措和审批，并委托区国有资产经营总公司具体运作；人行萧山支行负责监督在萧银行及保证资金封闭运行安全，并协助区财政局审核企业情况。工作流程：企业提出申请—区财政局审核—银行出具贷款承诺函—转贷审批—财政与企业签订借款协议书—提前开好各种还款及转账票据，并由银行进行还款控制。

二 政府参与型的民间转贷资金

温州中安担保集团等，由担保公司出资10亿元民间资本设立，没有准入门槛，不超过10天，单笔不超过2000万元，服务费按每日转贷金额的1.5‰计算。温州市政府出台《温州市融资性担保公司应急转贷资金管理试行办法》和《温州市融资性担保公司应急转贷资金服务操作指引》，对资金使用要求、审批流程作出了硬性规定。工作流程：企业或个人提出申请—担保公司审核—银行出具贷款承诺函—转贷审批—担保公司与企业签订借款协议书—提前开好各种还款及转账票据，并由银行进行还款控制。

三 行业商会或地区商会成立的民间转贷互助基金

由省内各地的商会或商会中骨干企业发起成立，各商会根据基金规模与企业需求，转贷规则不尽相同。一般来说，申请转贷互助的企业必须是商会的会员单位，并参与了转贷互助基金出资的企业。具体操作流程，各地商会的规定也有所不同。商会的职责包括对转贷基金进行统一运作，并依托商会的力量与银行进行转贷沟通，是否转贷最终由商会理事会或专门成立的部门决定，转贷资金先申请先得，风险共担，利益共享。

四 纯粹民间转贷模式

民间资金提供者，根据自身的实力背景，以及对风险的判断，为企业与个人提供转贷服务。在风险较大的阶段,杭州、温州等地区大部分转贷资金只接受在银行有抵押物的转贷业务。收费也较高,一般为3‰/天。

上述模式受制于财政投入有限、行政干扰多、市场化运营不足、缺少品牌公信力、逐利色彩浓厚、参与门槛高等多种因素,尚无法提供普惠性小微企业转贷服务。

第三节 杭州转贷模式新探索

杭州则探索创新了一种新模式。2013 年 9 月,杭州市成立"中小企业转贷引导基金",旨在帮助生产经营正常的中小企业解决转贷难、转贷贵问题。该基金按 3∶1 的比例以财政资金牵头引导社会资金放大资金池,由市经信委与市财政局共同管理。首期财政资金投入 1000 万元,截至 2014 年,累计投入 3100 万元,引导社会资金 9300 万元。该基金的创新实践体现在五个方面:

一 引导社会资金入池,扩大小微企业受益面

按 3∶1 的比例引导社会资金入场,在财政投入仅 3100 万元的情况下,短短一年半时间,累计支持 1136 家小微企业转贷 1566 笔,金额高达 118.75 亿元,为企业节省转贷成本 1.4 亿元,并成功防止了部分企业资金链断裂。

二 发挥公私混营优势,提升财政资助绩效

财政资金引导,有利于提高基金公信力,使基金具有准公益色彩,为业务开展提供便利;混合式资本结构为灵活的市场化运作提供保障,实现政、银、企、中介无缝对接,提升转贷服务质量。据测算,企业年节约成本约为财政投入的 2.6 倍,以后可提高到 3 倍以上。财政每投入 1 亿元,一年持续周转可为企业节省财务费用 3 亿—4 亿元。

三 坚持普惠金融特色,提供成本低、周转快的转贷服务

杭州转贷引导基金利息率不超过 1‰/天,周期缩短为 2—3 天,100 万元贷款平均转贷成本由民间转贷方式的 3 万元降至 0.3 万元。财政投入部分仅按存款利息收取回报,其余获利归民间资本所有,起到了规范民间逐利行为、净化民间金融生态的作用。

四 严格制度防范风险，保证财政资金安全

杭州市制定实施《杭州中小企业转贷引导基金管理试行办法》和《杭州市中小企业转贷引导基金使用流程》。与 20 家银行签订业务协议，保证引导基金放款后，合作银行在 2—3 个工作日完成续贷。与社会资金签订协议，规定转贷引导贷款无法收回时，社会资金先行赔付完毕后，才由财政资金支付，保证财政资金安全。

五 形成多方共赢模式，保障基金持续运营活力

在该基金运营模式中，小微企业转贷成本降低，转贷由引导基金操作，日常现金流转不受影响，降低"双链风险"；地方政府放大财政资金使用绩效，扩大普惠金融受益面；银行降低逾期风险，提升客户体验，也满足监管要求；民间资金获得阳光化、规范化运营机会。

实践表明，"杭州转贷引导基金"契合党的十八届三中全会深化经济体制改革精神。政府有为、市场决定，为基金成功运营打下基础。杭州市转贷引导基金是公私合作基金的一种形式，财政资金引导，有利于提高基金公信力，使基金具有准公益色彩，为业务开展提供便利；混合式资本结构为灵活的市场化运作提供保障，实现政、银、企、中介无缝对接，提升转贷服务质量。"杭州转贷模式"形成了多方共赢的商业模式，为基金长期市场化运作提供了保障。借助杭州转贷基金，中小微企业转贷成本低、周期短、日常现金流转不受影响，降低了"双链风险"；地方政府放大了财政资金使用绩效，扩大了普惠金融受益面；银行降低了逾期风险，提升客户体验，也满足了监管要求；民间资本获得了参与阳光化、规范化运营的机会。"杭州转贷模式"以政府资金引导，杠杆化撬动社会资金，克服了财政资金不足的制约，扩大了基金服务中小微企业的能力。财政引导基金保本让利，坚持对中小微企业的普惠制金融服务，使杭州转贷基金具有强烈的公益性和普惠性特征，使"杭州转贷模式"具备普惠小微企业的推广潜力。

第四节 进一步的对策建议

一 顶层设计，探索成立全国性小微企业普惠借贷基金

与国外发达国家和主要发展中国家相比，我国尚缺少专业化的普惠

性的小微企业借贷机构。可以借鉴杭州经验，由政府财政注资成立全国性引导基金，采取杠杆引资模式吸纳社会资金股份参与，公私混营实现市场化运营。前期运营重点针对充斥民间高息借贷的小微企业转贷环节：一则满足小微企业转贷需求，破解"转贷难，转贷贵"；二则通过疏导社会闲置资金和普惠金融示范，规范民间逐利行为，净化民间金融生态；三则为后续发展综合性普惠金融机构夯实业务基础。

二 复制经验，探索建立省、市、县三级转贷引导基金体系

一是可以在省级层面筹建转贷引导基金，吸纳富余社会资金参与，共同缓解中小微企业转贷难问题；二是可以向其他地市和县（区）推广，引导、吸纳、规范草根金融服务于实体经济振兴；三是构建省、市、县（区）三级联动的转贷引导基金体系，切实化解浙江省中小微企业的"双链风险"。

三 完善机制，推动银行信贷"微创新，微改革"

目前，杭州转贷基金依然面临着部分银行参与深度不够，操作细节不衔接，信贷审核区别对待等问题。需要在地方金融体制、制度和机制上率先突破，鼓励、引导、推动银行"微创新、微改革"，为推广"杭州转贷模式"提供方便。

四 改善环境，完善小微企业信用评级和信息报告制度

银行对小微企业贷款持谨慎态度的原因之一是小微企业没有完善的信用评估体系和关键信息披露制度，无法解决借贷双方的信息不对称问题。应重点加强小微企业信用体系建设，加强信用数据采集、信用行为监管与惩戒。实现现有征信系统与全国性小微企业拆借基金、各地区转贷引导基金之间的互联互通，鼓励小微企业向转贷引导基金定期披露关键经营信息。为转贷引导基金寻求法律和政策保障，使转贷引导基金运行有法可依，有章可循。同时，研究转贷引导基金绩效评价体系，加强风险管理体系建设。

五 优化服务，支持银行内部建立普惠性转贷基金业务绿色通道

在已建立普惠性转贷基金的情况下，不允许信贷员推荐其他民间高利机构操作企业转贷业务。切断信贷员与民间高利机构之间的非正常勾连。针对由普惠性转贷基金协助的企业转贷申请开辟业务办理绿色通道，简化银行内部审批流程，压缩审批时限。消除银行审批人员对转贷基金业务的认识误区，避免银行审批机制对普惠性转贷基金业务的逆向

选择。

六　深化改革，加快金融改革步伐压缩转贷资金需求

小微企业转贷问题根本在于信贷制度设计，特别是小微企业抵质押制度和信贷展期制度，需要合理平衡风险防范和普惠金融需求，加快相关信贷制度改革，优化抵押登记、贷款展期等操作流程细节。提高小微企业长期贷款比重，监管机构对各类银行突出小微企业长期贷款比重的考核评价，缓解小微企业贷款期限错配问题，从根源上压缩不必要的转贷资金需求。

第二十二章　新常态下县域治理模式转型研究

第一节　新风险形势下的县域治理

"郡县治，则天下安。"县市一级作为国家治理框架下最能集中体现国家与社会互动关系的最基本的组成单元（凌耀初，2003；樊红敏，2011），也是我国当前力推改革落地、保增长促转型和防范系统性风险的前沿阵地。县域经济历来是国民经济的基石（郑炎成和陈文科，2006；陈剑波，2002），县域间的竞争也是促进区域经济发展的重要驱动力（戎承法和张正河，2003）。在一定程度上说，我国生产力的释放应归功于县域竞争。自改革开放以来，浙江、江苏等沿海发达地区的快速发展也正是源于县域经济的活力。此外，县域治理还涉及"三农"问题、城乡统筹、增长引擎、基层治理等多方面，是各类社会矛盾高度集中的综合体。近年来，县域治理问题日益凸显，导致基层矛盾加剧、群体性事件呈现出上升趋势以及社会治理压力日益增大，传统县域治理模式面临着严峻挑战（凌耀初，2003）。

当前文献对县域治理模式的理论阐述较为经典的包括"地方法团主义"相关理论假说（Jean Oi，1995；Walder，1995；Lin，1995）、"三位一体统合"治理机制及相关理论假说（折晓叶，2014）以及项目平台制等。如何从理论上重新建构步入新常态之后的县域治理新模式成为当前迫切需要解决的理论问题。本章重点剖析了浙江富阳、海宁、嘉善、平湖等县（市）先行改革实践，对新型县域治理模式的理论构建做出了尝试，并提出了相关深化改革的对策建议。

第二节　新常态下传统县域治理模式
面临的严峻挑战

随着我国宏观经济步入新常态，县域经济开始普遍面临"较低增长、较高负债、转型困难"的治理难题，县域治理模式也面临着新时期的严峻挑战：一是简政放权背景下，政府强势主导及积极微观介入的治理方式亟须改弦易张。传统治理模式重审批、轻监管、多干预，强势政府过多地浸透市场，形成沉疴已久的"事前审批多、流程环节繁、事后监管弱、公共服务少"的治理痼疾。在新的权力清单约束下，县域治理方式亟须新思维、新作风、新手段。二是在要素制约加剧情况下，严重依赖要素引资与固定资产投资的县域经济增长方式难以为继。以往依靠粗放式的要素投入推动县域增长模式，已使县域经济陷入"资源撑不住、环境容不下、社会受不起、发展难持续"的战略困境（钱良信，2010）。三是在县级财政吃紧与债务风险加剧双重压力下，粗放式的县域财政治理饱受诟病。县级政府普遍面临基础设施建设和社会民生投入持续加大造成的财政压力。县级建设资金的预算、筹集与使用环节又普遍缺少规范，部分地区面临切实的债务风险，县域财政模式亟须走出粗放式人治管理的窠臼。我们对浙江德清、海宁、嘉善、富阳、平湖、开化等县（市）深入调研发现，及时探索适合现阶段的县域治理新模式已成为当务之急。

随着县域经济和城市化建设进入一个新的历史阶段，各地县域治理模式也在不断变革，部分先行县试的有益尝试为县域治理的理论重构提供了素材。自改革开放以来，浙江的县域经济特征一直较为明显，其县域经济 GDP 占浙江省总量的 71%，赫赫有名的"浙江模式"其本质就是一种县域发展模式（钱良信，2010）。浙江省委省政府自 2013 年开始陆续在富阳、海宁、嘉善、平湖等县（市）做了先行改革试点，内容涉及简政放权、审批制度改革、权力清单等。浙江先行改革实践具有较好的样本典型意义，对于新常态下我国县域经济治理新模式的理论建构具有重要参考价值。

第三节　从"地方法团主义"到"后三位一体统合"的县域治理逻辑变革

现有文献对我国改革开放后的县域治理模式的理论解释中最具影响力的莫过于"地方法团主义"相关理论假说。这一理论假说最初由Jean Oi（1995）提出，用以解释我国早期以乡镇企业为主体的县域工业的崛起，其核心观点认为我国县域治理结构中地方政府与地方社区及企业结成法团组织，形成利益共同体。Walder（1995）和Lin（1995）分别从"政府即厂商"和"地方市场社会主义"视角进一步阐述了"地方法团主义"的理论观点，并对我国早期的县域治理进行了较为充分的解释。周飞舟在其研究中采用"地方政府法团主义"的观点解释了包干制下的发展模式。"地方法团主义"在一定程度上解释了改革开放后相当长一段时间内我国县域治理模式的核心本质，具有一定的理论解释合理性。

然而，在新的历史条件下，我国县域治理模式不断发生变革，使原为有"地方法团主义"的治理特色发生变迁。首先，县域经济基础从早期地方国资和集体经济企业转变为民营企业、三资企业和股份制企业，一定程度上削弱了地方政府与企业之间的联盟关系。其次，由于分税制和项目制的实施，以土地产权和财政权为核心的公共产权替代企业产权成为地方政府最重要的资源占有形式。最后，"地方政府法团主义"治理模式疏于公共物品和公共服务供给，容易形成有别于公共利益的既得利益集团，形成政治疏离感，难以保持地方政府渗透和动员社会的能力（折晓叶，2014）。因此，县域治理模式逐步脱离原先的"地方政府法团主义"模式，转而采用"行政—政治—公司"三位一体统合机制来实施县域经济与社会的综合治理。在"三位一体统合"治理模式中，地方政府不再直接举办经济实体，而是借助于行政权力和土地等要素资源，推进政策招商和要素引资，勾连和动员与地方经济发展有关的机构和组织（折晓叶，2014）。"三位一体统合"治理模式在县域经济治理上集中体现为政策招商和要素引资；在县域财政治理上又表现为以土地财政为支撑的地方融资平台和地方债务增长；在行政和政治运行上又体现为地方政府通过审批制度和监管制度对企业微观行为的掌控和实行"一把手""能人政治"和一系列"特事特办"的例外程序。

随着我国经济步入新常态，"三位一体统合"治理模式的经济、社会与政治基础正在发生变革，从而推动我国县域治理模式进一步演进。首先是以土地要素为代表的各类生产要素制约严重，使政策招商和要素引资推动县域经济发展的模式难以维持。其次是县域社会发展的战略重点发生转移，公共物品和公共服务的品质化需求快速增长，单纯的经济增长已难以满足城市化进程中的宜居要求。最后是公共权力意识的提升，使基层政府施政模式必须容纳更为多元化的政治和利益诉求。结合对浙江多个县（市）先行改革试点的调研，本章认为，新常态下"行政—政治—公司"三位一体统合县域治理模式应当进一步变革，适应当前深化体制改革的需求，进入"后三位一体统合"治理模式。党的十八届三中全会以来的深化体制改革也正是重构县域治理模式的契机，本章提出治理模式的变革应当具有以下特征：（1）进行大幅度简政放权，减少行政力量对企业微观经营的干扰，释放县域经济增长活力；（2）重构基层政府权力运行架构，扩大"三位一体统合"治理模式的公共参与，提高县域治理和重大决策的规范性和科学性；（3）摆脱土地财政束缚，采用更为稳健、科学的县域财政体制，提供更高品质的公共物品和公共服务。当前，县域治理模式的重构在各地还处于探索阶段。本章将重点对浙江先行试点的县市实践展开分析，并提出对策建议。

第四节　新常态下探索县域治理
新模式的浙江实践

浙江县域深化改革试点始于 2013 年 11 月，嘉兴、富阳、海宁、舟山、柯桥、德清、平湖等县（市）就行政审批制度、权力清单、综合行政执法、城乡体制、产业结构调整、小微金融等重点改革方向展开探索实践。本章通过对上述县（市）的综合调研之后，对浙江在新形势下探索县域治理新模式的改革试点情况进行了总结。归纳起来，浙江先行试点的县（市）治理改革实践主要体现在以下三个方面：

一　简政放权释放自主空间，以法治思维厘定县域治理的施政权力架构

一是省市县三级联动，落实简政放权，为县域治理释放权力空间。浙江实施清权、减权、制权，试点市县两级扁平化管理，有效扩大了县域治理自主权。

二是科学制定行政权力清单，形成可检查、可追溯、可监督的县域权力运行体系。富阳制定权力清单、职责清单、负面清单和权力运行流程图，权责细节公示上网，有效界定了基层政府的具体施政行为。

三是确立权力边界，使基层政府施政有为有界，将施政行为纳入法律、立法机构与公众监督框架。富阳权力运行依据公开、流程公开、结果公开，有效监督机制得以激活。

富阳是浙江县级权力清单制度试点县（市）。通过较为彻底的清权摸底，富阳制定了"三张清单一张图"：权力清单、职责清单、负面清单和权力运行流程图。行政权力从 2008 年的 7800 多项削减到 4825 项，削减幅度达 38.1%，其中与人民密切相关的常用行政权力从 2500 多项削减到 1474 项，削减幅度达 41%。同时，制定各部门职责清单，共梳理出 38 个部门的 790 条对外职责、30 项部门职责边界、70 项部门重大公共服务活动，明确政府部门的职权边界，做到责任到人、到岗。坚持简政放权，对企业行为采取负面清单管理，明确了企业禁止进入的行业和领域有 211 个小类，以实现审批事项最少、办事效率最高、投资环境最优为目标，解决审批环节复杂、审批时间过长、审批成本过高等问题。最后，以权力运行流程图的形式，明确了各项行政权力的运行程序、办理期限和责任机构。使每一项权力的运行可检查、结果可监督、责任可追溯。

二　落实负面清单完善规则监管，以改革思维重塑县域经济增长动力

一是推进审批制度改革，落实负面清单管理，从要素引资转向环境育资，释放民间投资活力。海宁引入"零审批""先证后照"，嘉善、柯桥、舟山试行负面清单管理，大幅改善引资、育资环境。

二是启动要素市场化改革，推动存量要素流转，激活经济转型动力。海宁构建亩产效益评价体系，运用要素差别化定价与供应倒逼转型升级，平湖创新工业项目准入标准动态调整机制，用 5% 的淘汰比例促成全县域动态升级的"鲇鱼效应"。

　　三是推动基层政府定位转型，重构经济治理架构。富阳、海宁、嘉善等地实践表明，关键是推动县级政府向服务型和监管型政府的定位转型，将规则重构、落实监管和政府服务作为治理县域经济的主抓手。

　　嘉善作为浙江省首批"零审批"的改革试点之一，率先在县域内对确定的 11 个工业项目（总投资达 47.25 亿元）进行试点工作。随后，海宁、柯桥、舟山等地也推出了各自的审批制度改革方案。截至2014 年 6 月，海宁市 17 个项目开展试点，柯桥区有 13 个项目进入试点流程，舟山新区申请试点 16 个项目。改革前，投资项目设立通常需要 84 天，改革后各县（市）平均 15 天就够了。同时，对列入"正向清单"的企业投资工业项目，嘉善等地将原先的审批改为契约备案管理。对于一些项目设立前需要的前置审批事项，例如环评、安全预评价等，均根据准入标准由企业和政府相关部门签订具有法律效力的管理服务合同并予以承诺，对相关的"见诺即备"，政府部门不再进行审批。而对于那些"负面清单"的项目，则采取项目的严格准入。

　　三　健全科学规范的县域财政模式，以底线思维防范系统性金融风险

　　一是健全县级财政预算管理和地方债务管理，规范地方融资行为，强化主政官员的责任考核。

　　二是动态调整地方财政留成比例及转移支付力度，研究增设县域性地方税种，缓解县级财政对土地出让金的依赖。

　　三是加速市政债试点，支持有偿还保障的县（市）以市场化方式筹集资金，鼓励富余民间资本参与市政建设和地方项目。

　　四是推广"早介入、快处置、防蔓延、保稳定"的风险事件处置模式，警惕金融风险和社会风险的混合传染，防范债务风险群体化与社会化。

　　五是打破刚性兑付与隐性担保，合理应对各方诉求，防止将危机矛头引向基层政府，加剧群体性抗争的风险。

　　平湖市提出"四强化四严格"加强政府性债务管理，为县域财政治理改革探索经验。平湖市强化预算管理，严格举债用途。将地方政府债务收支纳入预算管理，实现向事前、事中监管为主转变，防控债务风险。实行举债审批制度，严禁政府债务用于非生产性、非建设性支出。平湖市还强化制度管理，严格责任落实。成立平湖市政府债务风险控制委员会，以科学举债、高效用债、及时偿债为原则，进一步规范政府性债务的举借程序、偿债资金来源、偿债责任及抵御风险等措施。同时，平湖市也强化了动态管理，严格资金审核。建立月报制度，及时掌握债务资金用款情况和来源情况及债务资金的筹集、分配、使用和偿还情况，通过分析债务负担率、偿债率、债务率等指标，逐步建立动态债务监控机制，加强对地方政府债务的动态管理。另外，强化科学管理，严格债务规模。平湖市采取"立足自身、自我消化、自求平衡"的办法，制订切实可行的归还陈欠债务计划，通过盘活闲置资金，多渠道筹集偿债资金，增加收入，对各类债务进行充分的事前科学论证，控制债务总规模。

第五节　当前县域治理新模式构建面临的突出障碍

在新常态下，虽然浙江在县域治理中走出了一条全国瞩目的新道路，但当前社会正处于急剧变化的转型阶段，而社会管理又是一个非常庞大的系统工程。我们还是看到在创新基层社会管理、推进县域善治方面，还面临着一系列超越基层的宏观挑战以及附随于基层自身的微观问题。通过长期调研，我们发现浙江在县域治理新模式下还面临着以下问题。

一　市场监管问题

突出表现为：①监管理念偏差，误将管制当监管，甚至错把监管当创收。监管理念的偏差导致地方监管行为过于简单、粗爆，导致监管机构与受监管方处于对立位置，不利于提高市场监管的有效性。②监管法规政出多门，分段监管、多头监管与监管空白同时并存。监管体系混乱，导致市场主体无所适从，在一定程度上也削弱了监管主体的市场权威。③监管手段落后，过多依赖审批、年检，以罚代管现象严重。技术监管力量的缺乏更为突出，无法有效应对新兴商业模式和新兴商业业态的崛起。④救火式监管多，预防性监管少，运动式监管效率低下。这在一定程度上提高了市场监管的社会成本，也不利于市场监管的制度化建设。⑤基层监管力量缺乏，专业监管能力偏弱。不少县域周边地区和农村地区甚至存在各类市场监管盲区和真空区。

二　社会组织问题

主要包括：①县域社会组织培育不足，行政依附色彩浓厚，市场运作能力弱，难以承接管理职能和服务功能。社会组织的公民自律意识不强，公权力迷信较为普遍，市场意识还未得到充分培养。②利益激励机制扭曲，企业直接采购中介服务的模式，不仅弱化了对社会组织的行政监管，而且滋生了社会组织的垄断高收费，更容易导致合谋逃避政府监管。③对社会组织监管薄弱，行业自律自治有待加强。对社会组织的监管体系不完备，主管部分与社会组织之间存在过多的业务纽带，无法有力地规制社会组织的行为。

三　基层社会治理问题

主要表现为：①基层公共品保障不足，社会事业发展滞后，难以回应人民正常利益诉求，无法在源头上纾缓社会矛盾。②基层组织接受摊派任务过重，责、权、利严重失衡，基层社会治理功能弱化。地方政府喜好搞任务分解和摊派，往往是一有考核任务就"一锅分"，导致多方参与，事倍功半。③基层决策机制不健全，公众参与度低危及社会信任，维稳体制以堵代疏，导致群体性事件频发，加剧社会风险。④人民群众社会参与性差，这集中表现为群众参与社会管理的自觉性不高，态度上大多较为被动。这一现象与群众参与社会管理的自发性缺乏引导有着直接关系。

第六节　深化新型县域治理模式的对策建议

本章基于对浙江先行改革试点县（市）的调研，提出了以下解决深化新型县域治理模式问题的对策。

一　针对市场监管问题

一是创新监管理念，推动治理转型和服务转型，提高监管透明度和公众参与度；

二是科学界定县域治理的监管边界，加强机构、人员、权限、信息一体化整合，构建立体联合监管新模式；

三是创新监管手段，注重新技术应用，提升常态化监管质量，强化预防性监管；

四是充实基层监管力量，加强培训教育，提高专业执法水准；

五是加快专业监管服务市场培育，探索特殊种类监管服务的政府采购。

二　针对社会组织问题

一是落实社会组织直接登记改革，加快协会商会去行政化，推行"一行多会"，加快发展专业中介服务，提高市场竞争程度；

二是大力推广政府采购社会组织服务的新模式，从根本上改变利益激励机制，强化对社会组织的服务考核；

三是实施对社会组织的分类管理，强化对承接政府职能的社会组织的运行监管，支持社会组织市场化发展，强化行业自律规则效力，提升中介协会自治水平。

三　针对基层社会治理问题

一是强化县、镇、村三级公共社会事业建设，加快城乡一体化，重点保障民生基本需求，维护群众正常权益；

二是大幅削减基层组织责任负担，集中精力做好基层治理和公共服务，发挥"社会安全阀"功能；

三是倡导建立"多元参与、合作共治、向下负责"的基层治理机制，鼓励社会组织和市场力量参与基层网络建设，构建风险预警网和社会保障网。

第二十三章　提升区域品牌，助推转型突破的对策研究

第一节　区域品牌对转型发展的重要意义

浙江省政府工作报告指出，加强特色小镇建设，联动推进标准强省、质量强省、品牌强省建设，打响"浙江制造"品牌。区域品牌是"浙江制造"品牌的基础。"十三五"关键节点，打响"浙江制造"品牌，实现高品质、高水平的浙江本土制造，必须要把特色小镇品牌建设放在突出位置，全力推进区域品牌建设。

一　打造区域品牌是新常态下建设特色小镇的题中应有之义

省委省政府高度重视特色小镇建设，将其作为新常态浙江创新发展的战略选择。目前，我省已全面启动建设两批共 79 个的特色小镇，力争形成"产、城、人、文"四位一体有机结合的重要功能平台。国际经验表明，打造"小而精"的特色小镇，区域品牌建设是不可或缺的一环。比如，美国康州与纽约交界的格林威治镇 GAI 公司发布全球对冲基金指数，成为行业风向标，享誉全球。特色小镇品牌是区域品牌的一种，比集群品牌更高层次，具有文化内涵，能弥补集群品牌、块状品牌偏重制造环节的不足。通过打响特色小镇区域品牌，能够提升小镇国内外知名度，形成小镇特有认知符号，产生品牌效应、带来集聚效应，吸引小镇发展所需的人才、技术、资金等各类高端要素，形成富有吸引力的创业创新生态。比如，梦想小镇定位为互联网创业服务，半年就吸引了 400 多个互联网创业团队、4400 多名年轻创业者落户，现在梦想小镇俨然成为互联网创业、年轻人创业的代名词。云栖小镇聚焦于大数据云计算产业，杭州云栖大会的召开提升了小镇知名度，去年大会就吸

引了 4 万多人参会。

二　打造区域品牌是提升"浙江制造"品牌的重要依托

品牌有三个层次：一是微观层面，有产品品牌和企业品牌，如海尔的冰箱、格力的空调；二是中观层面，有区域品牌，如美国硅谷的高科技产业；三是宏观层面，有国家和民族品牌，如瑞士的手表。在全球化竞争中，成功的区域与成功的企业一样，往往拥有自己的核心竞争力，就是依托区域比较优势而形成产品竞争力、品牌竞争力。打造"浙江制造"品牌，是供给侧改革的重要内容，能提高浙江产品的定价话语权和附加值，除了需要一批企业自主品牌支撑外，更要依托于区域特色产业而形成的区域品牌。通过打造区域品牌，对符合高标准、高品质要求的产品进行认证，能形成集质量、技术、服务、信誉为一体，市场与社会公认的区域综合品牌，夯实"浙江制造"质量基础和品牌基础。

三　打造区域品牌是传统块状经济提质增效升级的重要载体

浙江经济以小企业、大集群著称，这是过去浙江成功的秘诀之一。据统计，目前全省共有年销售收入 50 亿元以上的块状经济 180 多个，占据全省工业产值、吸纳就业的"半壁江山"。也正是依靠这一"沃土"，浙江省涌现出了一大批知名度和美誉度很高的区域品牌，成为区域特色块状经济的"名片"。目前，全省共拥有各类全国性集群名片 100 多个，如嵊州领带、海宁皮革等。可以说，区域品牌和块状经济相伴而生，既成就了彼此，也打响了"浙江制造"品牌。但是，要看到，我省块状经济仍存在"低小散弱"的低端化锁定问题，同质化竞争严重，处于全球产业链和价值链中低端，亟待转型升级。块状经济内，单个企业特别是中小企业创牌较难，更难以与国际大牌相抗衡。产业集群是打造区域品牌的理想载体，通过打造集群区域国际品牌，为其立"大名"，以区域品牌统领产品，让块状内相关企业搭上区域品牌的"便车"，共享公共品牌效应，共拓国内外市场，"五指合握成重拳"，真正形成"一个拳头打天下"的局面。总之，打造品牌集群的核心价值是形成区域品牌、提升区域品牌，最终发展成为区域品牌经济。比如，温州皮鞋要对标意大利皮鞋水平，成为时尚产业，形成时尚经济。

四　区域品牌是托起特色小镇创新集聚的重要举措

推动大众创业、万众创新需要加快中小企业"创新极"建设，通过构筑特色小镇等新型创业创新集聚载体建设，加强产城融合的创业创新生态圈建设，为中小企业提供良好的创业空间、工作空间、网络空间、社交空间，以便利化、全要素、开放式的"创新极"带动、辐射周边区域融入创业创新生态圈，激发中小企业的创业创新的成长动力。特色小镇对两创战略实施有重要推动作用，大力发展这类新型创新创业载体，按照市场化原则，支持鼓励社会力量参与投资建设或管理运营，完善服务体系建设，优化创业创新环境，对于浙江省从传统块状经济大省向创新型省份转变具有重要意义。

经济新常态下，两化深度融合，"互联网＋"、智能制造将成为产业发展的基本趋势，工业经济向信息经济加速演变的历史转折点，生产的网络化、柔性化、智能化步伐加快迈进。在特色小镇模型下，传统产业积极与"互联网＋"相结合，最大限度汇聚各类市场要素的创新力量，推动融合性新兴产业成为经济发展新动力和新支柱，在移动互联网、大数据、物联网等领域形成巨大的创业机会和发展空间，创新型、科技型、高端型中小企业将迎来广阔发展空间。这需要运用有效的资金链不断整合创新链。特色小镇通过政府引导，可以吸引投资机构的集聚，大力发展 VC/PE，培育更多天使投资人，完善股权融资链，推进产业孵化与培育，促进科技成果向现实生产力转化。通过多层次资本市场建设，大力发展支持创业创新的场外资本市场交易，让资本市场惠及科技型中小微企业，同时拓宽天使投资、VC/PE 退出渠道。通过以特色小镇为平台投入打造资本特区和人才特区，可以探索发展新孵化模式，营造创新驱动的大环境，推动创新链向新模式、新业态整合。

特色小镇的创新集聚发展也离不开地域性的区域品牌的支撑。如今，在全球范围内已有一批具有一定知名度的区域集聚品牌，按照其培育主体的不同，可以分为三种类型：第一种是政府为主导型，如印度班加罗尔软件产业、武汉光电子信息、澄海玩具、浏阳花炮、台湾地区新竹电子产业等。此类品牌创建及培育，主要依靠政府对产业的规划、财力的扶持、大气力的招商引资与品牌激励政策的出台。第二类是企业主导型，如日本丰田城汽车、美国好莱坞电影、底特律汽车、意大利佛罗伦萨皮具、青岛家电等。这类品牌是以区域内较强实力的龙头企业为核心，通过构建以产业链配套为基础的企业联盟体，依靠企业个体品牌影响力带动产业整体发展和区域品牌提升。第三类是协会主导型，如瑞士手表、荷兰花卉、比利时巧克力、美国"新奇士"橙、爱达荷州土豆、法国波尔多红酒等。在这类品牌建设过程中，由企业家、政府相关部门负责人、其他利益相关者组成的行业协会扮演着重要角色，为区域品牌管理、使用、规范、推广、运营提供强力保障。

第二节　加强龙头骨干企业品牌是
夯实区域品牌的关键

据调研，浙江省 146 家工业行业龙头骨干企业，积极发挥先行和示范作用，努力创建自主品牌，提升企业品牌影响力，为引领浙江省产业转型升级做出重要贡献。

一　龙头骨干企业品牌建设现状与特点

（一）龙头骨干企业品牌地位和整体水平不断提高

首先，品牌企业地位凸显。146 家龙头企业中有省级以上品牌企业 120 家，占龙头骨干企业总量的 82.2%。其中，拥有国家级品牌的企业 81 家，同时拥有国家名牌产品、中国驰名商标、浙江名牌产品和浙江省著名商标四项品牌的企业 19 家。2011 年 1—9 月，120 家省级以上品牌企业，实现销售收入 9017.49 亿元，占所有龙头骨干企业销售收入的 84.4%；同比增长 20.9%，高于其他 26 家龙头企业 17.7% 的平均增速。120 家省级以上品牌企业中，销售规模超百亿企业的 20 家，实现销售收入 5973.49 亿元，占所有龙头骨干企业销售收入的 55.9%。

其次，品牌整体水平不断提高。由世界品鉴实验室发布的 2011 年（第八届）中国 500 强最具品牌价值品牌排行榜显示，浙江省品牌进入全国 500 强的有 45 个，占 9%，排名全国第三，在长江三角洲地区居于首位。146 家龙头骨干企业中共有 19 家进入了榜单，娃哈哈、传化的品牌价值分别达到 142.57 亿元和 119.51 亿元，均进入前 100 位。入选的 19 家龙头骨干企业中，上市企业 10 家。

（二）龙头骨干品牌企业的竞争力明显增强

首先，品牌企业的各项经济增长指标明显高于非品牌企业。2011 年 1—9 月，120 家拥有省级以上品牌的龙头骨干企业平均资产总额增长 25.6%，高于其他 26 家企业 3.6% 的平均增幅；120 家拥有省级以上品牌的龙头骨干企业实现销售收入增长 24.3%，高于其他 26 家企业的17.8%的平均增幅;120家拥有省级以上品牌的龙头骨干企业平均利润总额增长16.3%,高于其他26家企业1.2%的平均增幅。

其次,品牌企业开拓国际市场意识和能力比较强,品牌企业境外投资力度也不断加大。从兼并收购重组来看,146家工业龙头骨干企业累计并购重组企业53家,其中,省级以上品牌企业并购重组52家。吉利集团、卧龙集团等一批品牌企业在发达国家收购境外品牌企业、研发机构和生产基地,搭建更高的参与国际竞争的平台。

同时,品牌企业的自主创新能力较强。2011年1—9月,120家省级以上品牌企业研发投入占销售收入的比重为1.56%,高于其他26家企业1.51%的平均水平;120家省级以上品牌企业平均户均研发投入1.17亿元,高于其他26家企业0.81亿元的平均投入水平。从销售规模超百亿的企业情况来看,2011年1—9月,20家销售规模超百亿的省级以上品牌企业户均研发收入同比增长35.3%,高于120家省级以上品牌企业22.4%的户均增长水平;20家规模超百亿的省级以上品牌企业户均研发投入3.4亿元,是120家省级以上品牌企业户均投入水平的2.9倍。从专利申请情况来看,120家省级以上品牌企业共申请发明专利4690件,占146家工业龙头企业发明专利申请总量的89.8%,平均每家申请发明专利39.1件,高于其他26家企业20.4件的平均申请量。从标准发展情况来看,120家省级以上品牌企业共同制、修订国内外行业标准564件,占146家工业龙头骨干企业制、修订国内外行业标准总量的95.1%,平均每家品牌企业制、修订国内外行业标准4.7件,高于其他26家企业1.1件的平均水平。

(三) 品牌经济效益日益显现

各地发挥龙头骨干品牌企业的带动作用,以品牌整合资源,有力地促进了社会资源的优化配置,提高了产业集中度,推动了产品结构、产业结构和企业结构的优化升级,表现出较高的品牌经济效益。从经营成果来看,2011年1—9月,120家省级以上品牌企业平均销售规模达到4.8亿元,高于其他26家企业4.5亿元的平均水平;平均上缴税收4.0亿元,高于其他26家企业3.8亿元的平均水平。从企业经营效益来看,120家省级以上品牌企业平均百元资产实现销售收入96.1元、利税总额11.2元,分别高于其他26家企业81.9元、10.6元的平均水平。

二　龙头骨干企业品牌建设中存在的主要问题

虽然浙江省工业行业龙头企业在品牌建设、品牌竞争等领域居于前列，但整体品牌影响力仍然不强，特别是在品牌规模、品牌经营、品牌运作和品牌国际化等方面，仍存在不少问题，面临较大挑战。

（一）品牌企业规模偏小，品牌资产价值不高

浙江省146家龙头骨干企业中，一些品牌在细分行业占世界30%以上的市场份额，但是，与世界级品牌相比还有较大差距。从品牌价值和品牌收入看，2010年华为技术有限公司的品牌价值高达867.46亿元、全球销售收入1852亿元，分别是龙头骨干企业品牌价值最高娃哈哈的6.08倍、3.37倍；从知名品牌数量来看，2011年，浙江有45家企业进入"中国品牌500强名单"，低于广东的89家；从上榜制造业企业平均品牌价值来看，浙江省上榜制造业企业的平均品牌价值为25.26亿元／家，分别低于广东的49.6亿元／家、山东的43.5亿元／家、江苏的27.94亿元／家。

（二）品牌经营能力较弱，品牌国际化进程缓慢

龙头骨干企业的跨国经营能力有所提高，但品牌国际化程度却不高，与发达国家跨国公司相比还存在较大差距。一是品牌企业缺乏技术含量高、具有国际竞争力的品牌产品，在跨国战略、跨国营销、跨国组织、跨文化管理、跨国资本运营等方面也较为薄弱。而且缺乏国际营销力的著名品牌，有些品牌虽然在产量上已经居世界首列，但OEM（贴牌）依然是其打入国际市场的主要途径。从企业技术创新投入来看，浙江省品牌龙头骨干企业研发投入占销售收入的比重不仅低于中国制造企业500强的2.03%的平均水平，更远低于华为8.94%的投入水平。

（三）专业人才较为缺乏，品牌危机意识较弱

部分龙头骨干企业缺乏国际化的企业品牌管理人才和品牌资产运作人才，品牌危机意识较为薄弱。一是部分企业对如何推进品牌建设还处于摸索阶段，在自主营销市场上还没有找准定位，也没有在产品定位、客户选择、细分市场等方面做出相应的匹配选择。146家龙头骨干企业中，只有19.9%的企业设立了品保部、品保委员会、品牌部或品牌总监等职能机构（或岗位）专门管理品牌，79.5%的企业是通过战略总监、战略委员会、战略发展研究中心、营销中心、售后服务、质量管理等机构兼管品牌工作。二是缺乏品牌保护意识。有些知名品牌被境外抢

注，有些在合资过程中被外方企业排挤、冷藏，或在合资协议中没有签订保护自有品牌的条款，这些都不利于确保品牌无形资产的增值。

第三节　加强区域品牌，推动转型突破的对策建议

一　将打响"浙江制造"品牌作为区域品牌建设的主要抓手

国外经验表明，发达国家都把产地品牌建设作为制造业崛起的有力推手，越是在稳增长、调结构、促转型的时候，质量元素就越能成为经济发展的内生动力，品牌建设就越不可忽视。比如，日本实施的品牌战略，载体是设立了"G 标志"（Good Design Award），成为"日本制造"高品质、高性能、高稳定性的象征。"德国制造"也曾是"劣质产品"的代名词，在经历了 100 多年"为质量而战"的努力，从"山寨"变成了"名牌"。从浙江省来看，自 2004 年提出打造"品牌大省"战略以来，一直将"形成一批具有较大影响力的区域品牌"作为重要工作来抓。建议结合"浙江制造"品牌培育工作，把区域品牌创建作为一项重要而长期的任务来推进，结合"浙江制造"品牌"七县十业百企"试点培育工作，选择一批基础条件较好的县域和块状经济进行先行试点，加大对区域品牌宣传、推广、培育和保护力度，让众多标杆区域品牌与"浙江制造"品牌形成"众星捧月"之势。

二　系统化推进的特色小镇等大众创业的集聚品牌

要把区域品牌作为特色小镇创建的重要一环来推进，让品牌经济助力特色小镇成为浙江新经济发动机。要注重对特色小镇的整体规划和宣传包装，通过小镇城市客厅来展示小镇形象，引爆"产、城、人、文"的功能。要聚焦七大产业和十大历史经典产业，举办业内有影响力的论坛和研讨会，如云栖大会之于云栖小镇、财富论坛之于梦想小镇等，发布相关行业指数，与国外知名小镇对接成"姊妹小镇"，打响小镇的国内外知名度。另外，要发挥浙江块状经济众多的优势，依托 42 个产业集群示范区试点和国家新型工业化示范基地等，打造一批产业集群区域国际品牌试点，在区域品牌策划设计、发挥行业组织作用、引导企业培育品牌、建立品牌评价分析制度等方面下功夫，让传统块状经济"老

树发新芽"，推进"浙江制造"迈向中高端。

三　通过龙头骨干企业品牌建设引领区域品牌建设

着力打造一批具有国际影响力的世界品牌企业。从世界范围看，品牌是走向国际市场的通行证，谁拥有国际知名品牌，谁就具有支配全球资源、占领国际市场的优势。据调查，目前不足3%的国际知名品牌占据了40%的国际市场销售份额。全球最有价值的100个品牌基本上都集中在欧美发达国家。要以龙头骨干企业为重点，培育打造出若干个具有国际竞争力的世界性品牌，鼓励龙头骨干企业创建自主国际品牌，通过收购、兼并、控股、联合、虚拟经营、委托加工等多种途径做大做强，加快形成一批主业突出、核心竞争力强、品牌带动作用明显的品牌大企业、大集团，努力培育一批技术创新能力和产品市场占有率居国际同行业领先地位的品牌企业，着力提升其品牌价值，增强其对经济发展的带动作用。

四　努力营造促进区域品牌建设的良好氛围

进一步完善人才政策，鼓励企业培育和引进品牌经营、品牌运作、品牌危机管理等方面的高级人才，加快建设高素质的品牌人才队伍。引导企业经营者增强品牌意识，充分发挥其在品牌创造、品牌经营、品牌提升方面的重要作用。鼓励大专院校和有关机构组织开展品牌知识、品牌经营和相关法律法规等方面的培训，提高企业创牌能力和水平。联合一批骨干龙头企业和有利于促进品牌建设的相关单位，组建成立浙江省品牌建设促进会。依托品牌建设促进会，重点开展品牌人才培训，品牌宣传推广、品牌规划、研究、咨询和交流合作等服务，帮助提升龙头骨干企业的品牌知名度、美誉度和影响力。要以标准和认证为抓手，通过高标准的运用实施来引领区域品牌的高品质发展，对符合高标准、高品质要求的区域块状产品进行认证，为市场提供高品位、高质量产品。

第二十四章 推动块状经济向现代集群网络转型的对策研究

第一节 浙江块状经济转型发展现状

块状经济是浙江发展的特色和优势，在发展经济、吸纳就业、开辟税源、扩大出口等方面发挥了十分重要的作用。据统计，2010年，浙江省有年销售收入50亿元以上的块状经济183个，实现全部工业总产值3.8万亿元、吸纳就业人员799.7万人，分别占浙江省全部工业经济总量的58%、53.5%。在183个块状经济中，年工业销售产值超500亿元的有14个，超千亿元的块状经济有8个。块状经济向现代产业集群转型升级是浙江省传统产业转型升级的一个重要抓手。2008年以来，浙江认真贯彻落实以现代产业集群示范区建设为突破口推进工业转型升级的决策部署，全力抓好42个省级现代产业集群示范区建设试点工作。通过抓规划编制、政策支撑、龙头带动、技术进步，进一步明确了块状经济转型升级的重点和任务，构建了推进块状经济转型升级的政策体系，培育了一批带头转型升级的领军企业，优化了块状经济的产业和产品结构。

特别是近年来，我们从推进工业强省建设、加快工业转型升级的战略高度来积极谋划推进浙江省产业集群示范区建设，按照"跳出块状经济来抓块状经济"和"跳出传统发展模式来抓块状经济"的推进思路，推动信息化与工业化深度融合，以升级为主带动转型，加快创建一批传统的创新型产业集群和战略性新兴产业集群。主要抓了几项重点工作：

一是抓特色工业设计基地建设。为切实发挥工业设计在推进块状经济向现代产业集群转型升级中的支撑作用，联合 12 个省级部门出台《关于加快我省工业设计产业发展的实施意见》，出台《关于推进特色工业设计基地建设加快块状经济转型升级的若干意见》（浙政发〔2011〕81 号），支持宁波和丰创意广场等 12 个工业设计基地建设。

二是抓工业强（市、区）"两带两升"建设。块状经济是传统产业的主体，也是工业大县（市、区）发展的重要依托和核心。选择一批工业超千亿的工业大县、大市、大区，整体谋划、动员发动、试点引路、典型示范，积极探索新形势下转型升级的路径和模式，通过其率先转型升级来带动块状经济整体转型升级。

三是抓"智慧城市"试点和两化融合试验区。为促进块状经济与城镇化互动发展，出台《关于开展智慧城市建设试点工作的通知》（浙政办发〔2011〕107 号），确定"3 + X"和"11 + 1"试点模式，推进宁波智慧城市综合试点的同时，在其他设区市开展交通、物流、电网、城管、医疗、健康、安保等技术单项应用试点；从产业集群、行业和企业三个层面推进"两化"深度融合，制订并落实《浙江省产业集群"两化"融合试验区实施方案》，确定萧山、绍兴化纤纺织、富阳造纸等 13 个产业集群示范区，加快"两化"深度融合试验区建设。

四是抓淘汰落后产能和区域国际品牌建设。为破除块状经济"低、小、散"低端化锁定现象，出台《关于进一步加快淘汰落后产能的意见》（浙政发〔2011〕75 号），充分利用节能、环保、安全生产依法监管等各种手段，通过淘汰落后产能推动块状经济"腾笼换鸟"，为先进生产力腾出市场环境资源。同时，抓好 42 个产业集群示范区实施方案的组织实施，推进产业集群示范区公共服务平台建设和区域国际品牌试点工作。

总的来看，浙江省 42 个块状经济向现代产业集群转型升级示范区建设工作已经取得阶段性成效。截至 2011 年年底，浙江省 42 个产业集群示范区实现销售收入 22446.5 亿元，出口交货值 4376 亿元，利润 1149.9 亿元，分别比 2008 年增长 59%、41% 和 44%，年均增长 16.7%、12.1% 和 13.0%。但我们也清醒地认识到，由于各示范区工作力度、政策措施、转型方向、突破重点以及外部环境的差异，推进的进度、效果也不一样。加快块状经济向现代产业集群转型升级，仍将是一项长期任务。

第二节　推动块状经济转型突破的对策建议

　　从浙江省来看，块状经济起步于农村工业化，以传统产业为主，42个产业集群示范区中绝大多数是传统产业，但是，这些传统产业都有着新兴产业的"基因"和特质。没有夕阳的产业，只有夕阳的技术。因此，在推进块状经济向现代产业集群转型升级过程中，要积极抓好传统优势产业与战略性新兴产业的融合互动发展。一方面，要推进块状经济的"升级"。通过往研发、设计、品牌、营销等价值链两端的延伸，打造成类似于意大利的以中小企业为主的传统的创新型产业集群。如温州鞋业就要做到意大利皮鞋水准，海宁皮具要做到 PRADA、LV 的水平。另一方面，要推进块状经济的"转型"。通过改造提升，来带动战略性新兴产业集约、集聚、集群发展，打造一批战略性新兴产业集群。比如，舟山的船舶修造和海洋生物与海产品深加工产业集群可以往海洋新兴产业集群发展，杭州的装备制造业和缙云机床要往高端装备制造产业集群方向转型，乐清的低压电器可以往工业电气与风能等新能源产业集群方向转型，衢州的氟硅、建德精细化工，嘉兴的港区化工材料等产业集群也可以往化工新材料产业集群转型等。

　　下一步，加快推进现代产业集群示范区建设，就是要按照构建现代产业体系的本质要求，从宏观、中观和微观多维度来谋划，以升级带动转型，坚持创新型传统产业集群和战略性新兴产业集群"两手抓"，全面推动产品升级、结构升级、技术升级和价值链升级，通过抓块状经济提升发展推动做强工业，实现抓一批带一片，来打造一批高附加值的传统优势产业、有规模与集群优势的新兴产业、在本地先有市场的高技术服务业。要突出抓好以下五个方面工作。

一　着眼于"做强企业"的对策建议

（一）引导龙头骨干企业加快创建"五型企业"

　　发展"总部型、品牌型、上市型、高新型、产业联盟主导型"的"五型企业"是实现渠道质量品牌战略、提升价值链的有效突破口，也是加快科技创新、管理创新、经营创新、组织方式创新、商业模式创新和有效整合资源的关键举措。要把"五型企业"的发展作为带动块状经济转型升级和中小企业提升发展的重要抓手，研究制订龙头骨干企业创建"五型企业"三年行动计划，明确具体目标、重点任务和保障措施，加大政府在规划引领、公共服务、政策扶持和环境营造等方面的扶持和引导力度。要围绕663项重大项目，着力推进龙头骨干企业"十三五"发展规划的组织实施，研究制定龙头骨干企业开展兼并重组的相关扶持政策。要积极研究制定总部经济培育发展政策意见，组织开展总部型企业和品牌标杆企业试点，突出发展集"研发设计、运营管理、集成制造、营销服务"于一体的总部型企业，培育跨省、跨国大集团。

（二）积极培育发展一批产业联盟

目前，146家龙头骨干企业的省内协作配套中小企业数量只占全部协作配套企业数量的26.9%，采购金额只占22.2%，与多数中小企业的关系属于订单采购、松散合作。一是要全面摸清产业集群内重点产业的发展现状，引导和支持企业间结成互相协作和资源整合的产业联盟合作模式，应对共同的竞争者或将业务推向新领域。二是要推动龙头骨干企业与省内中小企业开展紧密型、稳定型产业联盟示范，选择一些企业开展试点，着力形成扶一家、联百家、带百家的效果，带动其他龙头企业与中小企业协同设计、协同生产、协同质量管理、协同销售和协同发展。三是按照产业链的内在要求，进一步明确各产业集群重点产业链的龙头企业和关键（核心）技术；围绕产业链薄弱环节，抓好短板项目的招商选资，组织实施一批产业链重大项目。

二 着眼于加强"创新驱动"的对策建议

（一）大力推进工业设计创新

在11个市、20个工业大县（市、区）和42个示范区，认真抓好12个省级特色工业设计示范基地建设，通过强化工业设计人才队伍建设、组织工业设计大赛、构建设计创新链体系、加强督察和第三方考核评价等工作，促进产业集群示范区提升创新能力和水平。省级有关单位要组织精干力量，组成指导服务组，定期赴对口联系的示范基地，指导试点工作开展，协助解决问题，加大帮扶力度。

（二）大力推动技术创新

要将做强产业集群示范区的第一要素从做大工业主要依靠土地第一要素转为依靠科技、人才等第一要素。要制定支柱产业技术进步路线图，组织科技创新重大专项的研发和区域性重大工业研究院的建设。要以企业为主体，抓大企业研究院建设，抓好技术创新体系建设。抓科技人才的高效投入和主导、支柱产业关键技术的创新。以企业为先，尤其是以百人以上的企业研发机构为依托，抓人才培养、引进、使用与激励。要突出高技术的延伸服务和相关科技支撑服务，有重点地做强做大高技术服务业。要解决科技与经济"两张皮"问题，通过市场化机制促进技术、资本、人才相互之间更好地结合来实现创业，推动科技成果产业化。

（三）大力推进品牌创新

要深入推进块状经济品牌建设，推动从无牌到有牌、有牌到国际知名品牌转变。组织开展百家品牌试点工程，开展品牌标杆企业试点，择优选择 10 个产业集群示范区开展区域国际品牌试点，编制试点规划，加大政策支持，做好示范引领，打造一批具有较强国际竞争力的区域品牌。继续在块状经济中开展制定和推广实施联盟标准工作，推动打造一批国家标准和行业标准。借鉴学习宁波市鄞州区 2011 年专利授权量超万件经验，大力推进示范区企业专利建设，推动产业集群示范区转型升级。

（四）大力推进信息化创新

要重点抓好产品、企业、系统应用层面，推动"两化"深度融合，推进产业集群示范区信息化建设。

第一，在产品和企业层面，要抓好"五化"：工业设计信息化、装备产品智能化、生产过程自动化、营销模式网络化、企业管理信息化，充分发挥信息化在转型升级中的牵引作用，深化信息技术集成应用，加快推动制造模式向数字化、网络化、智能化、服务化转变。

第二，在系统应用层面，要围绕重点行业加快"两化融合"；以"智慧城市"建设为重点，积极推进信息技术在经济社会各领域的广泛应用和综合集成，推动信息化和工业化深度融合；继续推进萧山、绍兴化纤纺织、富阳造纸等 13 个产业集群"两化"深度融合试验区建设，并选择 2—3 个基础条件好、应用前景广的试验区，争取列入国家"两化"深度融合试验区。继续实施印染、造纸、化工、医药"两化"深度融合行动计划。

第三，在营销平台层面，要继续利用好专业市场这一优势，推进信息化与电子商务建设，建好"网上与网下、有形与无形"这两大市场。

如推进绍兴轻纺城"网上中国轻纺城市场"电子商务平台建设；推进义乌小商品市场与阿里巴巴合作，着力打造"网上义乌小商品城"。

三　着眼于"腾笼换鸟"的对策建议

（一）综合提升产业用地效率

做好集约利用土地文章，为块状经济转型升级腾出一片新的发展空间。坚持"两手抓"，一手抓存量土地利用，重点对企业"批而未用"土地和市、县政府未用土地指标进行集中清理，对闲置两年以上的土地依法收回，盘活存量土地，切实提高土地利用率。一手抓增量土地开发，继续念好"山海经"，向近海滩涂和低丘缓坡寻找发展空间。

（二）加快落后产能淘汰与更替

做好淘汰落后产能文章，为块状经济转型升级腾出一片新的产业空间。要紧紧抓住国家工信部正在开展的建立产能等（减）量置换工作机制和鼓励地方先行探索推进产能等（减）量置换工作的政策机遇，积极推进淘汰落后产能工作。要重点抓好淘汰落后产能专项行动，不断加大对台州小冶炼、余姚不锈钢、富阳小造纸等"低、小、散"区域落后产能的整治提升力度，加快摸清各地落后产能情况，尽快研究制定范围更宽、标准更高的淘汰落后产能标准，严格执行落后产能限期淘汰制度，为战略性新兴产业发展腾出足够的空间。

（三）加强节能降耗释放环境容量

做好节能降耗减排文章，为块状经济转型升级腾出一片新的能耗空间。节能减排指标是国家下达的约束性指标。要继续把节能减排作为转型升级的重要抓手和突破口，充分运用差别电价、超能耗限额标准加价和新上固定资产投资项目用能审查等手段，扎实推进节能减排工作，腾出更多的能耗和排放空间，用来发展低能耗、低排放产业。

（四）加快产品创新提升产品结构

做好产品结构调整文章，为块状经济转型升级腾出一片新的市场空间。浙江省产业集群具有以传统产业为主的特点，绝大多数产品处于过度竞争状态。一是要针对全球消费需求向智能、绿色、安全、健康产品与服务发展的新趋势，做强产品，做强服务，做强"产品＋服务"，大幅提升产品价值，通过质的提升实现国内外市场量的扩大。二是要适应市场、利用市场、瞄准产业发展趋势，重视开发新的市场，发展新兴产业、新型商业（商务）模式，发展高技术服务与生产结合型的制造业。

四　着眼于空间优化的对策建议

（一）抓好"五个一批"载体建设

研究制定评价激励机制、配套扶持政策和工作推进机制，以一批工业强市、工业强县（市、区）、工业强镇、工业强区（高新技术产业园区、工业园区、经济开发区、产业集聚区）、工业强基地（特色产业基地）"五个一批"载体为抓手，形成"点、线、轴"格局，充分发挥工业强县、强镇、强区、强基地在浙江省块状经济转型升级中的引领、带动作用。"五个一批"载体是要努力建成现代化的工业新城、工业城市新区。

（二）抓好工业强县（市、区）试点建设

产业集群示范区是传统产业的主体，是工业强县（市、区）发展的重要依托和核心，提升工业强县（市、区）发展水平是抓好产业集群示范区的关键。因此，以 14 个工业大县（市、区）为基础，择优选择一批县（市、区）等作为浙江省第一批强县（市、区）的示范试点，成立工业强县（市、区）试点规划举措编制指导组，探索做强工业新路径，努力在块状经济转型升级、发展总部型企业、培育发展战略性新兴产业、加快特色工业设计示范基地建设、开展智慧城市建设和推进节能降耗六个方面率先取得突破性进展，示范带动其他县（市、区）工业转型升级。

（三）抓好现代化工业基地建设

要加快建设现代化装备、工艺、流程的都市型工厂（现代化工厂）和能"与花园、公园友好相处"的工厂，使之成为现代产业集群示范区的主体。要进一步推动集聚和产业链联动发展，解决"有园缺失""有业无链"的现状，提升主导产业、支柱产业地位，形成配套协作紧密的产业链优势，推进小微企业入园、入区、入城实现集群与生态发展。

（四）积极推进综合服务平台建设

围绕现代产业集群示范区中广大中小企业的信息管理需求，重点抓好以信息、咨询、培训、管理提升、市场开拓等为主要服务内容的公共服务平台建设，积极为中小企业提供全程式的"交钥匙"服务。要跟踪学习和及时借鉴温州市金融综合改革试验的好经验、好做法，加快推进融资服务平台建设，加强金融产品和服务创新，为小微企业融资提供全面高效的专业服务。

五 加强考核评价的对策建议

要研究制定开展产业集群示范区、工业行业龙头骨干企业、工业大县（市、区）和特色工业设计基地四项工作的评价考核，指标体系要按照做强的要求开展评价，形成落实科学发展观、加快转变发展方式和做强工业的鲜明导向。要坚持"亩产论英雄""单位电耗产出论英雄""单位排放产出论英雄""单位劳动产出论英雄"对企业进行分类，形成按不同类别给予差别化资源要素保障的机制。

第二十五章 加快"小升规",促进市场主体升级的对策研究

第一节 浙江省小微市场主体发展总体现状

一 小微企业新设数量持续攀升

2014 年年末,浙江省在册企业 127.05 万户,同比增长 17.12%;2015 年年末,在册企业 144.67 万户,同比增长 13.87%;截至 2016 年 9 月底,在册企业 161.9 万户,同比增长 15.76%,持续保持高增长态势。新注册企业大多数为小微企业。2016 年第三季度,浙江省新增内资私营企业数量 226809 家,其中新增注册资本在 500 万元以下的小微企业数量 181432 家,占 80%。近年来,浙江省小微企业新设数量持续攀升,经济贡献也逐年增强。根据省统计局的数据测算,2015 年,浙江省规模以上小微企业和规模以下小微企业产值约占全省企业总产值的 51%。2016 年前三季度,全省规模以上小微企业实现工业增加值 4130.6 亿元,同比增长 6.7%,占规模以上工业企业增加值比重达到 41.1%。

二 小微企业创新动力日益增强

统计数据显示,浙江省高新技术产业企业快速增加,截至 2016 年 9 月,全省累计认定科技型中小微企业 2.7 万家,市级以上科技孵化器数量 88 个,入驻上述科技孵化器企业 8481 家。科技小微企业活力显现,新设七大万亿产业小微企业累计 35.4 万家,其中信息经济、环保、高端装备制造业等同比增速显著。与此同时,市场清出力度加大,随着去产能、调结构、补短板等转型升级举措的持续推进,小微企业发展更加注重创新能力培育。

三 小微企业就业贡献更为突出

统计数据显示,2015 年,浙江省规模以上和规模以下工业小微企业从业人员 650.2 万人,就业贡献率为 49.9%;个体工业户 309.7 万人,就业贡献率为 23.7%。加上注册资本 500 万元以下的大量小微企业和个体商业户,全省小微企业和个体工商户对于社会就业的贡献率总体超过 73% 以上。规模以下小微企业就业贡献率连续五年维持在 22%以上。特别是在"个转企"和"小升规"工作方面,规模以上小微企业就业人数占比增速显著,从 2011 年的 20.9% 上升至 2015 年的27.7%。小微企业在振兴浙江省实体经济、缓解就业压力、维护社会稳重方面起到了不可替代的重要作用。

四 小微企业开放发展更加凸显

浙江省大中型企业出口交货值占比从 2011 年的 63.8% 下降至 2015年的 59.7%,而规模以上小微企业出口交货值相应地由 36.1% 上升至40.3%,增速远超大中型企业。浙江省出口型小微企业数量增速明显加快。2016 年 1—9 月,浙江省进出口经营权备案登记的企业新增 1.1 万家,同比增长 18.5%,有出口实绩的企业超过 5.7 万家;小微外贸企业出口总额累计 1555.3 亿元,同比增长 20.7%,比全省出口总额平均高出 15 个百分点。浙江省小微企业积极参与"一带一路"战略,利用双边多边合作机制,积极开展国际化经营,为浙江省出口创汇和发展开放型经济做出了突出贡献。

第二节 加快做好"小升规"工作的重要意义

浙江省是中小微企业大省,中小微企业在促进浙江省创业创新的同时,"低小散弱"问题依然突出。"小升规"企业已成为推动浙江稳增长调结构的新动力。

一 成为稳增长的"生力军"

据统计,目前全省纳入统计的"小升规"企业共 11513 家,占全部规模以上工业企业(41180 家)的 28%。2016 年 1—4 月,全省入库"小升规"企业实现工业总产值 2092 亿元、主营业务收入 1965 亿元、出口交货值 330 亿元、利润 68 亿元、税金 55 亿元,分别同比增长

26.6%、23.8%、22.9%、85.6%、42.9%，增幅超过全省规模以上工业增速的22.9个、21.9个、22.9个、68.2个、35.7个百分点以上。特别是，"小升规"企业贡献了全省规模以上工业总产值增量的62%，拉动工业增长2.3个百分点。

二 成为优结构的"加速器"

注重引导小微企业往信息经济、高端装备、环保等七大产业和科技型、创新型、成长型企业方向培育。目前，"小升规"企业中七大产业占比逐步提高，接近45%，八大高耗能行业企业占比逐渐降低。特别是，装备制造业"小升规"企业数量和产值占比分别从2013年的39.7%和37.1%提高至2015年的42.3%和48.7%，八大高耗能行业"小升规"企业数量和产值占比分别从2013年的27.8%和39.7%下降至2015年的23.1%和23.3%，也带动全省新兴产业加快发展和传统产业改造提升，形成"双引擎"。

三 成为创新创业的"动力源"

2016年1—4月，"小升规"企业科技活动经费支出18.5亿，同比增长27.9%，是全省规模以上企业的2.7倍；研发的投入大大激发了科技创新和新产品增加，1—4月新产品产值574亿元，同比增长50.5%，远高于全省规模以上企业13.6%的增幅。此外，"小升规"企业在扩大就业、保障民生、搞活经济等方面呈现示范作用。

第三节 目前"小升规"工作中 面临的突出问题

2013年，浙江省委、省政府提出并大力实现"小升规"工作，作为转型升级组合拳和小微企业成长升级的"重要一招"加快推进，取得不错成效，三年（2013—2015年）累计完成"小升规"12694家。但仍存在"不想升、不敢升、不能升"的问题，甚至出现已上规企业"下规"的现象。

一 小富即安导致规模以下企业"不想升"

部分企业主竞争意识较为薄弱，主观上缺乏将企业做大做强的需求，而且对上规后给企业带来的发展优势和长远收益认识不足，往往容易满足于"客户不缺、小本获利"的现状，自主扩大生产规模、促使企业上规升级的意愿和积极性不强。特别是当前经济下行压力加大，客观上也减弱了规模以下企业上规的意愿。

二　担心利益受损导致规模以下企业"不敢升"

浙江省中小微企业量大面广，政府有关部门往往把监管的重点放在规模以上企业，而规模以下企业往往享受到不纳入统计口径、人员开支较少、管理成本较低的显性便利和执法监管较少、税费缴纳不严、社会责任较轻的隐性福利，导致部分小微企业担心上规后享受到的政策优惠抵不上新增的税收开支和工作成本而"躲"在下面不愿上规，即使已经达到上规标准，也不愿申报，甚至上了规还想办法下规。

三　公共服务体系不键全导致规模以下企业"不能升"

相对于中大型企业，小微企业在核心技术、管理水平、市场营销等方面处于劣势，抗风险能力不足，也面临着研发人员与熟练技术工人"两头短缺"、融资负担高居不下、用地指标较为紧张等困局，再加上职业培训、公共技术、法律法规等公共服务体系不健全，规模以下企业想升都力不从心。

第四节　推进"小升规"，促进市场主体升级的政策建议

一　把"小升规"工作放在转型升级组合拳中更为重要位置

目前，浙江省共有小微企业121.7万户，占全部企业总数的95%以上。从微观视角看，浙江省经济能否转型升级成功，关键是中小微企业转型升级能否成功。"小升规"在"个转企—小升规—规改股—股上市"这条小微企业成长升级链中起着承上启下的作用，抓好了，可以发挥"四两拨千斤"的作用。建议将"小升规"工作作为浙江省"小微企业三年成长计划"的重要内容加快推进，与供给侧结构性改革结合起来，制定新一轮"小升规"三年行动计划，建立"小升规"重点对象企业培育库，充分调动各地区、各部门的积极性，形成"小升规"工作的常态化、规范化、制度化。同时，继续加大宣传力度，总结推广成功范例培育模式，开展"创业成长之星"评选，示范带动全省企业

提质升级。

二　加大政策供给，让规模以下企业"升得上"

要切实落实好兑现好《关于促进小微企业转型升级为规模以上企业的意见》（浙政办发〔2013〕118号）明确的税费优惠、社保减免、财政扶持等方面的政策措施，让上规企业实实在在得到实惠，吸引更多规模以下小微企业积极主动上规。要结合当前以"三去一降一补"为重点的供给侧结构性改革，研究制定新形势下"小升规"的有关政策，在高新技术企业申报、首台（套）产品认定、省市名牌评选等方面对"小升规"企业予以一定程度的倾斜。要以"全省中小微企业政策宣传月"活动为载体，切实加大各级政府出台扶持小微企业发展的一系列政策措施的宣传力度，让广大小微企业知晓政策、掌握政策、运用政策，切实发挥政策的扶持、引导和激励效用。

三　加快构建公共服务体系，让上规企业"稳得住"

发达国家的经验表明，高效服务往往是网络化、体系化的，是一个生态系统。比如，美国小企业管理局（SBA）下设10个地区分局，整合各州100多个地区办公室和辖区内的信贷、教育、培训机构和志愿人员为小企业提供服务。建议尽快制定出台省中小企业公共服务体系建设指导意见，依托中小企业公共服务平台网络（96871），建立以省、市、县三级中小企业公共服务中心为主体、政府扶持的公共服务机构为支撑、社会化服务主体共同参与的公共服务体系。在温州、台州等地试点的基础上，探索完善小微企业"服务券"制度，为培育库企业提供精准服务和优质服务。继续组织实施小微企业机器换人、电商换市、创新培育、智能制造、绿色制造、协同创新和协同制造、管理提升、中国质造·浙江好产品、融资服务和法律服务等"小升规"专项行动，组织开展特色化指导服务，更好服务上规企业。

四　"扶上马、送一程"，让上规企业"做得大"

"上规"是"小升规"工作和企业发展的阶段性目标，而推动企业"升级"和做强做大，才是"小升规"工作最根本的目标，和企业发展的永恒主题。建议开展以"升级"为主要内容的管理培训和指导服务，对近三年新上规的企业，开展以技术创新、商业模式创新、战略管理、品牌建设、提高投融资能力为主要内容的培训，对科技型、创新型和成长型的新上规企业加强指导和服务。加强与"个转企"、"规改股"、

"股上市"等配套政策的衔接，形成推动小微企业由"低散弱"向"高精优"转型提升的扶持体系。深入推进小规企业对接现代技术、现代金融"双对接"活动，帮助小微企业对接利用省内外高端创新资源，加快跨式发展。对于产业内具有普遍性、急迫性的共性技术难题，参照美国"半导体技术联合体"、韩国"共性技术开发计划"的研发模式，由政府整合科研院所、科技型企业等优质资源建立技术联合体并支付部分科研经费进行攻关，为企业实现快速成长清除技术障碍。

第二十六章　多措并举，加快提振浙江实体经济的对策研究

第一节　当前浙江实体经济面临的主要困境

我国经济已进入中高速增长的新常态，经济结构调整刚刚开始，伴随出现经济"脱实向虚"的现象。当前，实体经济面临的问题，归纳起来，主要有以下几个方面。

一　有效投资支撑不足

据测算，"十二五"期间，浙江省实体经济固定资产投资年均名义增长率为14.7%，而同期房地产、金融加基础设施固定资产投资增长率为20.4%，考虑到规模以下企业未计入统计数据，两者之间的实际差距超过50%，而同期广东省两者之差仅为1.1个百分点，江苏省基本同步。这些数据充分表明，浙江省资金"脱实向虚"已较为严重，实体经济"供血"不足。

二　实体收益沦为洼地

受国内外需求增速下降、生产成本提高等多重因素综合作用，浙江省实体经济边际收益逐年下降。2015年，全省工业企业主营业务平均利润率（税后）仅为4.2%，只有江苏的85%、上海的75%。可见，浙江省实体经济自我造血功能进一步减弱。

三　要素成本不断上升

随着浙江省人均GDP突破万美元关口，各项要素价格不断上升。2016年，浙江省在职职工年人均工资为66668元，而安徽为55139元、四川为58915元；企业用电成本为0.687元，而安徽为0.646元、四川为0.535元，浙江省企业成本优势已经不存在。同时，劳动力供应下

降，2011—2015 年，浙江省制造业城镇单位就业人员连续五年出现 1%—2% 的负增长，同期，广东、江苏、河南等省份却以 10% 的速度增长。

四　产业结构调整任务艰巨

浙江省十大传统产业主营业务收入占比明显偏高。2015 年为 39.54%，显著高于全国平均水平，同期，江苏省、广东省和河南省仅为 30% 左右。虽然近年来杭州市信息经济、高端装备等新兴产业发展迅速，但全省产业结构优化任重道远。

五　创新驱动能力没有形成

"十二五"期间，浙江省全社会研发支出年均增长率仅为 15%，与全国平均水平大致相当。2016 年，企业科技活动经费支出占销售产值比例不到 1.4%，与日本、美国等发达国家 3% 的水平相差明显。创新资源投入，无论从数量或者质量方面看，均与经济地位存在较大差距，创新尚不能成为新动能。

第二节　振兴浙江实体经济的主要思路

一　振兴实体经济必须坚持以供给侧结构性改革为主线

当前，实体经济的困境在于供需结构失衡、金融与实体经济失衡、房地产与实体经济失衡等，因此，必须加强供给侧结构性改革，深入推进"三去一降一补"，矫正要素配置扭曲；坚定不移地打好"提标""育新""汰劣""扶优"等振兴实体经济组合拳，把"浙江制造"打造成"中国制造"的新标杆。

二　振兴实体经济，要坚持与虚拟经济要融合发展

只有实体经济、虚拟经济融合共生，经济发展才能可持续。浙江省作为国家信息经济示范区和两化深度融合示范区，具有"互联网＋"的基因，要加快推动虚拟经济与实体经济融合发展，选择若干传统产业集聚地，推进传统产业＋互联网、工贸一体化等试点工作。

三　振兴实体经济，要传统产业与新兴产业两手抓

培育新动能，绝不是放弃传统产业而另搞一套标新立异的产业体系，新兴产业发展必须依赖于传统产业所形成的技术积累、制造能力和产业组织等基础的支撑。当前,浙江省新旧动能转换慢的重要原因在于传统产业比重较大但增速慢,而新兴产业虽然增速较快但体量仍旧较小。因此,要把传统产业改造提升放在突出位置,用高新技术嫁接传统产业,用新技术、新业态、新模式对传统经济进行改造升级;同时,顺应新一轮科技革命和产业革命趋势,加速推进战略性新兴产业和高新技术产业发展,培育产业增长新动力,由此形成实体经济振兴的"双引擎"。

第三节 振兴浙江实体经济的对策建议

通过比较研究日本、德国和韩国等实体经济发展经验,提出振兴浙江省实体经济的政策建议。

一 疏引金融之水,浇灌实体经济

一是堵住社会资金违法、违规流通渠道,严格修补金融制度漏洞,例如,"圈钱式"IPO、空转套利、金融监管不严、违规处罚力度不够等制度缺陷。

二是疏通资本向实体经济流动的渠道,例如,简化银行贷款审批手续,鼓励金融机构开发适合中小企业、实体经济的金融产品,建设社会信用体系,降低实体经济融资成本,鼓励民间风险资本发展,建设多层次风险资本体系,等等。

二 补齐创新短板,培育实体经济增长动力

浙江省科技创新短板十分突出,大院大所等创新载体明显不足。因此,要大力推进杭州城西科创大走廊、宁波科技大走廊、浙南科技城、特色科技小镇等创新载体建设,形成浙江省科技创新大平台;探索国际高端创新资源的引进和利用机制,改革科技成果收益分配制度,集聚国内外高端创新要素,加大力度,促进科技成果转化;借鉴美国制造业创新网络计划、欧盟第七科技框架计划等操作模式,探寻PPP模式在科技创新计划中的应用,寻求科技创新领域的公私合作,培育研发产业,探索社会资本参与研发活动的新模式。

三 培育龙头企业,引领实体经济实现振兴

建议加大"三名"企业培育力度,引导企业通过联合、并购、重

组优化生产要素配置，加快形成一批总部型、品牌型、协同制造型、绿色与安全制造型、高新技术上市型的"五型"企业；既要加快打造浙江企业的"航空母舰"，也要培育隐形冠军，鼓励中小企业走"专、精、特、新"发展道路，在产业链细分行业及环节做到细致、精致、极致，成为领域"领头羊"。

四　提升传统产业，促进制造业转型升级

建议设立全省实施振兴实体经济（传统产业改造）财政奖励政策，优选一批工业产值 500 亿以上工业大县，开展振兴实体经济试点，加大对实体经济特别是传统产业改革提升的支持力度；推广实施"浙江制造"标准，培育"浙江制造"品牌；积极发挥各级政府产业基金引导作用，吸引社会资本共同设立产业基金，支持实体经济振兴；进一步完善各级政府及职能部门绩效考评机制，设立市县实体经济振兴考核指标，营造推进实体经济振兴的良好氛围。

五　加大降成本力度，提高实体经济竞争力

2016 年，浙江省制定实施了企业减负三年行动计划，直接减轻企业负担 1010 亿元，企业反响热烈，收到了良好效果，但是，"降成本永远在路上"。建议进一步贯彻"放管服"的行政理念，强势推进"最多跑一次"改革，倒逼各级政府简政放权，节省制度性交易成本；进一步削减行政事业性收费和涉政中介收费，建立动态目录清单管理制度；规范整顿行业协会，切实推进协会与行政部门脱钩；落实能源价格调整政策，推广水、电、燃气差别定价，扩大直供电交易范围；降低企业社保负担，对部分保项予以减征或者调低费率；降低土地使用成本，推广工业用地"弹性出让"、"先租后让"等用地模式，减少企业资金占用。

第五篇

经济合作与发展组织中小企业融资评价与国际政策协调研究

第二十七章　经济合作与发展组织中小企业融资国际评价体系

第一节　经济合作与发展组织中小企业融资评价项目背景

　　经济合作与发展组织（OECD）是世界知名的政府间国际组织，目前正式成员国 34 个，中国目前为 OECD 观察国。OECD 的主要宗旨是帮助成员国政府制定和协调有关政策，其一系列研究和分析工作对成员国和非成员国具有重要政策影响力。本书作者所在的浙江工业大学中国中小企业研究院自 2013 年开始与 OECD 建立正式合作关系，并接受 OECD 的课题委托开展相关合作研究。目前，双方合作研究主要内容是 OECD 创业、中小企业和区域发展司委托浙江工业大学中国中小企业研究院团队代表中国区首次参与《中小企业与创业融资：OECD 比较计分板》项目。该报告为全球针对中小企业和创业领域的权威官方报告，目前主要针对 34 个 OECD 国家和少数观察国。经过双方努力，该项目 2015 年将首次推出中国部分，并成为其常设系列。

　　《中小企业与创业融资：OECD 比较计分板》项目始于 2010 年，目前已连续出版了 6 个年度研究报告。该计分板项目是由以 OECD 成员国、非成员国家和国际性组织的中小企业领域专家共同组成的中小企业融资非正式工作组共同努力的结果。第一版的中小企业融资评价 OECD 计分板系统包括 18 个国家的信息：加拿大、智利、丹麦、芬兰、法国、匈牙利、意大利、韩国、荷兰、新西兰、葡萄牙、斯洛伐克共和国、斯洛文尼亚、瑞士、瑞典、泰国、英国和美国。OECD 计分板提供了长期全面监测评价中小企业融资问题的框架体系，从各国获取包括债务融资、股权融资和融资结构等核心指标数据形成全球范围内可对比的数据库系统，从而为各国政府和其他所有权人提供了解中小企业融资需求特征的途径，进而为评估现状、制定政策提供有效依据。

　　每一个年度报告均由 OECD 正式发布、出版、发行，并呈送 OECD 各成员国和观察国中小企业发展政策决策层，成为 OECD 创业、中小企业与区域发展司的重磅公众咨询报告，在全球范围内具有较大的政策影响力。目前，已有 34 个国家正式参与了《中小企业与创业融资：OECD 比较计分板》项目，每年定期举行中小企业与创业融资领域的国际政策研究和协调会议，参与者基本为各国制定中小企业融资和发展政策的主导政府机构。浙江工业大学中国中小企业研究院代表中国区首次参与 2015 年年度项目，本书作者也有幸以国别专家身份参与其中，连续几年直接执笔了该年度报告中的中国国别报告部分。

表 27 - 1　　《中小企业与创业融资：OECD 比较计分板》国际参与情况一览

国家名称	2010 年试行版	2012 年第一版	2013 年第二版	2014 年第三版	2015 年第四版
澳大利亚				×	×
比利时				×	×
加拿大	×	×	×	×	×
哥伦比亚				×	×
智利		×	×	×	×
中国					
捷克共和国			×	×	×
丹麦		×	×	×	×
芬兰	×	×	×	×	×
法国	×	×	×	×	×
希腊				×	×
匈牙利		×	×	×	×
爱尔兰			×	×	×

续表

国家名称	2010 年试行版	2012 年第一版	2013 年第二版	2014 年第三版	2015 年第四版
以色列				×	×
意大利	×	×	×	×	×
韩国	×	×	×	×	×
马来西亚					×
墨西哥				×	×
荷兰	×	×	×	×	×
新西兰	×	×	×	×	×
挪威			×	×	×
葡萄牙		×	×	×	×
俄罗斯			×	×	×
塞尔维亚			×	×	×
斯洛伐克		×	×	×	×
斯洛文尼亚		×	×	×	×
西班牙			×	×	×
瑞典	×	×	×	×	×
瑞士	×	×	×	×	×
泰国	×	×	×	×	×
土耳其			×	×	×
英国		×	×	×	×
美国	×	×	×	×	×
合计	11	18	25	31	34

　　本章将重点引介 OECD 中小企业融资评价的指标体系，为如何更恰当地评价和国际比较中小企业融资状况提供方法论。本书随后几章将进一步提供本书作者作为 OECD 国别专家执笔撰写的 OECD 中小企业融资评价国别报告之中国部分，应用 OECD 评价指标体系全面地评价我国中小企业融资发展状况，以期为我国中小企业融资难问题的解决提供借鉴。

第二节　经济合作与发展组织中小企业 融资评价指标体系

一　中小企业融资核心评价选取原则

OECD 对中小企业融资趋势的监测主要依据 13 个核心指标，这些指标每一个都反映了特定的融资问题（见表 27 - 2）。OECD 对核心指标的选取一般遵循以下五个方面的原则：

（1）有用性：指标必须是能够衡量中小企业与创业者获取融资的难易程度，以为政策制定者制定和修改政策和规划提供有效信息；

（2）可得性：指用于构建指标的数据应当是容易获取的，并不会给政府和企业增加新的负担；

（3）可行性：如果构建指标所用的信息不是公开获取的，那么也应该以某个适当的成本就能切实可行地得到，或者通过常规数据计算或调查收集而得；

（4）时效性：指数据收集必须有时效性，以便中小企业融资环境的趋势演进可以及时纳入监测范围。年度数据可能较为容易收集，但也必须辅助一定的季度数据才能捕捉融资指标的变动和变化趋势的拐点；

（5）可比性：指标的选取必须能做到各国通用，包括抽样群体、调研内容、数据收集方法、周期性或时效性。

二　中小企业融资核心指标定义

OECD 中小企业融资评价的 13 个核心指标主要包括中小企业贷款占比、中小企业政府贷款中短期贷款占比、中小企业贷款担保、中小企业政府担保贷款、中小企业政府直接贷款、中小企业实际授信额与申请额之比、中小企业不良贷款占比、中小企业贷款利率、中小企业和大企业的利率差、中小企业抵押贷款占比、风险资本投资、中小企业贷款证退支付、中小企业破产率或每万户企业破产（见表 27 - 2）。

中小企业贷款占比的变化，反映了信贷资源在大型企业与中小企业之间的配置比例，反映了中小企业信贷在全国信贷市场中的重要性。中小企业贷款中短期贷款占比反映了中小企业债务结构，同时也在某种程度上表明中小企业所获得的银行融资结构是否与中小企业的投资需求相

表 27 - 2　　　　OECD 计分板当中的中小企业家融资核心评价指标

1	中小企业贷款占比
2	中小企业贷款中短期贷款占比
3	中小企业政府贷款担保
4	中小企业政府担保贷款
5	中小企业政府直接贷款
6	中小企业实际授信额与申请额之比
7	中小企业不良贷款占比
8	中小企业贷款利率
9	中小企业和大企业的利率差
10	中小企业抵押贷款占比（以其在调查前的最后一次银行贷款为准）
11	风险资本投资
12	中小企业贷款延迟支付
13	中小企业破产率或每万户企业破产数

匹配。中小企业政府贷款担保、中小企业政府担保贷款和中小企业政府直接贷款三个指标表明政府对中小企业贷款提供的公共服务水平。通过这三个指标可以比较各国政府对中小企业融资的支持力度。中小企业实际授信额与申请额之比体现了信贷市场的紧张程度和银行的放贷意愿，该指标越大表明信贷条件越宽松。中小企业不良贷款占比体现了银行信贷资产中中小企业贷款的健康水平。通过与所有企业贷款的不良贷款率比较，探究中小企业与大企业相比是否缺乏信誉。中小企业贷款利率可以体现信贷市场的紧张程度，同时也可以与大型企业利率相比较，从而观测利率水平与企业规模之间的相关性。中小企业抵押贷款占比也可以测度信贷市场的紧张程度，一般该指标是基于需求方调查获得的。风险资本投资指标说明了企业家在创业种子期、成长期、成熟期等阶段获取外部股权融资的能力。中小企业贷款延迟支付和中小企业破产率或每万户企业破产数两个指标能全面反映现金流约束和影响中小企业生存的因素。

第三节　经济合作与发展组织中小企业融资评价数据采集

一　目标群体

OECD 中小企业融资评价的目标群体包括非金融行业的"雇主"的公司，除业主/经理之外，至少还有一个员工从事非金融行业的公司。这与 OECD – Eurostat 创业指标项目所采用的收集业务统计数据的方法论是一致的。目标群体不包括没有雇员的公司或个体经营户，这将大大减少潜在的被调查企业数量。在大多数参与 OECD 这份报告的国家中，这一目标群体的统计数据都是可以较为容易得到的。然而，也并非所有的国家都根据这一标准做数据统计和汇编数据。因此，在少数情况下，数据包括从事金融行业的企业或个体经营户。多数情况下，国家的金融统计指标是基于贷款规模，而不是按照目标人群类型做分类统计，所以，供给侧的统计报告指标中很难区分出是否包括独资企业或个体户。

二　数据来源

OECD 中小企业融资评价项目的国别数据由各国的中小企业国别专家提供，评价数据包括供给侧数据，也包括需求侧调查数据。

大多数指标的数据都来自金融机构和其他政府机构等供给侧数据。但也有一些数据来源于需求侧调查。较为理想的是，通过组织对中小企业的需求侧调查收集指标测量数据，可以更好地填补对中小企业融资状况的理解，也可以增强 OECD 中小企业融资评价项目的解释力。基于意见调查的定性信息必须谨慎使用。

之前中小企业融资调查大多属于定性的（即意见调查），相对而言，定量的需求侧调查还是较为少见的。以往调查的经验表明，虽然这类定性调研可以揭示许多企业家关于融资和信贷条件的广泛认知，本身具有较高的应用价值，但是，这类定性信息应当与定量分析提供的确凿数据配合使用。由于各国需求方调查所用的方法论并不一致，执行的需求方调查之间的可比性是较为有限的。欧洲中央银行和欧洲委员会定期进行的需求方调查所获得的数据具有一定的国际可比性，为如何制定标准化的指标定义和调研方法提供了借鉴。

三 指标测度

众所周知，由于被调查者对调查问卷中具体问题项的理解会存在不同的偏差，加之各国在各个指标的定义、范围、数据收集等方面也存在差异，因此最终所得的调查结果在国际比较方面存在一定程度的限制。OECD 在选择核心指标以及具体的数据采集过程中非常注重国别之间的可比性。当前，OECD 成员国和观察国之间在经济、社会和政治方面的政策各不相同，统计系统的数据体系也不一致，需求方调查的侧重点也会不一样。这使 OECD 中小企业融资评价项目要获得各国数据之间的统一和协调性是相当困难的。相关的统计难题在中小企业融资领域会表现得更为突出，因为国家官方统计定义往往不同于银行和其他金融机构在中小企业融资这一问题上进行数据收集所采用的定义。为此，OECD 中小企业融资评价项目要求各个国别专家在各自数据来源基础上统一推行欧盟国家使用的 13 个核心指标的定义，并可以较为灵活地根据这 13 个核心指标定义略作修改。

第二十八章　2014年经济合作与发展组织对中国中小企业融资评价

第一节　中小企业发展总体情况

在中国，中小微企业数量占总企业数量的97%，中小微企业就业人数超过全国就业人数的80%。2011年数据显示，中小企业对全国GDP的贡献约占59%。大多数中国中小企业主要从事服务业，约占62%。其中，24%从事卫生教育和社会服务，20%从事政府团体与社区及社会组织，4%从事建筑与房地产行业，1%从事科学技术领域。另外，还有19%来自各类商品的批发零售和餐饮行业，19%来自制造加工业。

目前，中国还没有简单、统一的标准界定中小企业的范畴，其中法定的划分标准是按照所属行业从营业收入、从业人数两个方面做具体的划分。依据2008年的中国经济普查，中国企业总数接近710万家，具体的企业规模分布表明中小微企业是中国经济发展的骨干和根基。表26-1显示，至少有87.46%的企业属于典型的小型企业（就业人数小于50人），其中44.20%的企业属于典型的微型企业（就业人数小于8人）。根据中国对中小微企业的界定（见表28-2），中国中小微企业的总体占比实际超过了97%。

在经历了2008年经济低迷期之后，中国迎来了新一轮的创业热潮。自2009年11月起，中国的新注册企业数量持续稳步增长。2008—2011年，注册资金在10万—100万元的企业数量年增长率为-1.93%、20.86%、15.84%和10.47%。注册资金在100万—150万元的企业数量年增长率为3.76%、26.79%、23.62%和15.42%。由于国际金融危

表 28 - 1　　　　　　　　2008 年中国企业的规模分布情况

企业规模（就业人数）	企业数量（家）	占比（%）
1—7 人	3137540	44.20
8—19 人	1918977	27.03
20—49 人	1152260	16.23
50—99 人	451206	6.36
100—299 人	317180	4.47
300—499 人	58021	0.82
500—999 人	37419	0.53
1000—4999 人	23805	0.34
5000—9999 人	1576	0.02
10000 人及以上	781	0.01
合计	7098765	100

资料来源：国家统计局（NBS）主编：《中国经济普查年鉴》（2008），中国统计出版社 2010 年版。

机及一些其他因素的影响，2008 年新创企业数量有明显下降。然而，在随后的几年中，在一系列国家层面的创业政策刺激下，新创企业数量和注册资金增长都得到了迅速复苏和进一步提升。

创业作为一种职业路径的社会形象并没有得到社会的广泛认同。青年群体在是否创业的决策过程中依然受到诸多因素的干扰。同时，青年创业者也面临着各种现实条件的制约，例如，他们需要从家人或朋友那里获得经济上的支持才能开办一家企业。中国总体创业率在世界排名依然靠后，主要国家中仅高于日本和匈牙利，仅有 28% 的人会选择创业。当然，中国教育机构正在加强对青年的创业教育，包括讲解创业知识及提供创业培训项目，努力承担更多的孵化创业企业的社会责任。在中国东部沿海地区，电子商务和高科技领域创业活跃度要明显高于其他地区。这是因为这些地区的政府更加主动，全力促进一些新兴行业的发展，特别是在高新科技产业和新兴业态领域。在 OECD 的一项调查中，有 27% 的中国受访者表明创业前五年中面临的最大困难在于创业融资较难（见图 28 - 1）。

表 28 - 2

中国对中小企业的界定

行业	中小企业		中型企业		小型企业		微型企业	
	员工数量(人)	营业收入(元)	员工数量(人)	营业收入(元)	员工数量(人)	营业收入(元)	员工数量(人)	营业收入(元)
农业、林业、畜牧业、渔业	不适用	小于 2000 万	不适用	大于 500 万	不适用	大于 50 万	不适用	小于 50 万
制造工业	小于 1000	小于 40000 万	大于 300	大于 2000 万	大于 20	大于 300 万	小于 20	小于 300 万
建筑工业	不适用	小于 80000 万	不适用	大于 6000 万	不适用	大于 5000 万	小于 10	小于 5000 万
批发行业	小于 200	小于 40000 万	大于 20	大于 5000 万	大于 5	大于 1000 万	小于 50	小于 1000 万
零售行业	小于 300	小于 20000 万	大于 50	大于 500 万	大于 10	大于 100 万	小于 10	小于 100 万
交通运输业	小于 1000	小于 30000 万	大于 300	大于 3000 万	大于 20	大于 200 万	小于 20	小于 200 万
仓储业	小于 200	小于 30000 万	大于 100	大于 1000 万	大于 20	大于 100 万	小于 20	小于 100 万
邮政行业	小于 1000	小于 30000 万	大于 100	大于 1000 万	大于 20	大于 100 万	小于 20	小于 100 万
酒店服务业、餐饮业	小于 300	小于 10000 万	大于 100	大于 2000 万	大于 10	大于 100 万	小于 10	小于 100 万
信息传输业	小于 2000	小于 10 亿	大于 100	大于 1000 万	大于 10	大于 100 万	小于 10	小于 100 亿
软件和信息服务产业	小于 300	小于 10000 万	大于 100	大于 1000 万	大于 10	大于 20 万	小于 10	小于 20 万
房地产行业	不适用	小于 20 亿	不适用	大于 1000 万	不适用	大于 100 万	不适用	小于 100 亿
物业管理	小于 1000	小于 5000 万	大于 300	大于 1000 万	大于 100	大于 500 万	小于 100	小于 500 万
租赁和商务服务行业	小于 300	小于 12 亿	大于 100	大于 8000 万	大于 10	大于 100 万	小于 10	小于 100 亿

资料来源：中国工业和信息化部（MIIT）、国家统计局（NBS）、国家发展和改革委员会（NDRC）和金融部（MOF）联合发布了题为《中小企业分类标准》、其中规定了指定类型的行业标准，2011 年 6 月 18 日。

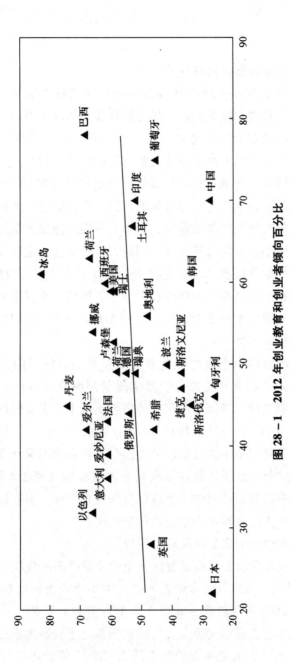

图 28－1　2012 年创业教育和创业者倾向百分比

第二节 中国中小企业融资状况评价

一 中小企业银行贷款评价

本章评价了 2007—2013 年我国中小企业的融资状况，具体评价结果如表 28 - 3 和图 28 - 2 所示，指标解释如表 28 - 4 所示。2009—2013 年，中小企业贷款余额平均增长了 19%，其间累计增长 67%。中小企业信贷余额增速要明显快于商业贷款总量的增速。中小企业贷款增长迅速的主要原因有：金融危机后总体信贷环境和财政政策的宽松，以及针对中小企业的一系列特定扶持政策的实施。自全球金融危机后，中国政府开始实施相对宽松的信贷政策，发布了一系列激励政策用来支持国家银行加大对中小企业的信贷力度。同时，针对某些特定行业，如钢铁和房地产行业的信贷控制也在一定程度上促成了近年来信贷结构的变化。大中型企业在上述这些受控制行业中是主要构成。相关信贷控制促使更多的信贷投放流向中小企业。同时，相关措施也导致 2012 年新增商业贷款余额较往年下滑 9%。

中国大部分中小企业的资金来源主要是国有银行的贷款（ADB - OECD，2013），国家开发银行和其他股份制商业银行也为中小企业融资提供了重要支持。国家开发银行的贷款是对中小企业财政支持的重要政策工具，中小企业贷款中约有 7% 来自国家开发银行。目前，中国尚没有成立专门针对中小企业的政策性银行，现有的国家开发银行除给中小企业融资之外，还承担着许多满足各种重要的国家战略需求的责任。近年来，中央政府加强对中小企业信贷的窗口指导，国有银行和股份制银行都纷纷扩大了针对中小企业的信贷规模。

二 中小企业信贷条件及成本评价

中小企业在融资方面面临着比大企业要多得多的现实约束。2009—2013 年，根据中国的供给方调查发现，中小企业支付的利率是 7.4%，比大企业支付的平均利率要高出 0.4 个百分点。但是，根据需求方调查，无论是小企业还是大企业支付的利率都处于较高水平，小企业支付的利率是 8.39%，大型企业的利率是 7.72%，两者之间的利差有 0.67 个百分点。

表 28 - 3　2007—2013 年中国融资评价情况一览

指标	2007 年	2008 年	2009 年	2010 年	2011 年	2012 年	2013 年
借款							
境内企业贷款余额，中小企业（亿元）			136164	171389	211675	253555	
境内企业贷款余额，所有企业（亿元）			249397	302915	350169	392830	
中小企业贷款比重（%）			54.6	56.68	60.45	64.55	
境内企业贷款较年初增减，中小企业（亿元）				35051	47898	44701	
境内企业贷款较年初增减，所有企业（亿元）				52856	32025	33895	
政府贷款担保，所有企业（亿元）						6210.3	
政府直接贷款余额，中小企业（亿元）				12226	15500	18134	20824
政府直接贷款余额，中小企业（亿元）				2161	3091	2477	2690
中小企业贷款授权额与贷款申请额之比（供应方调查）（%）					92.00	91.00	89.60
中小企业贷款授权额与贷款申请额之比（需求方调查）（%）							59.67
中小企业贷款使用额与贷款授权额之比（需求方调查）（%）							93.51
不良贷款余额，中小企业（亿元）			5217.62	4318.29	3699.69	4178.14	
不良贷款余额，所有企业（亿元）			6424.55	5320.43	4425.5	4771.2	
利率，中小企业（供应方调查）（%）					7.37	7.50	7.39
利率，大型企业（供应方调查）（%）					6.99	7.12	7.01
利差（供应方调查）（%）					0.38	0.38	0.38

续表

指标	2007年	2008年	2009年	2010年	2011年	2012年	2013年
利率，中小企业（需求方调查）（%）							8.39
利率，大型企业（需求方调查）（%）							7.72
利差（需求方调查）（%）							0.67
信贷抵押比例，中小企业（供应方调查）（%）			50.55	51.64	51.59	52.98	
信贷抵押比例，中小企业（需求方调查）（%）							56.19
贷款额外费用，中小企业（需求方调查）（%）							3.70
短期贷款在中小企业贷款总额中占比（需求方调查）（%）							56.10
股权							
风险资本投资（早期阶段）（亿元）		240.4	413.4	524.87	664.22	610.82	858.04
风险资本投资（成长阶段）（亿元）		872.5	1042.28	1080.23	1742.38	2587.18	2454.86
其他							
贷款申请拒绝率（%）							6.19
货款延迟支付，B2B（天数）							95.91
货款延迟支付，B2C（天数）							48.38
破产率，中小企业（%）							7.57
破产率，所有企业（%）							8.11

表 28 – 4　　　　　　　OECD 中国中小企业融资评价指标定义

指标	定义	资料来源
借款		
境内企业贷款余额（中小企业）	在中国人民银行监管下的各类银行（包括外资银行）和融资机构给中小型企业发放的贷款额（存量）	《中国金融年鉴》，由中国人民银行发布
境内企业贷款余额（所有企业）	在中国人民银行监管下的各类银行（包括外资银行）和融资机构给所有企业发放的贷款总额（存量）	《中国金融年鉴》，由中国人民银行发布
境内企业贷款较年初增减（中小企业）	在过去一年中，中小型企业境内企业贷款年末存量与年初存量之间的差额	《中国金融年鉴》，由中国人民银行发布
境内企业贷款较年初增减（所有企业）	在过去一年中，所有境内企业贷款年末存量与年初存量之间的差额	《中国金融年鉴》，由中国人民银行发布
政府贷款担保（中小企业）	提供国有或国有控股担保机构为中小企业的贷款担保金额	国家工业和信息化部
政府直接贷款余额（中小企业）	中国国家开发银行相关政策贷款（余额）	国家开发银行
政府直接贷款增量（中小企业）	中国国家开发银行相关政策贷款（一年内的增长数量）	国家开发银行
中小企业贷款授权额与贷款申请额之比（供应方调查）	中小企业最新的贷款份额	供应方调查
中小企业贷款授权额与贷款申请额之比（需求方调查）	中小企业申请银行贷款的金额	需求方调查
中小企业贷款使用额与贷款授权额之比（需求方调查）	中小企业贷款 3 个月后的使用金额占比	需求方调查
不良贷款余额（中小企业）	中小企业的不良贷款余额	《中国金融年鉴》，由中国人民银行发布

续表

指标	定义	资料来源
不良贷款余额（所有企业）	所有企业的不良贷款余额	《中国金融年鉴》，由中国人民银行发布
贷款利率，中小企业（供应方调查）	最新的中小企业银行贷款利率	供应方调查
贷款利率［大型企业（供应方调查）］	最新的大型企业银行贷款利率	供应方调查
贷款利率［中小企业（需求方调查）］	最近一次的中小企业银行贷款利率	需求方调查
贷款利率［大型企业（需求方调查）］	最近一次的大型企业银行贷款利率	需求方调查
抵押贷款比重［中小企业（供应方调查）］	抵押贷款类型在全部信贷总额中的占比	《中国金融年鉴》，由中国人民银行发布
抵押贷款比重［中小企业（需求方调查）］	最近一次贷款时，中小企业被要求提供抵押物的比例	需求方调查
贷款额外费用［中小企业（需求方调查）］	中小企业获得银行贷款所付的额外的费用占总费用的百分比	需求方调查
短期贷款在中小企业贷款总额中占比（需求方调查）	近一年内中小企业短期贷款在企业信贷总额中的比例	需求方调查
股权		
风险和资本增长（早期阶段）	项目在早期阶段，包括初创和早期阶段风险投资的总和	国家科学技术部
风险和资本增长（成长阶段）	项目在成长阶段，包括成熟阶段和调整阶段风险投资的总和	国家科学技术部
其他		
贷款拒绝率	综合拒绝率，计算公式为中小企业的拒绝比在最近三年加权平均（%）	需求方调查
贷款延迟（B2B）	B2B 公司一天的平均签订合同后延迟付款的客户的数量	需求方调查

　　中小企业信贷除利息成本外，银行还在很多情况下收取额外附加费用。在 2013 年，银行收取的额外费用相当于中小企业信贷总额的 3.70%。相比于大型企业，中小企业被要求支付这些额外费用的情况更为普遍。这类额外费用实际上加大了中小企业和大企业之间信贷利差。

　　和其他国家相比，中国的中小企业在申请银行贷款时被要求提供抵押品的可能性更高，获得信贷和透支的金融工具的可能性则更少。2013 年，大约有一半的中小企业贷款需要有相应的抵押品做支持，并且抵押贷款比例由 2011 年的 50.6% 增长到 2013 年的 53.0%。中小企业的长期银行贷款则更为复杂，在某些情况下，即便是长期的资金需求也只有申请短期贷款循环使用。因此，短期贷款占中小企业贷款总额的比重较高，约占 56.1%。短贷长用问题在一定程度上会增加中小企业的流动性风险。

　　总体来说，由于中国政府有针对性的政策干预，中小企业获得银行贷款的融资环境正在逐步完善。平均每年的贷款拒绝率为 6.19%，有近 65.07% 的中小企业表示它们的贷款申请在近三年内没有被拒绝过，有 26.93% 的中小企业表示近三年它们的贷款申请被拒绝的概率低于 20%。只有 3.63% 的中小企业表示最近三年它们的贷款申请经常被银行拒绝（最近三年中拒贷率超过 40%）。

三　中小企业股权融资评价

　　股权融资在中小企业融资总量中仅占一小部分，其融资份额不到中小企业融资总量的 1%。2013 年，企业直接融资仅占社会融资规模的 11.7%。相较于中国国内生产总值的巨大规模，中国的证券市场总体上还显得并不发达。传统上，证券市场更偏好于支持大企业和国有企业，中小企业想要进入证券市场融资依然有着不少的壁垒。2012 年 9 月至 2014 年 1 月，中国证券监督管理委员会暂停 IPO 的审核以便保护低迷的股市。这次暂停也影响了中小企业的股权融资。

　　除上海和深圳证券交易所的主板市场之外，中国中小企业股权融资还有三个主要渠道：深圳证券交易所的中小企业板（始于 2004 年）、创业板（始于 2009 年）和全国股权转让系统（始于 2013 年）。无论是中小板还是创业板都为高速增长的中小企业或创业企业提供了股权和债券融资机会。2012 年，大约有 1000 家企业在这两个证券板块上市，总市值达到了 5000 亿美元。全国股权转让系统是由国务院在 2012 年 9 月批复成立，并在之后几年迅速发展。截至 2014 年 8 月，在全国股权转让系统中挂牌的中小企业数量已经超过了 1000 家。

四　其他替代融资渠道评价

关于替代性融资渠道，中型企业相较于小微企业在融资上更具有优势，除了银行贷款外还可以寻求信贷衍生类金融产品作为融资渠道的补充。而小企业的替代金融方式主要集中于赊账和私人借贷。亚洲经济体中，中国保理成交总额位居第一，2012 年达到 3430 亿欧元（ADB-OECD，2013）。另外，微型企业融资则主要依靠内部融资、家庭借款以及其他私人借款。以设备租赁为主的金融租赁也是中小企业新兴的替代融资方式。由于融资租赁结合了融资渠道和金融产品的特点，当双方之间存在问题，租赁方可以回收、处理，在融资过程中需要的企业信用和担保相对较少，非常适合中小企业。

在 2007 年后，中国的金融租赁行业出现了几何倍数的增长。业务总额由 2006 年的约 80 亿元人民币增长到了 2011 年的 9300 亿元人民币。截至 2012 年年底，注册的融资租赁公司大约有 560 家，其中包括 20 家金融租赁公司、80 家国内租赁公司和 460 家外资租赁公司，总注册资本达 1820 亿元人民币，且租赁合同金额约为 1.55 万亿元人民币。供应链融资是类似"物流银行"和"融通仓"形式的融资方式，它为中小企业解决资金短缺问题提供全面的金融服务。例如，它为某一核心企业提供融资服务，承诺以未来货物抵押，也就是说，它把供应商、制造商、分销商、零售商及最终用户整合在一起，对涉及"N"个企业的价值链提供全方位的金融服务。

小企业和创业企业还面临其他的挑战。例如，地区发展差异在一定程度上影响创业机会的公平分布，东部地区比中西部地区创业机会较多，政府提供的公共服务也较为完善。城市提供的创业机会和公共服务也要远多于农村。中国的户籍制度也将在一定程度上影响人才流动和创业创新。

第三节　中国中小企业政策回应评价

受到全球金融危机的严重冲击，中国部分地区的一些出口导向型中小企业在 2008 年 9 月之后陷于停产甚至破产的边缘。为了缓解金融危机的影响，中国政府对中小企业给予了广泛的政策支持，特别关注中小企业获得银行贷款的融资渠道，并着手解决银行贷款综合成本过高的问题，缓解中小企业的流动性风险并积极应对影子银行膨胀带来的风险。

中国中央政府加强政策指导要求增加大型银行针对中小企业的贷款份额。中国央行也发布了一系列的指导方针促进中小企业融资和相应的金融创新。在此背景下，大型银行纷纷成立了专门的中小企业融资部门或分支机构，加强针对中小企业的贷款业务。国有银行被明确要求提高中小企业信贷比例，因此，2009—2012 年，中小企业贷款余额从 13.62 万亿元人民币增加到 25.36 万亿元人民币。

另一项举措是改革现行银行体系，拓宽中小企业融资渠道，支持中小规模商业银行设立分支机构，尤其是在中国西部地区和东北地区，并废除之前存在的诸多政策限制。同时，允许设立更多的村镇银行和小额贷款公司。在 2013 年，共有 7839 家小额贷款公司，为中小企业提供了约 8190 亿元人民币的贷款。2014 年，有 5 家民营银行获批准设立。另外，随着互联网金融的崛起，中国央行在鼓励发展针对小微金融产品的同时也加强了相应的监管政策。

政府鼓励促进中小企业融资的金融产品创新和金融业务创新，并努力缓解和去除中小企业融资过程中存在的一些障碍。例如，将贷款抵押物范围扩大到包含应收账款、存货、产权、设备及专利等；质押贷款范围也扩大到房地产、知识产权、股权、保函、出口退税等。保理、福费廷、票据贴现、供应链融资等替代融资服务创新也得到了发展，在一定程度上丰富了中小企业融资渠道。

中国政府在政策制定中已经注意到中小企业融资的综合成本过高的问题，并采取一系列的措施，包括纠正中小企业申请银行贷款过程中的不合理收费。2013 年，重点免除了相关行政事业性收费。这些措施的实际效果将在几年中得到显现。

随着中小企业债券融资需求的增长，中国政府推出了中小企业集合债券。这类债券将三家或更多家中小企业债券需求打包发行，从而解决单个中小企业无法获得债券融资机会的问题。其他类似的产品创新还包括中小企业私募债，中小企业集合票据和中小企业集合优选票据等。2013 年，中小企业集合债券、中小企业私募债、中小企业集合票据和中小企业集合优选票据的发行总额分别为 4 亿元、294.35 亿元、7.77 亿元和 39.92 亿元，总量依然偏小。债券发行条件较为刚性，中小企业较难符合要求，因此总发行规模非常有限。

中国政府新设立了一个"新三板"市场，允许未在沪深证券市场上市的中小企业股权在此挂牌交易，从而扩大中小企业股权融资的渠道。2013 年，总计 658 只中小企业股票在"新三板"市场交易，交易量达到 8.14 亿元人民币。目前，包括"新三板"市场在内的股权融资改革依然在进行中。

在中国，影子银行体系也在一定程度上补充着中小企业融资。依然有相当一部分中小企业无法获得正规的银行贷款，而不得不接受 20% 左右的年利率从影子银行机构获取其他形式的信贷。中国政府已经意识到影子银行存在的潜在风险，因此加大了关于影子银行的监督、管理和控制，同时也展开了针对影子贷款和政府债务的全国性调查。

第二十九章　2015年经济合作与发展组织对中国中小企业融资评价

第一节　中国中小企业在国民经济中的地位

中小企业约占中国企业总数量的97%，贡献了中国80%以上的城乡就业和60%的GDP。根据2013年统计数据，中国共有1169.9万家中小微企业，以及大约4440万家个体户。中小微企业中约有60.2%从事服务业，其中36.5%从事零售、批发业，10.2%从事出租及商业服务，2.5%从事信息传播服务，2.5%从事房地产服务业，8.5%从事其他类型的服务业。另外，还有18.5%、5.0%和3.2%的中小微企业来自加工制造业、建筑业和农业领域。

中国对中小企业的划型标准是根据企业经营收入和从业人数共同划定的，具体划型标准可见表29-1。近年来，中国经济政策更加注重对小微企业的政策扶持。

2014年，中国政府开展了商事制度改革，并大力简化了新公司注册程序。中国共产党第十八届中央委员会第三次全体会议决定对商事登记制度进行改革，由注册资本实缴登记制改为注册资本认缴登记制，取消了原有对公司注册资本、出资方式、出资额、出资时间等的硬性规定，取消了经营范围的登记和审批，从以往的"重审批轻监管"转变为"轻审批重监管"。例如，国家工商总局取消了最低注册资本金限额、注册资本金初缴限额和缴纳时间限制，这意味着新办企业将有权自由决定注册资本金规模，无须再受最低注册资本金规定和缴纳时间期限的制约。同时，国家工商总局还放松了对新注册企业营业场所的限制。按照之前的规定，新注册公司必须有适宜的经营场所，通常是市场租金

表 29 - 1 中国大、中、小、微型企业划型标准

行业名称	指标名称	单位	大型	中型	小型	微型
农、林、牧、渔业	营业收入（Y）	万元	$Y \geq 20000$	$500 \leq Y < 20000$	$50 \leq Y < 500$	$Y < 50$
工业*	从业人员（X）	人	$X \geq 1000$	$300 \leq X < 1000$	$20 \leq X < 300$	$X < 20$
	营业收入（Y）	万元	$Y \geq 40000$	$2000 \leq Y < 40000$	$300 \leq Y < 2000$	$Y < 300$
建筑业	营业收入（Y）	万元	$Y \geq 80000$	$6000 \leq Y < 80000$	$300 \leq Y < 6000$	$Y < 300$
	资产总额（Z）	万元	$Z \geq 80000$	$5000 \leq Z < 80000$	$300 \leq Z < 5000$	$Z < 300$
批发业	从业人员（X）	人	$X \geq 200$	$20 \leq X < 200$	$5 \leq X < 20$	$X < 5$
	营业收入（Y）	万元	$Y \geq 40000$	$5000 \leq Y < 40000$	$1000 \leq Y < 5000$	$Y < 1000$
零售业	从业人员（X）	人	$X \geq 300$	$50 \leq X < 300$	$10 \leq X < 50$	$X < 10$
	营业收入（Y）	万元	$Y \geq 20000$	$500 \leq Y < 20000$	$100 \leq Y < 500$	$Y < 100$
交通运输业*	从业人员（X）	人	$X \geq 1000$	$300 \leq X < 1000$	$20 \leq X < 300$	$X < 20$
	营业收入（Y）	万元	$Y \geq 30000$	$3000 \leq Y < 30000$	$200 \leq Y < 3000$	$Y < 200$
仓储业	从业人员（X）	人	$X \geq 200$	$100 \leq X < 200$	$20 \leq X < 100$	$X < 20$
	营业收入（Y）	万元	$Y \geq 30000$	$1000 \leq Y < 30000$	$100 \leq Y < 1000$	$Y < 100$
邮政业	从业人员（X）	人	$X \geq 1000$	$300 \leq X < 1000$	$20 \leq X < 300$	$X < 20$
	营业收入（Y）	万元	$Y \geq 30000$	$2000 \leq Y < 30000$	$100 \leq Y < 2000$	$Y < 100$

续表

行业名称	指标名称	单位	大型	中型	小型	微型
住宿业	从业人员 (X)	人	X≥300	100≤X<300	10≤X<100	X<10
	营业收入 (Y)	万元	Y≥10000	2000≤Y<10000	100≤Y<2000	Y<100
餐饮业	从业人员 (X)	人	X≥300	100≤X<300	10≤X<100	X<10
	营业收入 (Y)	万元	Y≥10000	2000≤Y<10000	100≤Y<2000	Y<100
信息传输业*	从业人员 (X)	人	X≥2000	100≤X<2000	10≤X<100	X<10
	营业收入 (Y)	万元	Y≥100000	1000≤Y<100000	100≤Y<1000	Y<100
软件和信息技术服务业	从业人员 (X)	人	X≥300	100≤X<300	10≤X<100	X<10
	营业收入 (Y)	万元	Y≥10000	1000≤Y<10000	50≤Y<1000	Y<50
房地产开发经营业	营业收入 (Y)	万元	Y≥200000	1000≤Y<200000	100≤Y<1000	Y<100
	资产总额 (Z)	万元	Z≥10000	5000≤Z<10000	2000≤Z<5000	Z<2000
物业管理	从业人员 (X)	人	X≥1000	300≤X<1000	100≤X<300	X<100
	营业收入 (Y)	万元	Y≥5000	1000≤Y<5000	500≤Y<1000	Y<500
租赁和商务服务业	从业人员 (X)	人	X≥300	100≤X<300	10≤X<100	X<10
	资产总额 (Z)	万元	Z≥120000	8000≤Z<120000	100≤Z<8000	Z<100
其他未列明行业*	从业人员 (X)	人	X≥300	100≤X<300	10≤X<100	X<10

说明：工业包括采矿业，制造业，电力、热力、燃气及水生产和供应业；交通运输业不含铁路运输业；信息传输业包括电信、互联网和相关服务；其他未列明行业包括科学研究和技术服务业，水利、环境和公共设施管理业，居民服务、修理和其他服务业，社会工作，文化、体育和娱乐业等。

资料来源：工信部联企业〔2011〕300 号文件。

较高的商业场所，商事制度改革后，新注册企业在经营场所的选择上有了更加灵活的选择空间，并不再局限于商业场所。上述商事制度改革对新企业创业起到了巨大的推动作用。2014 年，共有 1290 万家新企业注册成立，较上年增长 14.2%，全国平均每天有 10600 家新企业注册成立。2014 年，新注册资本金达到 20.7 万亿元，较上年增长 87.9%。新注册公司和个体户分别为 370 万家和 900 万家，较上年分别增长了 45.9% 和 5.1%，新注册企业的产业分布表明创业质量正在稳步提升，大约有 78.7% 的新注册企业从事服务业。其中，信息传播、软件和 IT 服务、教育服务、文化体育和娱乐业、科技服务业等新兴行业领域的新注册企业增长较快，2014 年同比增速为 70%—97%。外资投资企业的注册也有 5.8% 的增长，此前这类企业新注册数曾连续两年下滑。

2014 年，中国政府进一步加强了对创业和创新的提倡力度。近年来，中国教育体系也承担了更多的社会责任，投入了更多的资源为创业者提供必要的创业培训，加大了对创业人才的培育。新一代的创业者，特别是在高新技术领域，未来潜力巨大。阿里巴巴等互联网企业的成功也激励了一大批的 IT、电子商务和互联网经济领域的新兴创业企业。创业者的社会形象得到了进一步的提升。然而，从创业率和创业成功率来看，在创业培育方面还有许多工作要做。

缺乏创业资金支持是当前阻碍创业发展的主要因素之一。同时，融资问题也是导致中小微企业和创业企业经营失败的主要原因之一。在当前的银行体制下，民营中小企业向银行贷款时通常被要求自己或合作担保方提供抵押品或信用担保。为满足银行的信贷要求，并获取足够的信贷资源，民营中小企业往往抱团互助，展开融资合作。长期以来，在同一地域的中小企业往往嵌入社会关系网络之中，从而形成融资合作网络。这种情况下，若某家成员企业破产，信贷违约风险将很容易传染至其他周边企业。2014 年以来，在浙江、河南、陕西、四川、河北等省份，陆续爆发了多起中小企业连锁破产的风险事件。这主要是由于 2014 年以来，中小企业普遍面临资金链紧张和利润率下滑的双重压力。为防范小规模的区域性连锁债务危机，中国政府在一定程序上放松了信贷控制，并推进了有力的改革措施，以便进一步完善中小企业融资环境。

第二节 中国中小企业融资状况评价

一 中小企业借贷总体情况

本章评价了 2007—2014 年我国中小企业的融资状况,具体评价情况表 29 - 2 所示,指标定义如表 29 - 3 所示。2013 年,中小企业贷款余额超过 28. 59 万亿元人民币。2009—2013 年,中小企业贷款余额和所有企业贷款余额分别增长了 209. 9% 和 176. 5% 。这一期间,中小企业贷款增长步伐要快于所有企业贷款的增长。自本轮金融危机以来,中国政府的宏观货币政策也更加趋于宽松,并出台了一系列的刺激政策鼓励国有银行加大对中小企业的贷款支持。在 2013 年,中小企业贷款和所有企业贷款在绝对金额上分别增长了 12. 7% 和 12. 1% ,中小企业贷款所占份额也略有提升。

在中国,从银行获取信用贷款依然是中小企业最为广泛的融资渠道。无论是政策性发展银行还是普通的国有商业银行都是支持中小企业发展的重要融资政策工具。中国对中小企业融资支持部分是经国家开发银行来完成的,但其他国有和股份制银行其实提供了更为大量的融资支持。从数额来看,中小企业贷款中仅有 7. 3% 是由国家开发银行提供的。中国国家开发银行是一家承担着为国家重大战略提供融资支持的这一重大责任的政策性银行,其重点支持领域包括城乡开发、跨境贸易、基础设施、基础性和支柱型产业发展、中西部发展和中小企业发展等。当前政策界也存在争议,有观点认为中小企业融资问题应当通过设立专业性的金融机构,专门履行促进中小企业融资的政策责任。另外,有限的政府贷款担保主要由分散于各地的地方国有担保公司提供。

二 中小企业信贷环境变化

由于整体的宏观经济政策环境趋于宽松,中小企业信贷成本有所下降。2014 年,中国针对特定金融机构两次降低了存款准备金率,并下调了基准利率。一年期贷款的基准利率从 2013 年的 6% 下降到 2014 年的 5. 6% 。2014 年,中小企业和大型企业的借贷利率则分别从 8. 4% 和 7. 7% 下降到 7. 51% 和 7. 47% 。中小企业和大型企业的借贷利率分别下降了 0. 9 个和 0. 3 个百分点。近年来,中小企业的融资环境有较为明显

表29－2　2007—2014年中国中小企业融资评价情况一览

指标	单位	2007年	2008年	2009年	2010年	2011年	2012年	2013年	2014年
债务融资									
商业贷款[中小企业(余额)]	亿元	—	—	136164	171389	211675	253555	285848	—
商业贷款[所有企业(余额)]	亿元	—	—	249397	302915	350169	392830	440192	—
商业贷款[中小企业(余额)]占商业贷款总额比例(%)		—	—	54.6	56.68	60.45	64.55	64.94	—
短期贷款[中小企业(余额)]占商业贷款总额比例(%)		—	—	—	—	—	—	0.56	0.49
政府直接贷款[中小企业(余额)]	亿元	—	—	—	12226	15500	18134	20824	24700
不良贷款[所有企业]	亿元	—	—	6424.55	5320.43	4425.5	4771.20	5489.73	—
不良贷款[中小企业]	亿元	—	—	5217.62	4318.29	3699.69	4178.14	4755.78	—
不良贷款(中小企业)占中小企业贷款总额比例(%)		—	—	3.83	2.52	1.75	1.65	1.66	—
利率[中心企业(需求方调查)]	%	—	—	—	—	—	—	8.39	7.51
利率[大型企业(需求方调查)]	%	—	—	—	—	—	—	7.72	7.47
利差(需求方调查)	%	—	—	—	—	—	—	0.67	0.04
贷款额外费用[中小企业(需求方调查)]	%	—	—	—	—	—	—	3.7	1.38
抵押品要求(中小企业)	抵押贷款占中小企业贷款总额的比例(%)	—	—	50.55	51.64	51.59	52.98	54.52	—
中小企业贷款发放/中小企业贷款申请额(需求方调查)	占中小企业贷款总额比例(%)	—	—	—	—	—	—	59.67	67.93

续表

指标	单位	2007 年	2008 年	2009 年	2010 年	2011 年	2012 年	2013 年	2014 年
拒贷率（申请贷款金额削减比例）	%	—	—	—	—	—	—	40.33	32.07
拒贷率（贷款申请被拒比例）	1-（中小企业贷款发放额/申请金额）%	—	—	—	—	—	—	6.19	11.97
贷款使用率	%	—	—	—	—	—	—	93.51	94.75
非银行金融									
风险投资（早期阶段）	亿元	240.4	413.4	524.9	664.2	610.8	858	913.1	—
风险投资（成长阶段）	亿元	872.5	1042.3	1080.2	1742.4	2587.2	2454.9	1725.9	—
融资租赁[中小企业（余额）]	亿元	240	1550	3700	7000	9300	15500	21000	32000
保理和票据贴现	亿欧元	—	55000	67300	154550	274870	343759	378128	—
其他									
延迟支付（B2B）	天	—	—	—	—	—	—	95.91	72.31
延迟支付（B2C）	天	—	—	—	—	—	—	48.38	42.64
破产率（所有企业）	%	—	—	—	—	—	—	8.11	7
破产率（所有企业）	%，年同比增长率	—	—	—	—	—	—	—	-13.7
破产率（中小企业）	%	—	—	—	—	—	—	7.57	7.24
破产率（中小企业）	%，年同比增长率	—	—	—	—	—	—	—	-4.36

表 29 – 3 OECD 中国中小企业融资评价指标定义

指标	定义	资料来源
借款		
商业贷款 [中小企业（余额）]	在中国人民银行监管下的各类银行（包括外资银行）和融资机构给中小型企业发放的贷款总额（存量）	《中国金融年鉴》，由中国人民银行发布
商业贷款 [总额（余额）]	在中国人民银行监管下的各类银行（包括外资银行）和融资机构给所有企业发放的贷款总额（存量）	《中国金融年鉴》，由中国人民银行发布
新商业贷款 [中小企业（增量）]	在中国人民银行监管下的各类银行（包括外资银行）和融资机构给中小型企业发放的贷款增加额（增量）	《中国金融年鉴》，由中国人民银行发布
新商业贷款 [总额（增量）]	在中国人民银行监管下的各类银行（包括外资银行）和融资机构给所有企业发放的贷款增加额（增量）	《中国金融年鉴》，由中国人民银行发布
政府贷款担保（中小企业）	国有或国有控股担保机构为中小企业提供的贷款担保金额	中国工业和信息化部（工信部）
政府直接贷款 [中小企业（余额）]	中国国家开发银行政策相关贷款（余额）	国家开发银行
政府直接贷款 [中小企业（增量）]	中国国家开发银行政策相关贷款（一年内的增长数量）	国家开发银行
中小企业贷款授权额与贷款申请额之比（供应方调查）	中小企业贷款发放额与实际申请额比例	供应方调查
中小企业贷款授权额与贷款申请额之比（需求方调查）	中小企业实际获得贷款金额与最初申请额的比例（平均值）	需求方调查
中小企业贷款使用额与贷款授权额之比（需求方调查）	中小企业获得贷款 3 个月后的已使用资金的金额比例	需求方调查
不良贷款（中小企业）	全国中小企业的不良贷款总额	《中国金融年鉴》，由中国人民银行发布
不良贷款（总额）	全国所有企业的不良贷款总额	《中国金融年鉴》，由中国人民银行发布
贷款利率 [中小企业（供应方调查）]	最近一年中小型企业银行贷款的平均利率	供应方调查

续表

指标	定义	资料来源
贷款利率［大型企业（供应方调查）］	最近一年大型企业银行贷款的平均利率	供应方调查
贷款利率［中小企业（需求方调查）］	中小型企业最近一次银行贷款的平均利率	需求方调查
贷款利率［大型企业（需求方调查）］	大型企业最近一次银行贷款的平均利率	需求方调查
抵押贷款比重［中小企业（供应方调查）］	抵押贷款类型在全部信贷总额中的比例	《中国金融年鉴》
抵押贷款比重［中小企业（需求方调查）］	最近一次贷款时，中小企业被要求提供抵押物的比例	需求方调查
贷款额外费用［中小企业（需求方调查）］	中小企业获得银行贷款所付的额外费用占总贷款金额的比例	需求方调查
短期贷款在中小企业贷款总额中占比（需求方调查）	近一年内中小企业短期贷款在企业贷款总额中的比例	需求方调查
股权		
风险和资本增长（早期阶段）	项目在早期阶段，包括初创和早期阶段的风险投资的金额合计	国家科学技术部
风险和资本增长（成长阶段）	项目在成长阶段，包括成熟阶段和调整阶段的风险投资的金额合计	国家科学技术部
其他		
贷款拒绝率	综合拒贷概率，按中小企业最近三年贷款申请被拒贷比例的加权平均（%）	需求方调查
贷款延迟（B2B）	B2B 公司的客户贷款在合同约定支付日期后延迟支付的平均天数	需求方调查

的改善，中小企业与大型企业之间的借贷利差从 2013 年的 0.7 个百分点下降到 0.04 个百分点。

　　另外，中小企业向银行借贷时，除正常的利息成本外，还经常支付一些额外费用。2014 年，中小企业借贷中的额外费用大约为贷款总额的 1.4%，较上一年下降了 2.3%。额外费用的降低与一些政府推出的旨在降低综合融资成本的政策措施有关，例如，涉农贷款、国家中小企业专项资金、中小企业信贷损失补偿、银行信贷行政管理收费等方面的政策调整，以及更为广泛的中小企业税费减免等相关政策。

中小企业信贷申请通常会被要求提供抵押物。2014 年，有 54.5% 的中小企业银行贷款需要提供抵押品。这一比例近年来呈逐年上升的趋势，从 2009 年的 50.6% 上升到 2014 年的 54.5%。趋向严格的抵押品要求将可能会增加中小企业的银行贷款融资难度，反过来，也可能削弱中小企业的生产经营性投资。中小企业贷款利用率一直维持在一个较高水平，2014 年数据为 94.8%，较上一年略有增加，表明中小企业资金需求并没有得到根本缓解。短期贷款占中小企业贷款总额的比重由 2013 年的 56.1% 下降为 49.2%，信贷期限结构的变化与抵押品需求提升趋势相一致。具有较好优秀资产的中型企业更容易获得长期信贷支持，而部分无法提供抵押品的小微企业融资情况则并不乐观。

总体来说，中小企业信贷环境在 2014 年有所改善。这一观点也得到了借贷利率、信贷费用、短期贷款比重等一系列调研数据的支持。中小企业在信贷过程中最终获得的贷款额度平均是最初信贷申请需求的 67.9%，较上一年增加了 8.3 个百分点。这意味着，从信贷额度缩减角度看，中小企业信贷拒绝率下降到了 32.1%。然而，从信贷申请数量角度来看，中小企业信贷拒贷率并没有下降，还略有上升，2014 年信贷申请拒贷率上升至 12%。拥有优质资产、成长性高的中小型企业受到银行系统追捧。事实上，中型企业是银行重点发展的客户，而小企业，尤其是微型企业在申请贷款时最有可能被拒贷。这意味着，可能有一部分小微企业并没有从日益改善的融资环境中受益。无论是基于信贷额度缩减角度还是从信贷申请拒贷数量角度看，小微企业的拒贷率都要明显高于中型企业。

2015 年中国中小微企业拒贷率如表 29 - 4 所示。

三　股权融资市场培育

虽然股权融资仅占中小企业融资总额的一小部分，但是，中小企业股权融资市场近年来日益活跃。2014 年 1 月，中国股市重启 IPO，在此之前已有两年多时间没有新股在 A 股市场挂牌上市。2014 年，各类企业的股权融资金融已高达 7060 亿元。中小企业股权融资市场有三种类型，在深圳证券交易所的中小板、创业板和全国中小企业股份转让市场

表 29 - 4　　　　　　　　2015 年中国中小微企业拒贷率　　　　　　　单位:%

调查方法	调查项目	公司规模	拒贷率
基于信贷额度缩减角度	"在你最近的一次贷款中银行授权的数额占据你预期数额的多少比例",然后如下计算 1 -(授权的贷款额度/原预期数额)	中等规模	27.32
		小型规模	30.99
		微型规模	35.09
基于信贷申请拒贷数量角度	"你最近的一次贷款申请被银行拒绝了吗?"	中等规模	5.56
		小型规模	11.66
		微型规模	12.11

（新三板）。中小板和创业板为优质中小企业和创业型企业提供了股权融资机会。2014 年，中小企业总共从深圳中小板获得股权融资 1699 亿元，从创业板获得股权融资 500 亿元。共有 82 家中小企业在中小板和创业板上市。

全国中小企业股份转让市场（新三板）是专门为中小企业设立的全国性股权交易市场，为广大中小企业提供了更好的融资渠道。小企业想要在传统的中国股权市场上融资依然还是有较大难度的。中国证券市场还是存在偏重于国有企业和大型企业的问题。2012 年，200 家中小企业在新三板挂牌上市，2013 年挂牌企业数量上升至 356 家。新三板股权融资总量依然偏小，2012 年融资总额仅为 8.6 亿元，2013 年也仅突破 10 亿元。然而在 2014 年新三板迎来了一个快速发展的黄金时期，共有 1572 家中小企业在新三板挂牌上市，股权融资总额也达到了创纪录的 130 亿元。新三板的快速发展在很大程度上是由于国家对新三板体系从试点到全面推广过渡造成的，对股权转让规则的修订和大量中介商和风险资本的涌入也为新三板快速发展提供了条件。

风险资本投资受到中国宏观经济增长乏力的影响，增长速度有所放缓。2014 年，投向种子期和创业初期的风险资本投资依然保持稳定增长，并达到创纪录的 913 亿元，同比增长 6.4%。投向成长期的风险资本在 2011 年达到近年来的峰值之后一直处于下滑状态。值得注意的是，与银行借贷、A 股股权融资和新三板股权融资相比，风险资本投资规模始终不大，还没有发挥出其对高新技术领域创业的融资支撑作用。

四　替代金融和其他指标

非银行融资工具，例如，保理和融资租赁，获得了较快的发展，其融资金额所占比重也日益提高。2012 年，中国放松了对商业保理的制度管控。自此，商业保理在中国也迎来了快速发展期。

2010 年，全国具有商业保理业务的新设立公司仅为 11 家，2011 年也才 19 家，2012 年 44 家，然而，到了 2013 年新成立的保理公司达到了 200 家，而 2014 年更是达到了 845 家。2012 年，全国保理总额为 344 亿欧元，大约占中国 GDP 的 0.05%。2014 年，全国工业企业应收账款总额为 10 万亿元人民币，这说明保理市场在中国还有非常巨大的发展潜力。截至 2014 年 5 月，全国共有 24 家大型融资租赁公司，资产总额高达 1.1 万亿元。2014 年，中小企业通过融资租赁渠道获得资金支持 1091 亿元。非银行融资工具应用范围依然偏小，仅有一小部分中小企业采用了这两类融资工具。然而，随着保理市场和融资租赁市场的快速发展，这类非银行融资工具可能会成为中小企业融资的重要工具和手段。

一般认为，中小企业，尤其是小微企业受制于中国国有银行的金融抑制，存在较为普遍的融资困难。因此，部分难以获得银行贷款的小企业会寻求替代金融方案，从民间金融——也就是所谓的"影子银行"体系中寻求融资机会。传统上，中国小微企业通常会向亲友寻求小额的、低成本的私人借贷满足临时性的资金需求。当更为市场化的民间借贷涉入后，中小微企业将面临一个明显的体制内外的借贷利差，这是因为正规的银行借贷体系和"影子银行"体系之间存在巨大的借贷利差。2014 年，一年期贷款基准利率为 6%（2014 年 1—11 月）和 5.4%（2014 年 11 月开始），然而"影子银行"体系中民间借贷利率一直维持在 11%—26%。中小企业一般也只是在资金链较为紧张的特殊时期无法获得银行贷款时才会寻求高息的民间借贷。虽然"影子银行"借贷金额仅占中小企业融资额的一小部分，但许多中小企业连锁破产风险事件都与之有关，中小企业最终无法及时支付高息往往是引发这类风险事件的导火索。因此，这类替代金融方法对中国中小企业的融资风险有着直接关联，需要进一步加以重视。由于民间借贷市场隐匿性高、地域性强，到目前为止还没有十分权威的指标数据来测度全国性的民间借贷利率。温州市民间金融发达，是全国民间金融市场中重要的区域节点，其在 2012 年推出的民间借贷指数——温州指数（见表 29 – 5），在一定程度上可以反映民间借贷市场利率走势。

表 29 – 5　　　　中国影子银行体系中民间借贷的温州指数
（调查于 2015 年 7 月 8—14 日）

温州地区综合民间借贷利率（年均）					19.1
通过民间借贷机构	民间借贷服务中心	小额信贷公司	民间借贷公司	人际借贷	其他	农村社保福利中心
	15.7	18.3	14.9	15.5	26	11.2
通过贷款条款	一个月		三个月	六个月	一年	超过一年
	20.1		17.7	16.4	14.3	19.8

注：所有都以年利率来计算（％）。

互联网金融近年来发展极为迅速，成为中小企业融资重要的替代金融渠道，并很有可能重新改造中小企业面临的融资环境。互联网金融可以大体分为互联网在线支付类、互联网融资类和互联网金融产品销售类三类，具体例如 P2P、众筹和互联网微金融等。自 2007 年首家 P2P 公司成立以来，P2P 业务发展非常迅速。2014 年，约有 1600 家互联网 P2P 平台公司，交易额达到 2528 亿元，P2P 贷款余额也有将近 1036 亿元。众筹可以进一步细分为以实物产品或服务回报的分销式众筹和以创业企业股权分配为回报的股权众筹。2014 年，全国共有 5997 家分销式众筹项目，共筹集项目资金 3 亿元，共有 3091 家股权众筹项目，共筹集项目资金 10 亿元（见表 29 – 6）。对于中小企业而言，互联网金融由于效率高、运作成本低，具有较好的应用前景，可以为未来中小企业改善融资环境提供有力的重要金融工具。同时，互联网金融的快速发展也亟须加快相关金融监管体系的变革，以便能够为互联网金融发展提供有力的风险监管框架，促使其更为健康地发展。

2014 年，B2B 和 B2C 的支付延迟情况随着信贷环境改善也有了一定的改善。B2B 支付延迟从 95.9 天下降到 72.3 天，这意味着供应链现金流有了较大的缓解，B2C 延迟支付天数也从 48.4 天下降到 42.6 天。B2B 和 B2C 的支付延迟情况的改善在一定程度上提高了中小企业现金流安全性和融资能力。

表 29 - 6　　　　　　　　2014 年中国互联网金融的发展成果

商业类型		机构/项目	投资者	投资金额	收入	备注
P2P		1575（机构）	297418 人	338 亿元（截至 2014 年 7 月）	2528 亿元	平均贷款利率为 17.9%
众筹	分销式	5997（项目）	1664946 人	4 亿元	—	
	股权分配	3091（项目）	5014 人	10 亿元	—	
在线支付		颁发给互联网支付牌照 90 块，移动支付颁发牌照 37 块（截至 2014 年 2 月）	—	—	80767 亿元	共有 269 块牌照颁发给第三方支付，包括互联网支付和移动支付（截至 2014 年 2 月）

　　2014 年，全国不良贷款余额达到 5490 亿元，较上一年同比增加了 15.1%。中小企业的不良贷款余额为 4756 亿元，较上一年也增加了 13.8%。中小企业不良贷款余额占中小企业贷款总余额的比重约为 1.7%，较上一年略微上升了 0.01 个百分点。总体来说，中小企业不良贷款率依然处于安全、可控的范围内。

第三节　中国中小企业创业融资政策评价

　　2013 年 11 月，中国政府开始力推旨在推进经济和社会结构性转型的系列改革。作为经济制度改革战略的一部分，中国政府采取了广泛的政策措施支持中小企业融资，降低融资成本、提高中小企业的银行贷款可得性，鼓励发展金融创新产品和互联网金融产品。2014 年，中国政府还重点关注了创业和小微企业发展。

　　中国降低中小企业的所得税和增值税，并减免部分行政事业性收费。自 2014 年 1 月 1 日至 2016 年 12 月 31 日，对年应纳税所得额低于 10 万元（含 10 万元）的小型微利企业，其所得按 50% 计入应纳税所得额，按 20% 的税率缴纳企业所得税。月销售额或营业额不超过 3 万元（含 3 万元）的，免征增值税或营业税。增值税小规模纳税人兼营营业税应税项目的，应当分别核算增值税应税项目的销售额和营业税应税项目的营业额，月销售额不超过 3 万元（按季纳税 9 万元）的，免征增值税。同时，还免除了 54 项行政事业性收费。上述措施进一步改进了小微企业的营运环境，降低了小微企业的税收成本负担。2014 年 8 月，国务院办公厅下发《关于多措并举着力缓解企业融资成本高的指导意见》。指导意见具体包括以下十个方面：保持货币信贷总量合理适度增长、抑制金融机构筹资成本不合理上升、缩短企业融资链条、清理整顿不合理金融服务收费、提高贷款审批和发放效率、完善商业银行考核评价指标体系、加快发展中小金融机构、大力发展直接融资、积极发挥保险和担保的功能和作用、有序推进利率市场化改革。

2014 年 8 月 5 日，国务院办公厅下发《关于多措并举着力缓解企业融资成本高的指导意见》（以下简称《指导意见》）。《指导意见》具体包括以下十个方面：保持货币信贷总量合理适度增长、抑制金融机构筹资成本不合理上升、缩短企业融资链条、清理整顿不合理金融服务收费、提高贷款审批和发放效率、完善商业银行考核评价指标体系、加快发展中小金融机构、大力发展直接融资、积极发挥保险和担保的功能和作用、有序推进利率市场化改革。

中国政府对全国中小企业股份转让市场（新三板）发展较为关注，鼓励中小企业参与新三板股权融资活动。从 2014 年 7 月 1 日至 2019 年 6 月 30 日，个人持有新三板的股票，持股期限在 1 个月以内（含 1 个月）的，其股息红利所得全额计入应纳税所得额；持股期限在 1 个月以上至 1 年（含 1 年）的，暂减按 50% 计入应纳税所得额；持股期限超过 1 年的，暂减按 25% 计入应纳税所得额。新三板挂牌上市门槛不高，特别适合于中小企业展开股权融资，将有望成为中小企业融资的重要金融工具。全国中小企业股份转让市场（新三板）已经成为中国多层次资本市场体系中的重要组成部分。

同时，中国政府也在不断加大对现有银行体系的改革力度，扩大中小企业融资渠道。其中一项重要措施就是发展以中小企业为主要服务对象的小贷公司。2014 年，全国共有 8791 家小贷公司，为中小企业共提供了 9420 亿元贷款。同时还有超过 1100 家村镇银行，成为中国银行体系中发展小微金融的重要基础。此外，非银行融资来源也得到了重视，

30 家大型融资租赁公司和 5 家私营银行在 2014 年获得批准。2014 年 8
月，中国出台《金融支持小微企业发展实施意见》，提出以下措施：
（1）确保实现小微企业贷款增速和增量"两个不低于"的目标；
（2）加快丰富和创新小微企业金融服务方式；（3）着力强化对小微企
业的征信服务和信息服务；（4）积极发展小型金融机构；（5）大力拓
展小微企业直接融资渠道；（6）切实降低小微企业融资成本；（7）加
大对小微企业金融服务的政策支持力度；（8）全面营造良好的小微金
融发展环境。

　　2014 年，随着互联网金融的快速发展，中国政府对这一领域的发
展和金融创新总体上保持了较为开放的态度。同时，为了避免引发潜在
的金融风险，中国政府也逐步加强了对互联网支付和 P2P 产品的金融监
管，并努力将互联网金融创新纳入现有的金融监管体系之中。在这一领
域，金融监管还将面临较多的挑战。

第三十章 2016年经济合作与发展组织对中国中小企业融资评价

第一节 中国中小企业在国民经济中的地位

中小企业在中国国民经济中占据重要地位，贡献了中国60%的GDP，50%的税收收入，创造了75%的劳动力就业岗位和68%的外贸出口。中国经济政策近年来越来越注重扶持小微企业。根据2013年经济普查统计数据，雇员在300人及以下的中小企业约占企业总数的98.64%（见表30-1）。全国共有785万家持续经营的小企业和3279万家持续经营的个体户。按工商注册统计的小企业数量和个体户数量则会更大一些，国家工商行政总局在册的大约有1170万家小企业和4440万家个体户。

表30-1　　　　　　　2013年中国企业的规模分布情况

企业规模（就业人数）（人）	企业数量（家）	占比（%）
1—7人	5629753	52.00
8—19人	2672035	24.68
20—49人	1441548	13.32
50—99人	556331	5.14
100—299人	378706	3.50
300—499人	69948	0.65
500—999人	45443	0.42
1000—4999人	28458	0.26
5000—9999人	2273	0.02
10000人及以上	1116	0.01
合计	10825611	100

受益于商事制度改革的深入实施，中国近年来经历了一个创业高潮。2015 年工商注册登记的市场主体，包括企业和个体户，存量共有7747 万家，较 2014 年上升 11.8%。相应地，注册资本存量上升至175.5 万亿元，同比增长 35.8%。2015 年，新增注册企业 444 万家，较 2014 年同比增长 21.6%；新增注册资本 29 万亿元，同比增长52.2%。无论是新增企业数还是新增注册资本均达到了历史高位。2015年，平均每天新增注册企业 12000 家，每千人中就有 16 家注册企业。

同时，新增注册企业的行业分布情况也反映出新创企业和创业活动的质量正在逐年提高。2015 年，在所有的新注册企业中，约有 357 万家来自服务业，较上年同比增长 24.5%；约有 67 万家来自制造业和建筑业，同比增长 6.3%；信息经济和其他新兴行业对新增注册企业的贡献较大，而这类新注册企业极有可能形成中国经济增长的新引擎。例如，2015 年，共有 24 万家新注册企业来自信息传播、软件和信息技术服务产业，同比增长 63.9%；10.4 万家新注册企业来自文化、体育和娱乐产业，同比增长 58.5%；7.3 万家来自金融行业，年度增长60.7%；教育服务行业、健康和社会服务行业的新增注册企业数量也较2014 年实现了翻番。

缺乏创业资金支持依然是当前阻碍创业发展的主要因素之一，需要在政策制定中加以关注。而且，近年来的一个趋势是中型企业与小微企业面临的融资环境之间正在加速分化。目前，依然有许多新创企业和微型企业的融资需求并没有获得现行金融体制的充分支持，从正规金融机构获得贷款的能力较为有限。而中型企业和部分具有较好抵押品的小型企业则较为容易获取银行贷款，争取较为适宜的贷款条件，特别是在当前较为宽松的信贷环境下更是如此。

第二节　中国中小企业融资状况评价

一　中小企业借贷总体情况

本章评价了 2007—2015 年间我国中小企业的融资状况，具体评价结果详见表 30－2，指标定义见表 30－3。2014 年，中小企业贷款余额超过 33.30 万亿元人民币。2009—2014 年，中小企业贷款余额和所有

表 30 - 2　　2007—2015 年中国中小企业融资评价情况一览

指标	单位	2007年	2008年	2009年	2010年	2011年	2012年	2013年	2014年	2015年
债务融资										
境内企业贷款余额(中小企业)	十亿元	—	—	13616	17139	21168	25356	28585	33302	—
境内企业贷款余额(所有企业)	十亿元	—	—	24940	30292	35017	39283	44019	52162	—
中小企业贷款比重	%	—	—	54.60	56.58	60.45	64.55	64.94	63.84	—
境内企业贷款较年初增减(所有企业)	十亿元	—	—	—	5286	4790	4470	4742	4738	—
境内企业贷款较年初增减(中小企业)	十亿元	—	—	—	3505	3202	3390	3896	3600	—
中小企业新增贷款占比	%	—	—	—	66.31	66.86	75.83	82.17	75.97	—
短期贷款占比(中小企业)	%	—	—	—	—	—	—	56.10	49.24	47.56
政府直接贷款余额(中小企业)	十亿元	—	—	—	1223	1550	1813	2082	2470	2820
不良贷款余额(所有企业)	十亿元	—	—	642	532	443	477	549	780	—
不良贷款余额(中小企业)	十亿元	—	—	522	432	370	418	476	657	—
不良贷款余额占比(所有企业)	%	—	—	2.58	1.76	1.26	1.21	1.25	1.49	—
不良贷款余额占比(中小企业)	%	—	—	3.83	2.52	1.75	1.65	1.66	1.97	—
利率(中小企业)	%	—	—	—	—	—	—	8.39	7.51	5.23
利率(所有企业)	%	—	—	—	—	—	—	7.72	7.47	5.26
中小企业与大型企业利差	百分点	—	—	—	—	—	—	0.67	0.04	-0.03
贷款额外费用占贷款额百分比(中小企业)	%	—	—	—	—	—	—	3.7	1.38	1.29
抵押贷款占比(中小企业)	%	—	—	50.55	51.64	51.59	52.98	54.52	54.76	—

续表

指标	单位	2007 年	2008 年	2009 年	2010 年	2011 年	2012 年	2013 年	2014 年	2015 年
贷款申请率（中小企业）	%，本年度申请过贷款的企业比例	—	—	—	—	—	—	—	—	69.88
申请金额削减率（中小企业）	实际授信金额/最初贷款申请金额	—	—	—	—	—	—	40.33	32.07	31.90
拒贷率（中小企业）	中小企业贷款批复数/中小企业贷款申请数	—	—	—	—	—	—	6.19	11.97	11.72
贷款使用率（中小企业）	已使用贷款金额/全部贷款金额	—	—	—	—	—	—	93.51	94.75	94.48
非银行融资方式										
风险资本投资（种子期及早期）	十亿元	24.04	41.34	52.49	66.42	61.08	85.80	91.31	74.34	—
风险资本投资（成熟期及以后）	十亿元	87.25	104.23	108.02	174.24	258.72	245.49	172.59	218.99	—
风险资本投资（所有）	十亿元	111.29	145.57	160.51	240.66	319.80	331.29	263.90	293.33	—
风险资本投资同比增速	%	—	30.80	10.26	49.93	32.88	3.59	-20.34	11.15	—
融资租赁	十亿元	24	155	370	700	930	1550	2100	3200	4440
保理	百万欧元	—	55000	67300	154550	274870	343759	378128	406102	—
其他										
支付延期（B2B）	天数	—	—	—	—	—	—	95.91	72.31	64.44
支付延期（B2C）	天数	—	—	—	—	—	—	48.38	42.64	27.43
破产率（所有企业）	%	—	—	—	—	—	—	8.11	7	5.45
破产率同比变化（所有企业）	%	—	—	—	—	—	—	—	-13.69	-22.14
破产率（中小企业）	%	—	—	—	—	—	—	7.57	7.24	5.46
破产率同比变化（中小企业）	%	—	—	—	—	—	—	—	-4.36	-24.59

表 30 – 3 　　　　　　　　　OECD 中国中小企业融资评价指标定义

指标名称	定义	资料来源
境内企业贷款余额（中小企业）	在中国人民银行监管下的各类银行（包括外资银行）和金融机构给中小型企业发放的贷款总额（存量）	《中国金融年鉴》，由中国人民银行发布
境内企业贷款余额（所有企业）	在中国人民银行监管下的各类银行（包括外资银行）和金融机构给所有企业发放的贷款总额（存量）	《中国金融年鉴》，由中国人民银行发布
中小企业贷款余额占比	中小企业贷款余额在所有企业贷款余额中的占比（%）	《中国金融年鉴》，由中国人民银行发布
境内企业贷款较年初增减（中小企业）	在过去一年中，中小型企业境内企业贷款年末存量与年初存量之间的差额	《中国金融年鉴》，由中国人民银行发布
境内企业贷款较年初增减（所有企业）	在过去一年中，所有企业境内企业贷款年末存量与年初存量之间的差额	《中国金融年鉴》，由中国人民银行发布
中小企业新增贷款占比	中小企业新增贷款在所有企业新增贷款中的占比（%）	《中国金融年鉴》，由中国人民银行发布
短期贷款占比（中小企业）	短期贷款在中小企业贷款总额中的占比（%）	需求方调查
政府直接贷款余额（中小企业）	中国开发银行政策相关贷款（余额、股票）	国家开发银行
不良贷款余额（所有企业）	所有企业的不良贷款余额	《中国金融年鉴》，由中国人民银行发布
不良贷款余额（中小企业）	中小企业的不良贷款余额	《中国金融年鉴》，由中国人民银行发布
贷款利率（中小企业）	最近一次的中小企业 1 年期银行贷款利率	需求方调查
贷款利率［大型企业（需求方调查）］	最近一次的大型企业 1 年期银行贷款利率	需求方调查
中小企业与大型企业利差	中小企业与大型企业 1 年期银行贷款平均利率的差值（百分点）	需求方调查

续表

指标名称	定义	资料来源
贷款额外费用（中小企业）	中小企业申请银行贷款过程中支付额外费用占贷款金额的比例（%）	需求方调查
抵押贷款比重（中小企业）	抵押贷款类型在全部信贷总额中的占比	《中国金融年鉴》，由中国人民银行发布
贷款申请比例（中小企业）	最近一年，中小企业中曾申请过银行贷款的比例（%）	需求方调查
贷款申请金额削减率（中小企业）	最近一次贷款申请中，实际发放金额与中小企业最初申请金额的比例（%）	需求方调查
拒贷率（中小企业）	最近一次贷款申请中，被银行驳回的申请比例	需求方调查
贷款资金使用率	最近一次银行贷款下来后，实际已使用的资金占比	需求方调查
非银行融资		
风险资本投资（种子期和起步期）	投资于种子期和起步期的风险资本投资总额	需求方调查
风险资本投资（成长期及以后）	投资于成长期、成熟期和重建期的风险资本投资总额	《中国风险投资年度报告》，由国家科技部发布

企业贷款余额分别增长了 144.6% 和 109.2%。由于中小企业贷款增长步伐要快于所有企业贷款的增长，中小企业贷款占比从 2009 年的 54.6% 上升到 2014 年的 63.8%。在 2014 年，中小企业贷款余额和所有企业贷款余额在绝对金额上分别增长了 16.5% 和 18.5%，中小企业贷款所占份额则略微下降了 1.1 个百分点。

2014 年，新增中小企业贷款为 3.60 万亿元，较上一年下降 7.6%。2010—2014 年，新增中小企业贷款增长了 2.7%，而同一期间，所有企业的新增贷款则下降了 10.4%，中小企业新增贷款占所有企业新增贷款的比重从 2013 年的 82.17% 下降到 2014 年的 75.97%。此前这一比重曾从 2010 年的 66.31% 逐年增长，并在 2013 年达到历史高位。

短期贷款在中小企业贷款中的占比从 2013 年的 56.1% 下降到 2015 年的 47.56%。由于长期贷款往往需要提供相应的抵押品，中小企业较难获取长期贷款，往往采用短期贷款转贷的方式来满足长期的资金需求，这往往会在一定程度上干扰中小企业正常的现金流转。这一指标的下降反映出中小企业融资状况有一定的改善。同时，2015年，85.1%的大型企业曾申请到银行贷款，而仅有69.88%的中小企业曾申请银行贷款，反映出中小企业经营投资意愿有所下降。

在中国，从银行获取信用贷款依然是中小企业最为广泛的融资渠道。中国有5家大型国有商业银行，12家股份制商业银行和数以千计的小银行和其他金融机构。其中，5家大型国有商业银行，12家主要的股份制商业银行控制了全国大约41%和18%的银行资产。近年来，小型银行、民营银行、村镇银行、小贷公司和其他融资机构获得了较多的政策支持，从而加强了针对中小企业的信贷投放。中国国家开发银行是一家承担着为国家重大战略提供融资支持的这一重大责任的政策性银行，其社会职责中也包括扶持中小企业发展。2014年，国家开发银行的中小企业信贷投入约占全部中小企业信贷投入总额的7.3%。总体上，中国政府仅提供了较为有限的针对中小企业的政府直接贷款、政府贷款担保和政府担保贷款。除通过国家开发银行提供了一些政府直接贷款外，由各省市的国有担保公司组成了松散的担保体系为中小企业提供了一些贷款担保服务，但总体上较为有限。

无论是政策性发展银行还是普通的国有商业银行都是支持中小企业发展的重要融资政策工具。中国对中小企业融资支持部分是经国家开发银行来完成的，但其他国有和股份制银行其实提供了更为大量的融资支持。从数额来看，中小企业贷款中仅有7.3%是由国家开发银行提供的。其重点支持领域包括城乡开发、跨境贸易、基础设施、基础性和支柱型产业发展、中西部发展和中小企业发展等。当前政策界也存在争议，有观点认为中小企业融资问题应当通过设立专业性的金融机构，专门履行促进中小企业融资的政策责任。另外，有限的政府贷款担保主要由分散于各地的地方国有担保公司提供。

二　中小企业信贷环境变化

2015年，中国中小企业总体信贷环境较为宽松，中国央行也屡次下调基准利率和银行准备金率（见表30-4）。在上述信贷政策调整中，最为受益的是各地的农商行和小型商业银行，这些金融机构的业务主要是针对中小微企业提供信贷服务。基准贷款利率从2014年的5.6%下调为2015年的4.35%，在2015年内的5次调整中共下调了125个利率基点。需求方调查发现中小企业和大型企业的借贷利率分别从2014年的 7.51% 和 7.47% 下降为 2015 年的 5.23% 和 5.26%。中小企业和大型企业的借贷利率分别下调了 227 个和 213 个利率基点。

表 30-4　2015 年中国人民银行对基准利率及准备金率的历次调整情况

调整日期	调整细节
2015 年 2 月 4 日	下调金融机构人民币存款准备金率 0.5 个百分点。同时，对小微企业贷款占比达到定向降准标准的城市商业银行、非县域农村商业银行额外降低人民币存款准备金率 0.5 个百分点，对中国农业发展银行额外降低人民币存款准备金率 4 个百分点
2015 年 3 月 1 日	下调金融机构人民币贷款和存款基准利率。金融机构一年期贷款基准利率下调 0.25 个百分点至 5.35%；一年期存款基准利率下调 0.25 个百分点至 2.5%，其他各档次存贷款基准利率及个人住房公积金存贷款利率相应调整
2015 年 4 月 20 日	下调各类存款类金融机构人民币存款准备金率 1 个百分点。对农信社、村镇银行等农村金融机构额外降低人民币存款准备金率 1 个百分点
2015 年 5 月 11 日	金融机构人民币一年期贷款基准利率下调 0.25 个百分点至 5.1%；一年期存款基准利率下调 0.25 个百分点至 2.25%，同时，将金融机构存款利率浮动区间的上限由存款基准利率的 1.3 倍调整为 1.5 倍
2015 年 6 月 28 日	降息 0.25 个百分点定向降准 0.5 个百分点
2015 年 8 月 26 日	再次下调金融机构人民币贷款和存款基准利率，以进一步降低企业融资成本。其中，金融机构一年期贷款基准利率下调 0.25 个百分点至 4.6%；一年期存款基准利率下调 0.25 个百分点至 1.75%；其他各档次贷款及存款基准利率、个人住房公积金存贷款利率相应调整。同时，放开一年期以上（不含一年期）定期存款的利率浮动上限，活期存款以及一年期以下定期存款的利率浮动上限不变
2015 年 10 月 24 日	下调金融机构人民币贷款和存款基准利率，以进一步降低社会融资成本。其中，金融机构一年期贷款基准利率下调 0.25 个百分点至 4.35%；一年期存款基准利率下调 0.25 个百分点至 1.5%；其他各档次贷款及存款基准利率、人民银行对金融机构贷款利率相应调整；个人住房公积金贷款利率保持不变。同时，对商业银行和农村合作金融机构等不再设计存款利率浮动上限，并抓紧完善利率的市场化形成和调控机制，加强央行对利率体系的调控和监督指导，提高货币政策传导效率

资料来源：根据中国人民银行官网公告整理。

借贷成本的大幅下降主要是信贷市场供需双方重新平衡的结果。2010—2015 年，中国 GDP 增速放缓告别了之前的双位数增长，2015 年更是下降到了 6.9% 的阶段性历史低位，经济增长放缓对大型企业和中小企业的经营生产形成了影响，影响它们的经营投资意愿。

由于同期中小企业的经营投资和借贷意愿下降较大型企业更为明显，因此中小企业和大型企业之间的借贷利差逐年收窄，从 2013 年的 68 个利率基点到 2014 年的 4 个利率基点，再到 2015 年的反超 3 个利率基点。对中小企业与大型企业之间的利差的解读需要更为谨慎。针对重化工行业，例如，钢铁和房地产的信贷控制在一定程度上限制了信贷投放流向大型企业，并在一定程度上提高了大型企业的平均借贷成本。总体上看，两者之间的利差收窄是在中小企业经营投资意愿下降和针对大企业信贷控制加强的情况下形成的。尽管信贷市场的发展有利于形成更为公平的信贷环境，然而许多中小企业依然面临着不同程度的融资困难。特别是，许多小微企业和个体户依然没有足够的意愿和能力申请到银行贷款。

除了利息成本外，企业在申请贷款时还需要支付数额不等的各类额外费用。2015 年，中小企业在贷款申请中支付的额外费用平均为贷款申请总额的 1.3%，较上年下降 0.09 个百分点。贷款额外费用呈逐年递减趋势，从 2013 年的 3.7% 下降到 2014 年的 1.4%，2015 年再进一步下降到 1.3%，见证了一系列免除不必要的行政事业收费、中小企业税收减免和其他相关政策调整落实之后收到的实际效果。近年来，中国政府推出的一系列旨在降低中小企业融资综合成本的努力逐步收到了效果。

在中国现有的银行体系中，大型企业和具有优质抵押品的中小企业更容易得到信贷支持。2014 年，约有 54.8% 的中小企业贷款属于抵押贷款。这一比例较 2013 年同比略微增加了 0.26 个百分点。2009—2014 年，抵押品贷款比例逐年提高，从 2009 年的 54.8% 逐步提高到 2014 年的 54.8%。

过于严格的抵押品要求反过来可能会增加中小企业贷款申请被银行拒绝的风险，这种情况在小微企业体现得更为明显。2015 年，约有 11.7% 的中小企业贷款申请被拒绝，而大企业贷款申请的拒贷率大约为 6.83%。按贷款申请量计算的中小企业拒贷率较上年略微下降 0.2 个百分点。同时，银行实际授信的贷款额也可能会低于中小企业最低预期申请需求。2015 年，中小企业贷款申请的金额削减比例大约为 31.9%，较上一年略微下降 0.17 个百分点。这意味着，如果中小企业最初希望向银行提出申请 100 元，最终实际的放贷额仅为 68.1 元。相比之下，大型企业的申请金额缩减比例仅为 26.09%。拒贷率和申请金额削减率表明依然有相当一部分的中小企业存在贷款难的问题。

中小企业贷款实际使用率一直处于较高水平，2013—2015 年大体处于 93.5%—94.8%。2015 年，中小企业贷款实际使用率为 94.5%，大型企业为 93.6%。较高的实际使用率表明中小企业贷款需求都是出于实际的经营需求。

总体上看，中小企业融资环境在 2015 年进一步得到了改善。无论是关于利差、贷款费用、短期贷款占比、拒贷率和金额削减率等都表明了这一点。

三　股权融资市场培育

多年来，中国政府一直希望建立起一个活跃的功能完善的多层次资本市场体系。2015 年，国内证券市场公司债券发行总量为 2.82 万亿元，股权融资总额达到 7604 亿元。除了上海和深圳证券交易所主板市场之外，还可以通过其他三条渠道上市融资：深圳证交所的中小企业板、创业板和新三板。中小企业板和创业板较为适合高增速的中小企业或高质量的创业企业。2015 年中小企业从中小板获得股权融资 3228 亿元，从创业板融资 1569 亿元，分别较上一年同比增长 90% 和 213%。共有 44 家和 86 家小企业在中小板和创业板挂牌上市，上市企业数量同比分别增长 41.9% 和 68.6%。

全国中小企业股份转让系统（NEEQ，又称"新三板"）是成立于 2012 年 9 月的全国性中小企业股权挂牌和交易市场。2015 年共有 5129 家小企业在新三板上柜，募集股权融资 1216 亿元，上柜企业数量较上一年同比上升 226.3%，募集资金同比上升 820.7%。全国中小企业股份转让系统中股权融资数量的爆发式增长主要归功于三个方面的原因：2015 年上半年证券市场的火爆行情的刺激、NEEQ 全国交易系统的基础性制度建设和地方政府对企业在新三板上市的补贴。经过几年的试点运行之后，NEEQ 市场于 2013 年在全国范围内推广实施。NEEQ 电子交易系统，一整套的交易制度，以及资金和做市商的引入都在 2013—2015 年得到了发展。新三板对于中小企业尤为重要，因为它为中小企业在能够正式在证券交易市场挂牌上市之前提供了重要的股权融资机会。

2015 年，风险资本投资总额达到 2933 亿元，同比增长 11.2%。2015 年，种子期和起步期的风险资本投资额为 743 亿元，同比下降 18.6%；成长期和成熟期的风险资本投资额为 2190 亿元，同比上升 26.9%（见表 30 - 5）。总体上看，中小企业股权融资金额，包括在中小板和创业板 IPO 或上市融资，在"新三板"上柜和风险资本投资，与银行贷款相比规模依然较小。

表 30 - 5　　　　　　　2015 年中国风险投资分阶段分布情况　　　　单位:%

成长阶段	投资金额占比	投资项目占比
种子期	4.60	20.80
起步期	20.70	36.50
成长期	66.40	36
成熟期	8.30	6.50
重建期	0	0.30

资料来源：根据《中国创业风险投资发展报告》（2015）整理。

四　替代金融和其他指标

保理和金融租赁是近年来发展迅速的重要的替代融资工具。在中国，融资租赁产业可以分为两种主体：金融租赁公司和普通的融资租赁公司。前者被视为金融机构，并受中国银监会管理；后者被视为一般的商业机构，受中国商务部管辖。2014 年，共有 2045 家普通融资租赁公司，较上一年增加 88.3%。这些公司控制着近 1.1 万亿元资产，资产总额较上一年增长 26.2%。2015 年，共有 40 家金融租赁公司，经营资产 1.6 万亿元，融资租赁总额达到 7109 亿元。

商业保理近年来在管制放松后经历了较为强劲的增长。2012 年，中国制定了新的管理规定，允许在天津和上海试点放开设立商业保理公司，之后不久，这一改革措施便在全国推广了。2012 年，之前全国只有少量的商业保理公司从事保理业务。全国商业保理公司新增企业数量在随后几年出现爆发式增长，2010 年仅 11 家，2011 年也仅 19 家，2012 年新增 44 家，2013 年新增 200 家，2014 年新增 845 家。2015 年，全国共有商业保理公司 2514 家，包括当年新增的 1294 家。2015 年新增保理公司数量同比增长 106.1%。保理业务量达到 2000 亿元，同比增长超过 50%。保理和融资租赁的快速增长有力地促进了中小企业替代金融服务的发展。

在中国，民间借贷和其他影子银行体系提供的融资服务依然被许多中小企业使用。通常，从正规银行体系和非正规影子银行体系的融资成本之间存在一个明显的利差（见表 30-6）。目前，中国官方还没有全国性的民间利率监测体系，自 2012 年开始发布的温州民间利率指数（温州指数）是较常被引用的民间利率指标。2015 年，一年期的民间借贷成本为 14%—16%，与正规银行贷款存在近 10% 的利差。过高的利息成本在很大程度上限制了部分中小企业，特别是无法从银行获得贷款的许多小微企业的发展。

表 30-6　　　　　　　　　　2015 年温州民间借贷成本　　　　　　单位：%

借款期限	1 个月	3 个月	6 个月	1 年	1 年以上
2015 年 1 月	19.83	19.08	17.19	16.10	16.24
2015 年 2 月	20.18	18.53	17.00	15.36	13.28
2015 年 3 月	19.03	19.07	16.68	15.72	16.96
2015 年 4 月	19.03	19.07	16.85	15.49	18.42
2015 年 5 月	18.81	18.13	16.21	15.77	18.12
2015 年 6 月	18.13	17.82	16.65	15.46	17.10
2015 年 7 月	17.96	17.94	16.36	15.96	17.70
2015 年 8 月	17.67	17.60	16.21	14.16	15.87
2015 年 9 月	18.55	17.70	16.13	14.77	17.40
2015 年 10 月	17.70	17.80	15.68	15.51	15.04
2015 年 11 月	17.40	17.95	15.61	14.62	15.61
2015 年 12 月	18.30	17.49	15.76	14.64	14.89

资料来源：温州指数官方网站：http://www.wzpfi.gov.cn。

互联网金融近年来显示出了作为中小企业替代融资方式的巨大潜力，并有可能会推动中小企业融资环境进一步改善。2015 年，全国共有 2595 家互联网借贷平台，其中 1020 家是当年新成立的，新增平台数量同比增长 64.7%。2015 年，互联网融资总额约为 9823 亿元，年度同比增速达到了创纪录的 288.57%。2015 年，P2P 融资额为 4395 亿元，同比增速近 324%。2015 年，全国共有 283 家众筹平台，数量同比增长近 99.3%，合计融资了 114 亿元，融资额同比增长 429.4%（见表30－7）。

表30－7 　　　 2015 年按业务类型分众筹平台业务发展情况

类型	平台数	项目数	融资额（10 亿元）
奖励类众等	66	33932	5.6
非公开股权施资众筹	130	7532	5.19
公益类众筹	8	7778	0.63
混合类众筹	79	—	—

资料来源：盈灿咨询官网：http://www.yingcanzixun.com/news/baogao/424.html。

2015 年，共有 40 家众筹平台破产，896 家 P2P 平台存在问题或停止运营。中国政府相关监管部门已经意识到需要更为严格的互联网金融监管架构和风险控制体系。中国金融风险监管体系实际上滞后于互联网金融行业的爆发式增长。2015—2016 年，中国政府强调了对互联网金融平台违约和破产风险的进一步监管和规制。

延期支付、破产率、不良贷款等其他指标都显示中小企业融资状况有所改善。2015 年，B2B 和 B2C 延期支付天数分别减少了 7.8 天和 15.21 天，缩短到 64.4 天和 27.43 天。延期支付天数缩短意味着中小企业短期融资能力和现金流安全都会得到提高。

2014 年，所有企业的不良贷款约为 7797 亿元，同比增长 42%；中小企业不良贷款约为 6571 亿元，同比增长 38.17%。中小企业不良贷款率约为 1.97%，较上一年略微上升了 0.31 个百分点。另外，2015 年，中国企业破产率约为 5.45%，同比下降 22.1%。其中，中小企业破产率约为 5.46%，较上一年同比下降 24.6%。

第三节 中国中小企业创业融资政策评价

2013 年，中国中央政府启动了范围广泛的经济和社会体制深化改革。作为深化改革战略的一部分，中国政府采取了一系列的政策调整促进中小企业融资，包括降低融资成本、促进中小企业贷款投放、鼓励金融产品创新和适当发展互联网金融等。近年来，中国政府更加强调了大众创业和万众创新，降低了小微企业所得税、增值税和各类行政事业收费负担。2014 年，中国政府将享受减半征收企业所得税优惠政策的小型微利企业范围由年应纳税所得额低于 6 万元（含 6 万元）扩大到年应纳税所得额低于 10 万元（含 10 万元），中小企业所得税税率从 25% 降为 20%。同时，对月销售额不超过 3 万元（按季纳税 9 万元）的增值税小规模纳税人（小微企业）暂免征收增值税优惠政策。另外，2015 年，中国政府还免除了 54 项各类行政事业收费。后续，中国政府将会进一步调整涉及中小企业的各项收费，进一步降低它们的税费负担。上述措施切实减轻了中小微企业的税费负担，有利于改进中小微企业的营商环境。

2014 年，中国政府启动了鼓励"大众创业、万众创新"的国家战略，并通过一系列政策调整和政策扶持促进创业和中小企业发展，尤其是电子商务、现代物流、工业机器人等高新技术领域和新兴业态领域。特别是中国政府推出的商事制度改革，缩短了工商注册程序，方便了人们的创业创新活动。具体改革措施包括，将注册资本实缴登记制改为注册资本认缴登记制，取消了原有对公司注册资本、出资方式、出资额、出资时间等的硬性规定，取消了经营范围的登记和审批，从以往的"重审批轻监管"转变为"轻审批重监管"。同时，国家工商总局还放松了对新注册企业营业场所的限制。按照之前的规定，新注册公司必须有适宜的经营场所，通常是市场租金较高的商业场所，商事制度改革后，新注册企业在经营场所的选择上有了更加灵活的选择空间，并不再局限于商业场所。将企业依次申请的工商营业执照、组织机构代码证和税务登记证三证合为一证，提高市场准入效率；"一照一码"则是在此基础上更进一步，通过"一口受理、并联审批、信息共享、结果互认"，实现由一个部门核发加载统一社会信用代码的营业执照。上述商事制度改革对新企业创业起到了巨大的推动作用。2015 年，中国每天新增注册企业达到 12000 家，较 2014 年的每天新增 10600 家，进一步提升 13.2%。

2015 年 9 月，中国政府宣布拨款 150 亿元财政资金，并通过 PPP 形式引入 450 亿元，设立一个规模约为 600 亿元的中小企业发展基金。

其首个地方分支机构于 2016 年在深圳市成立。该基金首次引入 PPP 模式，并用市场化方式吸收民间资本积极参与扶持中小企业发展。同年设立的国家新兴产业创业投资引导基金也采用了 PPP 模式促进对高新技术领域优秀中小企业的早期风险投资。

目前，中国政府依然只是通过分散于各地的地方国有担保公司为中小企业提供担保等公共服务。2014 年，中国政府通过对中小企业担保业务提供直接资本投入、补贴和风险补偿等方式加强对中小企业的贷款担保服务。2015 年，中国政府进一步通过成立专门服务中小企业的担保公司，成立全国性的再担保基金和加强中小企业信用报告制度等方式加强了中小企业担保体系。同时，中国政府将小额担保贷款调整为创业担保贷款，贷款最高额度由针对不同群体的 5 万元、8 万元、10 万元不等统一调整为 10 万元。

同时，中国政府也在不断加大对现有银行体系的改革力度，扩大中小企业融资渠道。其中一个重要的措施就是发展以中小企业为主要服务对象的小贷公司。

2015 年，全国共有 8910 家小贷公司，为中小企业共提供了 9412 亿元贷款。同时还有超过 1100 家村镇银行，成为中国银行体系中发展小微金融的重要基础。此外，非银行融资来源也得到了重视，包括 68 家信托公司、196 家融资租赁公司和 4 家大型资产管理公司。另外，中国政府制定了民营银行的管理办法，为民营银行的运营提供了法律依据。首批 5 家私营银行在 2014 年获得批准，另外还有十余家民营银行处于提交筹备申请之中。同时，中国政府对其他金融机构的发展也较为关注，如融资租赁公司、消费金融公司等。

此外，中国政府还加强了对影子银行体系的调查和监测。为了去除影子银行体系的潜在风险，中国政府鼓励国有和股份制商业银行设立专门的分支机构或营业窗口服务中小企业，并要求银行加大中小企业信贷投放。2015 年中国政府明确提出涉及中小企业贷款的三个"不低于"原则，即在有效提高贷款增量的基础上，努力实现小微企业贷款增速不低于各项贷款平均增速，小微企业贷款户数不低于上年同期户数，小微企业申贷获得率不低于上年同期水平。

第三十一章　二十国集团/经济合作与发展组织中小企业融资高级原则及政策启示

第一节　二十国集团/经济合作与发展组织中小企业融资高级原则制定背景

中国经济已经步入"新常态"，经济由高速增长转为中高速增长，经济基本面保持稳健，增长的结构和质量不断改善，新的增长动力不断涌现，未来增长空间仍然可观，并将继续为全球增长做出突出贡献。在当前全球经济复苏乏力、风险上升的背景下，二十国集团（G20）迫切需要改善和加强政策协调，包括共同促进全球经济增长和稳步复苏，在必要时就相关经济金融事务进行讨论沟通，并运用各自政策工具共同维护金融市场稳定。G20应继续强化结构改革议程，保持改革动力，为全球经济中长期强劲、可持续和平衡增长奠定坚实基础。中小企业融资是世界性的难题，需要各国政府加强政策交流与协作，共同制定和推进促进中小企业融资的政策典范，使中小企业真正成为世界经济增长的重要引擎。

正是在这样的时代背景下，2015年11月15—16日在土耳其安塔利亚举行的二十国集团领导人第十次峰会特别关注了中小企业融资等重要议题，并提出了《G20/OECD中小企业融资高级别原则》。在该峰会发布的《二十国集团领导人安塔利亚峰会公报》中，峰会领导人声明："为有力促进投资，特别是增加私人部门的参与，我们制定了富有雄心的国别投资战略，通过具体政策改善投资生态，促进高效率、高质量的基础设施投资，包括公共部门投资，并为中小企业（SMEs）提供支持，促进知识共享。OECD 的分析报告表明，这些战略将会使 G20 投资总额占 GDP 的比例到 2018 年前提高 1 个百分点。"为此，安塔利亚峰会特别关注了改善中小企业融资，"为改善投资的准备工作、优先排序和执行程序，我们提出了公共和社会资本合作（PPP）模式指南和良好实践。我们还研究了其他的替代性融资结构，包括基于资产的融资模式和简单透明的证券化，以便更好地为中小企业和基础设施投资提供便利的中介渠道。下一步，我们要求部长们继续改善投资生态，促进长期融资，加强机构投资者参与，支持替代性资本市场工具和基于资产的融资模式的发展，并鼓励多边开发银行（MDBs）动员自身资源，优化资产负债表，吸引私人部门资金。……我们特别关注促进中小企业长期融资，我们欢迎《中小企业融资联合行动计划》。《G20/OECD 中小企业融资高级别原则》等指导原则，同时欢迎建立私人部门主导的全球中小企业论坛。该论坛将作为一个全球性实体，促进中小企业为经济增长和就业作出贡献。"

在二十国集团加强中小企业融资国际政策协调背景下，OECD 在安塔利亚峰会之前已经发布了一些报告，包括涉及中小企业融资问题的政策建议。OECD 成员国在此之前也已经将相关报告进行了讨论，并与 G20 成员国做了研究分享。为了给促进中小企业融资的政府行动提供一个通用的框架，在 2015 年 4 月举办的 G20 财政部长和中央银行行长要求 OECD 连同其他有关国际组织，就中小企业融资拟定一套自愿的高级原则。这些原则为区域层面、国家层面和国际层面制定跨部门政策策略、推行基准政策和评估政策举措提供了广泛的指导方针。制定这些原则的目的在于鼓励政策制定者、监管部门、金融机构、科研机构和其他利益相关者之间加强国际对话、经验交流和政策协调，以便寻求如何更好地促进中小企业的融资，增强其增长弹性和包容性。这些高级原则应用的进一步工作可能会涉及 G20 和 OECD 成员国中有效政策的鉴别和更大范围的政策推广。本章将在随后引介 G20/OECD 中小企业融资高级原则的具体内容，并在 G20 框架下中小企业融资政策协调的视野下讨论《G20/OECD 中小企业融资高级别原则》及其后续国际政策协调成果对各国政府的具体影响。

第二节 二十国集团/经济合作与发展组织 中小企业融资高级原则的具体内容

二十国集团/经济合作与发展组织中小企业融资高级原则是给 G20、OECD 成员国和其他对此感兴趣的经济体，以支持他们促进包括微型企业和创业者在内的中小企业获取使用一系列广泛的融资工具的努力。这些原则是自愿和不具约束力的，并建立在现有的国际财政原则和准则之上。

在更广泛的政策生态系统中，需要制定旨在加强中小企业获得融资的跨部门政策策略，以便在该领域提供一个连贯的政府行动框架。这类策略有助于确定具体的政策目标，设计、协调和实施政策措施，并为监测和评估提供一个框架。

以下原则可以服务于这些策略的制定。它们可以适用于不同的情况和不同的经济、社会和监管环境。更详细的政策指引还在制定过程中，这些指引文件进一步支持各国政府将这些高级原则操作落地。

原则一：确认中小企业融资需求与差距，并厘清证据基础

作为旨在加强中小企业融资的政策制定的第一步，政府应该与利益相关者合作，包括中央银行和金融监管当局、金融机构和中小企业代表，评估中小企业融资需求的满足程度和存在的差距之所在。这需要建立在一个强有力的证据基础之上，并且需要公共服务机构和金融服务供应商更好地理解当前中小企业的融资需求和面临的挑战。努力的重点应该放在改善中小企业融资统计信息上，特别是在许多发展中国家政策制定、实施和评估过程中依然缺少可靠的数据事实支持。这需要国家层面和国际层面的合作（包括净化 OECD 中小企业与企业家融资计分表等合作项目），进一步提升国家与国家之间各项指标定义的透明度，提高数据和指标的可比性，促进国际标杆管理和政策协调，并对突出的融资问题和相关议题展开研究。

原则二：强化中小企业对传统银行贷款渠道

银行贷款是大多数小企业外部融资的主要来源，各国政府应该致力于努力提高银行对中小企业投放贷款的能力。具体的政策措施包括信贷担保、资产证券化、贷款保险、贷款坏账计提。应当加强风险缓解措施，利用新技术和机制防范风险。

在支持健康运营的公司并为诚实经营的企业家提供第二次机会的同时，有效的和可预测的破产制度应该保障债权人的权利。同样，信贷条款应该是中小企业可以承受的，并且有相关的消费者保护措施。

政策制定者应该考虑允许中小型企业使用除了不动产抵押物之外的更广泛的资产，如动产，为贷款提供担保。将抵押品范围扩大到无形资产的可行性应当充分考量潜在风险后认真加以考虑，从而帮助知识型企业更好地获得借贷。信贷信息的使用应当考虑提高借贷人的风险管理和借款人的信息使用。

原则三：使中小企业获得多元化的非传统银行融资工具和融资渠道

需要重新认识银行和其他融资渠道之间的互补性，使中小企业能够接触到范围广泛的融资工具和融资渠道，以便于中小企业融资方式和金额能够与中小企业的特定业务需求以及所处的企业生命周期相适应。政府应当支持多元化的有竞争的中小企业融资渠道，并且应当通过有针对性的宣传活动努力帮助企业家了解各类融资渠道。中小企业替代金融工具的开发也应当致力于吸引广泛的投资者，包括机构投资者，以便加强它们对中小企业市场的理解。应当培育基于资产的融资方式，使初创企业和小企业能够获取快速、灵活的运营资金，以及鼓励供应链和贸易融资方式，促进中小企业融入全球价值链。应当发展债务形式的替代金融方式，促进中小企业投资、扩张和重组。应当对混合金融工具和股权融资工具予以足够的重视，以便加强中小企业的资本结构和繁荣对创新型初创企业和高增长中小企业的投资。和贸易融资工具一样，各国政府应当对风险资本投资、私募股权投资给予特别关注，包括在种子期、早期和后期的资本投资。

原则四：促进中小企业融资包容性，方便规模以上企业获得正规的金融服务

政策应当致力于最大限度地扩大能够在一个合理的成本基础上接触并使用主流金融服务和产品的中小型企业的数量。普惠金融是降低非正规金融的重要工具，国家层面的普惠金融策略包括审查金融部门的法律和监管框架；定义一个公共的干预策略和确定适当的交割工具；确保被排除在正规银行借贷部门之外的群体也能有相应的金融工具。小微金融方案应给予足够关注，特别是在发展中国家，这是一种能够增强企业家在可承受的成本之下获得小额资助的重要渠道。

原则五：监管设计既要支持中小企业的一系列融资工具，又要保障金融稳定和投资者保护

政策制定者和监管当局应确保法规的设计和实施有利于中小企业获得广泛的融资工具，并且不损害金融稳定和投资者保护，同时还应使投资获得适当回报。

法规监管需要保持一定的确定性，从而使企业和投资者能够处于一个可预测的稳定的运营环境之中。应当考虑不同监管法规组合产生的综合影响。监管应当与不同金融工具的风险相匹配。应当努力避免不必要的行政负担，包括通过数字化方式，减少繁文缛节以及促进破产解决方案的应用。特别是股权方面，对中小企业提供的灵活性应当与投资者保护、市场参与主体的完整性、公司治理和透明度相匹配。应鼓励中小企业实施良好的公司治理，以便更容易进入股权市场。法律、税收和监管框架（包括有助于促进债权和股权融资的税收政策）应当有利于多元化的融资渠道。国际监管协调应当促进中小企业跨国融资。

原则六：提高中小企业融资市场的透明度

金融市场的信息不对称应当最大限度减小，并增加市场透明度，鼓励更多投资者参与，并降低中小企业融资成本。信贷风险评估的信息基础架构应当着眼于支持对中小企业融资风险的准确评估。在某种可能的、恰当的程度上，信贷风险信息应当标准化并为相关市场参与者所获知，政策制定应当同时培育中小企业的债务融资和非债务融资工具。应当支持这类信息的跨国际分享，以便促进中小企业发展跨国业务并参与全球价值链。

原则七：加强中小企业融资技巧及战略视野

致力于帮助中小企业建立关于融资和改善业务前景的长期战略方针，公共政策应当重视对中小企业财务知识培训和宣传，帮助它们了解和掌握各类可行的融资工具、立法及中小企业扶持项目的政策变化。应当鼓励中小企业经营者投入恰当的精力关注财务问题，掌握会计、财务、风险规划的相关技术（包括数字技术），改善与投资人的沟通，并对财务信息披露问题做出回应。还应当努力提高初创企业业务计划和中小企业项目投资的质量，特别是对高风险的融资主体。应当根据不同选区和目标群体的金融知识水平和财务需求，以及中小企业生命周期的不同阶段量身定制相应的政策计划。这也包括专门针对在金融市场没有得到照顾的弱势群体，如妇女、青年企业家、少数民族和非正规部门企业家的政策计划。

原则八：中小企业融资公共支持工具采用风险分担的原则

中小企业融资公共项目应当着眼于促进和利用民间资源的投入，尤其是风险资本市场的投入。在某些特定条件下，公共项目可以有效地提供最初阶段的中小企业融资工具。然而，充分利用民间资源和能力才是面对经济和监管环境快速变化时提高中小企业增长韧性的关键之所在。政策应当着眼于鼓励私人投资者参与，以及与私营合作伙伴共同制定适当的风险分担和减轻机制，以确保公共政策措施的适当运用，包括将政府资源分配到最有效率的用途。政策制定应避免"道德风险"，即过度的风险承担侵害公共利益，以及潜在的挤出效应。多边开发银行（MDB），国家开发银行（NDBs）和其他公共基金应该鼓励中小企业的直接和间接融资。

原则九：鼓励商业交易和公共采购的及时支付

企业与企业（B2B）和政府对企业（G2B）交易的及时支付有助于增强小企业供应商的现金流。中小企业现金流特别容易受到逾期付款或支付违约影响，政策制定者和监管者应当确保中小企业获得明确和适当的付款条件。相关规范的制定、实施和执行应当有助于制止商业交易中的延期付款，包括跨国贸易也是如此。

原则十：中小企业融资公共项目制定应当注重附加值、成本效益和用户友好

增强中小企业融资能力的公共项目制定应当保证有一定的财政和经济附加值，并且具有较好的成本效益。涉及中小企业融资的各个政府层级、不同政府部门和非政府机构之间应当在可靠的事实基础上保持政策的连贯性。项目制定应当认真考虑目标人群，资格标准，信用风险管理和费用结构。这些项目细节应当易于被中小企业所理解。新的和现有的政策的行政负担和合规成本，应与其提供的服务内容，企业与经济效益，以及业务性质与规模相匹配。

原则十一：监测和评估公共项目增强中小企业融资

应当倡导促进中小企业融资准入政策的监测与评价。应当对照清晰界定的、严格、可测量的政策目标和预期影响，与金融机构合作、中小企业代表和其他利益相关者共同定期对公共项目进行事前和事后评价。评价结果应该反馈到政策制定的过程中，特别是当政策措施未能满足既定目标或发现存在不良影响时更应如此。关于监测和评价中小企业融资公共项目的区域层面，国家层面和国际层面的政策对话和经验交流应当受到鼓励。

第三节　二十国集团/经济合作与发展组织中小企业融资高级原则的落实与政策启示

在二十国集团的政策协调体系下，《G20/OECD 中小企业融资高级别原则》逐步成为中小企业融资领域的重要指导文件，并通过后续的《G20/OECD 基础设施和中小企业融资工具多元化政策指南文件》《G20 中小企业融资行动计划落实框架》落实、执行，成为各国制定促进中小企业融资政策的重要依据。

2016 年 2 月 26—27 日，在中国上海举办了二十国集团财长和央行行长会议（2016 年第一次会议）。《二十国集团财长和央行行长会公报》声明：“我们支持制定一项政策建议指南文件，以促进基础设施融资和中小企业融资工具多元化，并将特别关注股权融资，包括促进资本市场发展，加强机构投资者参与，鼓励落实 G20/OECD 公司治理和中小企业融资原则，以及推动将基础设施投资纳入资产类别。”

2016 年 4 月 14—15 日，二十国集团财长和央行行长会议（2016 年第二次会议）在美国华盛顿举行，《二十国集团财长和央行行长会公报》声明：“2016 年我们将制定一项政策建议指南文件，以促进基础设施融资和中小企业融资工具多元化。我们欢迎并支持有效落实 G20/OECD 公司治理和中小企业融资原则以及 G20 中小企业融资行动计划，并将以其作为指导。”

2016 年 7 月 23—25 日，中国在成都举行的 G20 财长和央行行长会核准《G20/OECD 基础设施和中小企业融资工具多元化政策指南文件》，对如何落实 G20/OECD 中小企业融资高级原则提出了具体指导。

2016 年 9 月 4—6 日，二十国集团领导人峰会在杭州举行。《二十国集团杭州峰会公报》声明："我们核准二十国集团数字普惠金融高级原则、二十国集团普惠金融指标体系升级版以及二十国集团中小企业融资行动计划落实框架。我们鼓励各国在制定更广泛的普惠金融计划时考虑这些原则，特别是在数字普惠金融领域，并采取切实行动加快工作进度，让金融服务惠及所有人。……我们核准《二十国集团/经合组织关于基础设施和中小企业融资工具多元化政策指南文件》，并欢迎全球基础设施中心完成《政府与社会资本合作风险分担解析报告》，以帮助发展中国家更好地评估基础设施风险。我们支持二十国集团/经合组织公司治理原则和中小企业融资高级原则的有效实施，期待根据金融稳定理事会对公司治理进行的同行审议，对《二十国集团/经合组织公司治理原则》的评估方法进行修订。"

同时，按照《杭州行动计划》，基于《G20/OECD 基础设施和中小企业融资工具多元化政策指南文件》，各国将在自愿基础上进一步推动融资工具多元化。同时，《杭州行动计划》支持在《G20 中小企业融资行动计划落实框架》下进行第一次国别自评。按照《G20 中小企业融资行动计划落实框架》，G20 提出改善中小企业征信体系、鼓励动产抵押融资、改革中小企业破产制度三项优先改革措施。

中小企业和创业融资难题一直是困扰我国中小企业发展的政策难题，也是党中央和国家政府一直关注的问题。融资难、融资贵加剧中小微企业转型升级困境。涉企收费偏多偏高，违规收费屡禁不止，中小企业负担依然较重。只有协同政府、金融机构、科研机构等多方单位资源，才能真正促进中小微企业融资创新，进而有效促进中小微企业转型升级。

中小企业占世界各国企业总数的 90% 以上，中小企业的发展对增进市场效率、促进经济增长、创造就业机会、推动技术创新等至关重要。但由于可供抵押的资产少、经营风险高、信息不对称，中小企业融资难成为世界性难题。为此，世界各国的政府都积极介入，制定富有特色的中小企业政策体系。特别是 2008 年金融危机以来，欧美国家对中小企业融资及其风险问题日益关注，也纷纷加强了对中小企业融资政策体系的改进。

中小企业融资领域的国际政策协调不断深入，各国政策体系交融学习为国内政策制定提供借鉴。解决中小企业融资难的问题从根本上讲是不可能通过短期、单一的政策来解决的，需要一个相对完善的较为复杂的综合性政策体系。当前，OECD 国家在中小企业和创业融资领域形成了较多的政策经验，但也没有一个国家能够很好地解决这一政策难题。国际政策评价与比较为各国完善国内政策提供了标杆，也为更深层次的中小企业发展领域的国际经济政策协调提供了基础。

　　各国智库不断介入国际经济政策协调，成为引导国际经济政策制定趋势的重要力量。在世界经济格局中，各国应承担起的符合自身角色的社会责任和国际责任各不相同，各国智库对同一经济领域的研究侧重和政策导向也各有不同。从战略的高度、全球的视野、长远的角度，认真借鉴国际政策经验，强化国际经济政策协调力度，完善和创新全球经济治理，已成为各国主要智库进一步展现自身政策研究能力的重要路径。OECD 等世界重要智库也着重加强了对我国等新兴国家的政策研究，在一系列国际经济政策交流和协调中占据重要位置。

参考文献

[1] Abrahamson, E. and Fombrun, C., "Macroculture: Determinants and Consequences", *Academy of Management Review*, 1994, 19: 728 – 755.

[2] Adhikari, K. R. and Goldey, P., Social capital and its "Downside": The impact on sustainability of induced community – based organizations in Nepal, *World Development*, 2010, Vol. 38, No. 2: 184 – 194.

[3] Aguais, Forest and D. Rosen, "Building a credit risk valuation framework for loan instruments", *Algo Research Quarterly*, 2000, 3 (3): 21 – 46.

[4] Ahuja, G., "The duality of collaboration: Inducements and opportunities in the formation of interfirm linkages", *Strategic Management Journal*, 2000, 21: 317 – 343.

[5] Albert, R., Jeong, H. and Barabasi, A. L., "Attack and error tolerance in complex networks", *Nature*, 2000, 406: 387 – 482.

[6] Allen, F. and Gale, D., "Financial contagion", *Journal of Political Economy*, 2001, 108 (1): 1 – 33.

[7] Ang, J. S., "Small Business Uniqueness and the Theory of Financial Management", *Journal of Small Business Finance*, 1991, 1.

[8] Asanuma, B., "The organization of parts purchases in the Japanese automotive industry", *Japanese Economic Studies*, 1985, 13 (3): 2 – 78.

[9] Baker, W., "Market networks and corporate behavior", *American Journal of Sociology*, 1990, 96: 589 – 625.

[10] Banfield, E. G., *The Moral Basis of a Backward Society*, New York: Free Press, 1958: 12 – 58.

[11] Baron, S., Field, J. and Schuller, T., *Social Capital—Critical Perspectives*, New York: Oxford University Press, 2000: 21 – 158.

[12] Battiston, S. , Gatti, D. D. , Gallegati, M. , Greenwald, B. C. N. and Stiglitz, J. E. , "Credit chains and bankruptcies avalanches in production networks", *Journal of Economic Dynamics and Control*, 2007, 31 (6): 2061 – 2084.

[13] Battiston, S. , Gatti, D. D. , Gallegati, M. , M. , Greenwald, B. C. N. and Stiglitz, J. E. , Liaisons dangereuses: Increasing connectivity, risk sharing, and systemic risk, *NBER Working Paper Series*, Vol. W15611, 2009.

[14] Belliveau, M. A. , OReilly, C. A. , III and Wade, J. B. , "Social capital at the top: Effects of social similarity and status on CEO compensation", *Academy of Management Journal*, 1996, 39: 1568 – 1593.

[15] Berger, A. N. and Udell, G. F. , "The economies of small business finance: The role of private equity and debt markets in the finnacial growth cycle", *Journal of Banking Finance*, 1998, 22: 613 – 673.

[16] Bernanke, B. , Gertler, M. and Gilchrist, S. , *The financial accelerator in a quantitative business cycle framework* [A], Taylor, J. and Woodford, M. , *Handbook of Macroeconomics*, North – Holland: Amsterdam, 1999: 121 – 238.

[17] Besley, T. , Stephhen, C. and Glenn, L. , " The economies of rotating savings and credit association", *American Economies Review*, 1993, 83 (4): 793 – 809.

[18] Boss, M. , Summer, M. and Thurner, S. , "Contagion flow through banking networks", *Lecture Notes in Computer Science*, 3038/2004: 1070 – 1077.

[19] Bourdieu, P. , *The Forms of Capital* [A], in J. G. Richardson (ed.) *Handbook of Theory and Research for the Sociology of Education* [C], New York: Greenwood Press, 1986: 241 – 258.

[20] Brass, D. J. , Butterfield, K. D. and Skaggs, B. C. , "Relationships and unethical behavior: A social network perspective", *Academy of Management Review*, 1998, 23: 14 – 31.

[21] Burt, R. S. , "A note on social capital and network content", *Social Networks*, 1997, 19: 355 – 373.

[22] Burt, R. S., "Social contagion and innovation: Cohesion versus structural equivalence", *American Journal of Sociology*, 1987, 92: 1287 – 1335.

[23] Burt, R. S., *Structural holes: The social structure of competition*, Cambridge, MA: Harvard University Press, 1992: 221 – 258.

[24] Carlson, J. and Doyle, J., "Complexity and Robustness", *PNAS*, 2002, 99 (Sup. 1): 2539 – 2545.

[25] Carlson, J. and Doyle, J., "Highly optimized tolerance: Robustness and power laws in complex systems", *Phys. Rev. Lett.*, 2000, 84 (11): 2529 – 2532.

[26] Chakravarty, Sugato and Scott, James S., "Relationships and Rationing in Consumer loans", *Journal of Business*, 1999, 72 (4): 121 – 158.

[27] Chong, L. and Gibbons, P., "Corporate entrepreneurship: The roles of ideology and social capital", *Group and Organization Management*, 1997, 22: 10 – 30.

[28] Coleman, J., *Foundations of Social Theory*, Cambridge: Harvard University Press, 1990: 211 – 358.

[29] Coleman, J. S., Katz, E. and Menzel, H., *Medical Innovation: A Diffusion Study*, Indianapolis: Bobbs – Merrill, 1966: 21 – 158.

[30] Coleman, J., "Social Capital in the Creation of Human Capital", *American Journal of Sociology*, 1988, 94: S95 – 121.

[31] De Bandt, O. and Hartmann, P., "Systemic risk: A survey", Discussion Paper 2634, *Centre for Economic Policy Research*, December 2000.

[32] Dore, R., "Goodwill and the spirit of market capitalism", *British Journal of Sociology*, 1983, 34: 459 – 482.

[33] Elsinger, H., Lehar, A. and Summer, M., "Risk assessment for banking systems", *Management Science*, 2006, 52 (9): 1301 – 1314.

[34] Fazzari, S. M. and M. J. Athey, "*Asymmetric information, financing constraints and investment*", *The Review of Economics and Statistics*, 1987: 481 – 487.

[35] Fernandez, R. M. and Weinberg, N., "Sifting and sorting: Personal contacts and hiring in a retail bank", *American Sociological Review*,

1997, 62: 883 – 902.

[36] Fernandez, R. M. and Gould, R. V., "A dilemma of state power: Brokerage and influence in the national health policy domain", *American Journal of Sociology*, 1994, 99: 1455 – 1491.

[37] Fernandez, R. M., Castilla, E. J. and Moore, P., "Social capital at work: Networks and employment at a phone center", *American Journal of Sociology*, 2000, 105: 1288 – 1356.

[38] Field, J., *Social Capital*, London: Routledge, 2003: 21 – 158.

[39] Freixas, X., Parigi, B. M. and Rochet, J. – C., "Systemic risk, interbank relations, and liquidity provision by the central bank", *Journal of Money*, Credit and Banking, 2000, 32: 611 – 638.

[40] Fritz, O. M., Mahringer, H. and Valderrama, M. T., *A risk – oriented analysis of regional clusters* [A], *Clusters and Regional Specialisation* [C], Brondesbury Park, London: Pion Limited, 1998: 51 – 148.

[41] Furfine, C., "Interbank Exposures: Quantifying the risk of contagion", *Journal of Money, Credit & Banking*, 2003, 35 (1): 111 – 129.

[42] Gabbay, S. M. and Zuckerman, E. W., "Social capital and opportunity in corporate R&D: The contingent effect of contact density on mobility expectations", *Social Science Research*, 1998, 27: 189 – 217.

[43] Gambetta, D., *The Sicilian Mafia*, Cambridge: Harvard University Press, 1993: 121 – 158.

[44] Gatti, D. D., Gallegati, M. B., Greenwald A. Russo and Stiglitz, J. E., "Business fluctuations in a credit – network economy", *Physica A*, 2006, 370: 68 – 74.

[45] Geertz, C., "The rotating credit association: A 'middle rung' in development", *Economic Development and Cultural Change*, 1962, 10: 240 – 263.

[46] Gerlach, M. L., *Alliance Capitalism: The Social Organization of Japanese Business*, Berkeley: University of California Press, 1992: 121 – 158.

[47] Granovetter, M. S., *Getting a Job: A Study of Contacts and Careers* (2nd ed.), Chicago: University of Chicago Press, 1995: 21 – 135.

[48] Granovetter, M. S., "The strength of weak ties", *American Journal of*

Sociology, 1973, 78: 1360 – 1380.

［49］ Halpern, D. , "Moral Values , Social Trust and Inequality—Can Values Explain Crime? ", *British Journal Criminology*, 2001, Vol. 41: 236 – 251.

［50］ Hansen, M. T. , Podolny, J. and Pfeffer, J. , *Social networks in organizations – capital or liability?*, Working Paper, Harvard Business School, Boston, 1999.

［51］ Hansen, Morten T. , *Combining Network Centrality and Related Knowledge: Explaining Effective Knowledge Sharing in Multiunit Firms*, Working Paper, Harvard Business School, 1998.

［52］ Hargadon, A. and Sutton, R. I. , "Technology brokering and innovation in a product development firm", *Administrative Science Quarterly*, 1997, 42: 716 – 749.

［53］ Helper, S. , "Comparative supplier relations in the U. S. and Japanese auto industries: An exit voice approach", *Business Economic History*, 1990, 19: 153 – 162.

［54］ Hull, J. and White, A. , "Valuing credit default swaps: Modeling default correlations ", *Journal of Derivatives*, 2001, 8 (3): 12 – 22.

［55］ Impavido, Gregorio, "Credit Rationing, Group Lending and Optimal Group Size", *Annals of Public &Cooperative Economics*, 1998, 69 (2) : 71 – 133.

［56］ Iori, G. , Jafarey, S. and Padilla, F. , "Systemic risk on the interbank market", *Journal of Economic Behaviour and Organisation*, 2006, 61 (4): 525 – 542.

［57］ Kaufman, G. (ed.), *Banking, Financial Markets, and Systemic Risk*, Greenwich/London: Research in Financial Services, 1995: 71 – 168.

［58］ Kern, H. , *Lack of trust, surfeit of trust: Some causes of the innovation crisis in German industry*, In C. Lane and R. Bachmann (eds.), *Trust within and between Organizations* [C], New York: Oxford University Press, 1998: 203 – 213.

［59］ Kraatz, M. S. , "Learning by association? Interorganizational networks and adaptation to environmental change", *Academy of Management Journal*, 1998, 41: 621 – 643.

[60] Krackhardt, D. and Hanson, J. R., "Informal networks: The company behind the chart", *Harvard Business Review*, 1993, 71 (4): 104 – 111.

[61] Leenders, R. and Gabbay, S. M., *CSC: An Agenda for the Future: Corporate Social Capital and Liability*, Boston: Kluwer, 1999: 483 – 494.

[62] Leenders, R. Th. A. J. and Ghatak Maitreesh, "Group lending, local information and peer selection", *Journal of Development Economics*, 1999, 60: 27 – 50.

[63] Lin, N., "Inequality in Social Capital", *Contemporary Sociology*, 2000, 29 (6): 785 – 795.

[64] Lin, N., *Social Capital: A Theory of Structure and Action*, London: Cambridge University Press, 2001: 221 – 258.

[65] Lin, N., "Social Networks and Status Attainment", *Annual Review of Sociology*, 1999, 25: 467 – 487.

[66] Lin, N. and Dumin, M., "Access to occupations through social ties", *Social Networks*, 1996, 8: 365 – 385.

[67] Lin, N., Ensel, W. M. and Vaughn, J. C., "Social resources and strength of ties: Structural factors in occupational status attainment", *American Sociological Review*, 198, 46: 393 – 405.

[68] Lin Nan, "Local Market Socialism: Local Corporatism in Action in Rural China", *Theory and Society*, Vol. 24, No. 3, 1995: 301 – 354.

[69] Matute – Bianchi, M. E., *Situational ethnicity and patterns of school performance among immigrant and non – immigrant Mexican – descent students. In Minority status and schooling: A comparative study of immigrant and involuntary minorities*, ed. M. A. Gibson, J. U. Ogbu, New York: Garland, 1991: 205 – 247.

[70] Maycock, B. and Howat, P., "Social Capital: Implications from an Investigation of Illegal Anabolic Steroid Networks", *Health Education Research*, 2007, 6 (22): 854 – 863.

[71] Morris, S. and Shin, H., Financial regulation in a system context, Brookings Panel on Economic Activity, September, 2008.

[72] Morten, L. B. and Enghin, A., *The topology of the federal funds market*, Physica A, 2010, 389: 5223 – 5246.

[73] Nahapiet, J. and Ghoshal, S., "Social capital, intellectual capital, and the organizational advantage", *Academy of Management Review*, 1998, 23: 242 - 266.

[74] Nier, E. and Yang, J., Yorulmazer, T. and Alentorn, A., "Network models and financial stability", *Journal of Economic Dynamics and Control*, 2007, 31 (6): 2033 - 2060.

[75] Oi, Jean C., 1995, *The Role of the Local State in China's Transitional Economy*, China Quarterly (144).

[76] Ostrom, E., "Constituting social capital and collective action", *Journal of Theoretical Politics*, 1994, 6: 527 - 562.

[77] Park, Albert and Kaja Sehrt, "Tests of Financial Intermediation and Banking Reform in China", *Journal of Comparative Economics*, 2001, 29 (4): 78 - 86.

[78] Pennings, J. M., Lee, K. and van Witteloostuijn, A., "Human capital, social capital, and firm dissolution", *Academy of Management Journal*, 1998, 41: 425 - 440.

[79] Peterson, M. A. and Rajan, R. G., "The benefits of firm - creditor relationships: Evidence from small business data", *Journal of Finance*, 1994, 49 (3): 3 - 37.

[80] Podolny, J. M. and Baron, J. N., "Resources and relationships: Social networks and mobility in the workplace", *American Sociological Review*, 1997, 62: 673 - 693.

[81] Podolny, J. M. and Page, K. L., "Network forms of organization", *Annual Review of Sociology*, 1998, 24: 57 - 76.

[82] Portes, Alejandro, *Social Capital: Its Origins and Applications in Modern Sociology* [A], John Hagan & Karen S. Cook, *Annual Review of Sociology* [C], Palo Alto, CA: Annual Review Inc., 1998, 24: 231 - 243.

[83] Portes, A. and Sensenbrenner, J., "Embeddedness and immigration: Notes on the social determinants of economic action", *American Journal of Sociology*, 1993, 98: 1320 - 1350.

[84] Portes, Alejandro and Patricia Landolt, "The Downside of Social Capital", *American Prospect*, 1996 (26): 57 - 68.

[85] Pouder, R. and St. John, C. H. , "Hot Spots and Blind Spots: Geographical Clusters of Firms and Innovation", *Academy of Management Review*, 1996, 21 (4): 1192 – 1225.

[86] Powell, W. W. and Smith – Doerr, L. , *Networks and economic life* [A], In N. J. Smelser and R. Swedberg (eds.), *The Handbook of Economic Sociology* [C], Princeton, NJ: Princeton University Press, 1994: 368 – 402.

[87] Putnam, R. , *Bowling Alone: The Collapse and Revival of American Community*, New York: Simon and Schuster, 2000: 21 – 158.

[88] Putnam, R. , Making Democracy Work—Civic Traditions in Modern Italy [M], New Jersey: Princeton University Press, 1993: 321 – 358 .

[89] Romo, F. P. and Schwartz, M. , "Structural embeddedness of business decisions: A sociological assessment of the migration behavior of plants in New York State between 1960 and 1985", *American Sociological Review*, 1995, 60: 874 – 907.

[90] Rosenthal, E. A. , *Social networks and team performance*, Unpublished doctoral dissertation, University of Chicago, 1996.

[91] Schwarcz, S. L. , *Systemic Risk* [C], Duke Law School Legal Studies Paper 163, Duke University, 2008.

[92] Shin, H. , "Risk and liquidity in a system context", *Journal of Financial Intermediation*, 2008, 17: 315 – 329.

[93] Smart, A. , "Gifts, bribes, and guanxi: A reconsideration of Bourdieu's social capital", *Cultural Anthropology*, 1993, 8: 388 – 408.

[94] Smitka, M. , *Competitive Ties: Subcontracting in the Japanese Automotive Industry*, New York: Columbia University Press, 1991.

[95] Spagnolo, G. , "Social Relations and Cooperation in Organizations", *Journal of Economic Behavior and Organization*, 1999, 38: 1 – 25.

[96] Stepick, A. , *The Refugees Nobody Wants: Haitians in Miami*, In Miami Now, ed. G. J. Grenier, A. Stepick, Gainesville: Univ. Fla. Press, 1992: 57 – 82.

[97] Stiglitz, J. E. and A. Weiss, "Credit rationing in markets with imperfect information", *American Economic Review*, 1981, 73: 393 – 409.

[98] Sull, D. , *From community of innovation to community of inertia: The rise and fall of the US tire industry* [A], *XIII Conference of the International Economic History Association* [C], Buenos Aires, Argentina: 2002.

[99] Sull, D. , *From community of innovation to community of inertia: The rise and fall of the US tire industry* [C], Buenos Aires, Argentina: XI-II Conference of the International Economic History Association, 2002.

[100] Tan, J. , "Industry clustering, innovation and technology transfer: Evidence from Beijing Zhongguancun Science Park", *Journal of Business Venturing*, 2006, 21 (6): 827 – 850.

[101] Tichy, G. , *Clusters: Less Dispensable and More Risky than Ever.* In M. Steiner (ed.) [A], *Clusters and Regional Specialization* [C], London: Pion, Ltd. , 1998: 211 – 225.

[102] Tsai, W. and Ghoshal, S. , "Social capital and value creation: The role of intrafirm networks", *Academy of Management Journal*, 1998, 41: 464 – 478.

[103] Uzzi, Brian, "Social Structure and Competition in Interfirm Network: The Paradox of Embeddedness", *Administrative Science*, 1997, 8 (2)321 – 348.

[104] Walder, Andrew G. , 1995, "Local Governments as Industrial Firms: An Organization Analysis of China's Transitional Economy", American Journal of Sociology (101) .

[105] Waldinger, R. , "The 'other side' of embeddedness: A case – study of the interplay of economy and ethnicity", *Ethnic and Racial Studies*, 1995, 18: 555 – 573.

[106] Walker, G. , Kogut, B. and Shan, W. , "Social capital, structural holes and the formation of an industry network", *Organization Science*, 1997, 8: 109 – 125.

[107] Watts, Duncan J. and Steven, H. , "Strogatz Collective Dynamics of 'Small – World' Networks", *Nature*, 1998, 393: 211 – 238.

[108] Westgaard, S. and N. V. D. Wijst, "Default Probabilities in A Corporate Bank Portfolio: A Logistic Model Approach", *European Journal of Operational Research*, 2001, 135: 338 – 349.

［109］ Woolcock, M., "Social capital and economic development: Toward a theoretical synthesis and policy framework", *Theory and Society*, 1998, 27 (2): 151 – 208.

［110］ Woolcock, M., "The Place of Social Capital in Understanding Social and Economic Outcomes", *Canadian Journal of Policy Research*, 2001, 2 (1): 1 – 17.

［111］ Yan, Aimin and Barbara Gray, "Bargaining Power, Management Control and Performance in United States – China Joint Ventures: A Comparative Case Study", *Academy of Management Journal*, 1994, 37 (6).

［112］ Zouhaier M' Chirgui, "The smart card firms' network positions: A social network analysis", *European Management Journal*, 2007 (25) 1: 36 – 49.

［113］ 蔡宁、杨闩柱、吴结兵：《产业集群的风险研究：一个基于网络的视角》，《中国工业经济》2003 年第 4 期。

［114］ 陈东升：《积体电路产业组织网络的形式及其形成的制度基础》，载张维安主编《台湾的企业组织结构与竞争力》，（台北）联经出版社 2001 年版。

［115］ 陈剑波：《非农经济是县域经济发展的重要支撑》，经济日报出版社 2002 年版。

［116］ 陈介玄、高承恕：《台湾企业运作的社会秩序——人情关系与法律》，《东海学报》1991 年第 32 期。

［117］ 陈介玄：《关系与法令：台湾企业运作的一个传统面向》，《思与言》1990 年第 4 期。

［118］ 陈柳钦、孙建平：《我国中小企业信用担保体系的政治经济学分析》，《经济研究参考》2003 年第 5 期。

［119］ 陈勇江、柴友兰：《民营企业依靠社会资本融资的调查与分析》，《财会研究》2007 年第 12 期。

［120］ 池仁勇：《区域中小企业创新网络形成、结构属性与功能提升：浙江省实证考察》，《管理世界》2005 年第 10 期。

［121］ 戴建中：《现阶段中国私营企业主研究》，《社会学研究》2001 年第 5 期。

[122] 樊红敏：《县政改革：中国改革下一步的关键点》，《中国行政管理》2011 年第 1 期。

[123] 高婧、杨乃定、祝志明：《基于社会资本理论的西部地区项目投资环境风险研究》，《中国软科学》2006 年第 2 期。

[124] 耿敬、李琰珺：《人际关系资本与关系资本借贷》，《社会》2007 年第 3 期。

[125] 江小帆、李翔、陈关荣：《复杂网络理论及其应用》，清华大学出版社 2006 年版。

[126] 李路路：《社会资本与私营企业家——中国社会结构转型的特殊动力》，《社会学研究》1995 年第 6 期。

[127] 李桢业：《特殊协作关系上的创新阻碍与外部机会研究——浙江台州缝制设备产业集群创新案例解析》，《科研管理》2008 年第 6 期。

[128] 梁向东：《差序格局与中小企业融资》，《武汉科技大学学报》（社会科学版）2007 年第 4 期。

[129] 林毅夫、李永军：《中小金融机构发展与中小企业融资》，《经济研究》2001 年第 1 期。

[130] 林毅夫、孙希芳：《信息、非正规金融与中小企业融资》，《经济研究》2005 年第 7 期。

[131] 凌耀初：《中国县域经济发展分析》，《上海经济研究》2003 年第 12 期。

[132] 刘雪锋：《网络嵌入性影响企业绩效的机制案例研究》，《管理世界》2009 年第 S1 期。

[133] 罗家德：《人际关系连带、信任与关系金融：以镶嵌性观点研究台湾的民间借贷》，载张维安主编《台湾的企业组织结构与竞争力》，（台北）联经出版社 2001 年版。

[134] 钱良信：《县域金融与县域经济发展的作用机制及实证研究——以浙江省为例》，《中国发展》2010 年第 4 期。

[135] 钱水土、翁磊：《社会资本、非正规金融与产业集群发展——浙江经验研究》，《金融研究》2009 年第 11 期。

[136] 邱均平、邹菲：《关于内容分析法的研究》，《中国图书馆学报》2004 年第 2 期。

[137] 任兵、区玉辉、彭维刚：《连锁董事、区域企业间连锁董事网与区域经济发展——对上海和广东两地2001年上市公司的实证考察》，《管理世界》2004年第3期。

[138] 戎承法、张正河：《论县域经济核心竞争力》，《农业技术经济》2003年第6期。

[139] 万俊毅、欧晓明：《还贷能力信任与农村中小企业融资难题》，《农业经济问题》2005年第9期。

[140] 王华：《中国社会资本的重构》，《思想战线》2004年第4期。

[141] 王珺：《社会资本与生产方式对集群演进的影响》，《社会学研究》2004年第5期。

[142] 王霄、胡军：《社会资本结构与中小企业创新》，《管理世界》2005年第7期。

[143] 王霄：《我国中小企业融资行为研究——一项社会资本视角的演化分析》，博士学位论文，暨南大学，2005年。

[144] 王晓杰：《基于互助担保联盟的中小企业集群融资研究》，博士学位论文，武汉大学，2005年。

[145] 王宣喻、储小平：《信息披露机制对私营企业融资决策的影响》，《经济研究》2002年第10期。

[146] 尉建文、赵延东：《权力还是声望？——社会资本测量的争论与验证》，《社会学研究》2011年第3期。

[147] 吴宝、李正卫、池仁勇：《社会资本、融资结网与企业间风险传染——浙江案例研究》，《社会学研究》2011年第3期。

[148] 徐延辉：《企业家的伦理行为与企业社会资本的积累——一个经济学和社会学的比较分析框架》，《社会学研究》2002年第6期。

[149] 杨其静：《财富、企业家才能与最优融资契约安排》，《经济研究》2003年第4期。

[150] 翟学伟：《人情、面子与权力的再生产社会学研究》，《社会学研究》2004年第5期。

[151] 折晓叶：《县域政府治理模式的新变化》，《当代社科视野》2014年第1期。

[152] 郑文晖：《文献计量法与内容分析法的比较研究》，《情报杂志》

2006 年第 5 期。

[153] 郑小勇:《行业协会对集群企业外生性集体行动的作用机理研究》,《社会学研究》2008 年第 6 期。

[154] 郑炎成、陈文科:《县域经济在国民经济中的现实地位变迁:理论与实证》,《财经研究》2006 年第 3 期。

[155] 朱华晟:《浙江产业群——产业网络、成长轨迹与发展动力》,浙江大学出版社 2003 年版。

[156] 朱小斌、林庆:《中小企业集群竞争优势来源的演化差异——基于浙江绍兴纺织业集群的案例研究》,《管理世界》2008 年第 10 期。